브랜드, 세계를

세계를

작지만 **강한** 한국 중소기업의 성공 DNA

삼키다

작지만 강한 한국 중소기업의 성공 DNA

브랜드, 세계를 삼키다

초판발행 2015년 6월 30일
초판 4쇄 2019년 1월 11일

지은이 진병호 · 정재은 · 정소원 · 양희순
펴낸이 채종준
기 획 원보름
편 집 조은아
디자인 이효은
마케팅 황영주 · 한의영

펴낸곳 한국학술정보(주)
주 소 경기도 파주시 회동길 230(문발동)
전 화 031-908-3181(대표)
팩 스 031-908-3189
홈페이지 http://ebook.kstudy.com
E-mail 출판사업부 publish@kstudy.com
등 록 제일산-115호(2000. 6. 19)

ISBN 978-89-268-7010-5 93320

이 저서는 2013년도 정부(교육부)의 재원으로 한국연구재단의 지원을 받아 수행된 연구임
(NFR-2013S1A2043346).

브랜드, 세계를 삼키다

작지만 강한 한국 중소기업의 성공 DNA

진병호 · 정재은 · 정소원 · 양희순 지음

이담
Books

2013년 봄, 오랜 학문적 동지인 성균관대의 정재은 교수에게서 연락이 왔다. 연구재단에서 공모 중인 사회과학 분야 연구를 같이 한번 해보지 않겠냐는 내용이었다. 지원하는 연구의 주요 키워드는 창조경제, 국제화, 중소기업, 일자리 창출로, 중소기업의 글로벌리제이션을 연구하는 저자에겐 매우 의미 있는 제안이었다.

대한민국이 발전하는 길은 여태까지도 그러했지만, 세계로 더 나아가야 한다는 점, 대한민국 사업체 수의 99.9%가 중소기업으로 전체 고용의 87%를 차지한다는 점,[1] 그리고 청년 취업난을 감안하면 중소기업 글로벌리제이션이야말로 취업난을 해결하고 국내 중소기업들에게 나아갈 길을 제시하며, 대한민국이 글로벌시대에 세계를 리드하는 주역으로 한 단계 더 업그레이드 되는 절호의 기회이다. 대한민국은 면적이 일본의 4분의 1, 중국의 100분의 1에 지나지 않는 작은 나라이다. 그런 대한민국에

---

1 The Korea Chamber of Commerce and Industry(2013), Research report on policy issues to promote the growth of SMEs, Retrieved September 1, 2014 from http://www.korcham.net/EconNews/KcciReport/CRE01102R.asp?m_menu=&m_DataID=20120925827&m_chamc

서 삼성, LG, 현대라는 브랜드가 나오고, 실제 이들이 대한민국의 위상을 전 세계로 알리는 데 큰 역할을 하고 있다. 그러나 대기업은 국내 인력의 15%만 고용하며 나머지 85%의 고용주체는 중소기업이다. 결국 중소기업이 잘되어야만 취업난과 같은 어려움을 극복하고 발전을 이룰 수 있다.

이 책은 한국연구재단의 중소기업 글로벌리제이션 연구 프로젝트의 주요 결과물이다. 우선 국내 중소기업 해외진출 성공사례를 자세히 보기 위해, 소비재 중에서 자사 브랜드를 가지고 해외진출에 성공한 강소기업을 선별해 그중 인터뷰에 응한 13개 사례를 담았다.

이 책은 기존 자료들과는 크게 세 가지 면에서 다르다. 첫째, 소비재 분야에서 자사 브랜드를 가지고 수출하는 중소기업을 다뤘다는 데 있다. 대한민국은 60년대부터 수출을 해왔으나 부품이나 해외기업이 원하는 대로 납품하는 형태OEM가 대부분이었다. 본 연구팀은 대한민국이 글로벌 시장을 선도하기 위해서는 글로벌 소비자가 직접 사는 소비재 분야에서 자사 브랜드를 가지고 수출하는 중소기업을 선도적인 기업이라 보고, 이들 사례에 초점을 맞췄다. Kumar and Skeenkamp(2013)[2]는 처음에는 OEM 위주로 제품만 나가다가contract manufacturer 자회사를 설립하고 생산공장을 설립하는 B2B 형태로 발전하고, 궁극적으로는 직접 소비자 대상으로 브랜드를 파는 단계인 B2C로 진화한다고 보았다. 즉, 글로벌 시장에 자사 브랜드를 가지고 나가는 단계가 제일 마지막 단계이다. 또한 contract manufacturer인지, B2B인지, 소비재 브랜드인지에 따라 성공요

---

2 Kumar, N.,&Steenkamp, J-E. E. M.(2013). *Brand breakout: How emerging market brands will go global*. New York: Palgrave. MacMillan.

인이 다르다. 하여 해외에 수출하는 기업을 분류해 분석함으로써 정확한 시사점에 도달하기 위해 노력하였다.

둘째, 13개 중소기업의 사례분석을 통해 실제적인 시사점을 제공하는 데 있다. 한국이 현재 처한 상황, 즉 여태까지의 경제발전 상황과 앞으로의 발전방향을 고려해 글로벌시장에서 한국이기에 더 유리한 점, 더 어려운 점 등을 감안하고 우리 중소기업이, 청년이 어떻게 해야 하는지 통찰하는 것이 중요하다. 그렇기에 13개 사례를 5개 유형점진 성공형, 마케팅 승부형, 금의환향형, 다품종 소량생산형, 일인 벤처형으로 분류하고 각 유형별로 성공 요인을 분석하였다. 그리고 마지막 부분에는 13개 사례의 공통적인 성공 요인을 토대로 우리 중소기업에게, 청년에게 주는 시사점을 저자 나름의 분석과 통찰을 바탕으로 제시하고자 하였다. 이를 통해 보다 많은 사람들이 용기를 가지고 구체적이면서 실천가능한, 효과 높은 행동 계획을 세울 수 있기를 간절히 소망하면서 책을 엮었다.

셋째, 정확도를 기하기 위해 1차 자료와 2차 자료를 총망라하였다. 즉, 2차 자료인 회사의 홈페이지, 한국신용평가, 중소기업청, 대한무역진흥공사 등에 나온 자료뿐 아니라, 1차 자료를 직접 13개 회사의 창업주오너와 해외수출 담당 임원 및 직원을 대상으로 두 차례에 걸쳐 인터뷰를 통해 수집하였다. 인터뷰 내용은 녹취 후 전사한 내용을 몇 개의 표를 작성하고 면밀히 분석하였다. 질적 연구방법의 정석에 따라, 각 사례에 대한 초고에 대해 인터뷰에 응해주셨던 분들이 검토하여 내용의 정확성을 높였다. 2차 자료에 대해서도 최대한 신뢰할 만한 출처의 내용을 인용한 후 기업체의 확인 작업을 거친 내용만 사례에 포함하였다.

이 책이 나오기까지 많은 분들의 노고와 격려가 있었다. 우선 흔쾌히 인터뷰에 응해주시고 초고를 읽고 내용의 정확성을 검증해주신 13개 회사의 창업주와 임원 들에 가장 큰 감사의 말씀을 올린다. 대한민국을 이끄는 숨은 인재들인 그분들의 앞선 개척정신과 불굴의 의지에 고개 숙여 존경의 마음을 보낸다. 이 인사말을 통해 13개 기업 하나하나가 세계시장에서 대한민국을 빛내는 브랜드로 우뚝 서시길, 무한히 발전하시길 진심으로 기원한다.

인터뷰 내용을 옮겨 적고 관련 내용을 찾아 확인해준 연구팀 조교들, 특히 정민지·원종현·허경준, 내용을 다듬어준 University of North Carolina at Greensboro의 박사과정 우홍주 선생님께도 감사한 마음을 전한다. 더불어 이 책의 가치를 알아보고 출판을 결정해준 한국학술정보㈜에도 감사를 드린다. 무엇보다도 각자 가정이 있는 4명의 학자가 주말에도, 연휴, 명절 기간에도 며느리로서, 아내로서, 엄마로서의 역할을 가벼이 해주고 사랑과 격려로 응원해주신 가족에게 가장 큰 영광과 감사를 온 마음 다해 전한다.

저자 대표 진병호

추천사

브랜드, 세계를 삼키다

한국 경제의 지속적인 성장을 위해서 중소기업의 역할이 중요하며, 더불어 한국의 미래를 위해서 청년 일자리 창출이 필요한 시기이다. 그러나 한국의 미래를 위한 중소기업의 글로벌 경쟁력 제고와 청년 일자리 창출에 대한 실질적인 성과는 아주 미미한 상황이다. 한국만큼 이 두 문제에 대해서 깊이 있는 고민을 하고 있는 나라는 지구상에 없을 것이다. 그럼에도 불구하고 아직도 고민이 계속되는 이유는 이 문제에 대한 전문가 및 전문지식이 없기 때문일 것이다.

다행히도 중소기업의 글로벌 경쟁력 제고와 청년 일자리 창출이라는 두 마리 토끼를 잡을 수 있는 비법이 담긴 귀중한 책, 『브랜드, 세계를 삼키다』가 출간되어 기쁘게 생각한다. 이 책의 학계 및 업계에 대한 공헌은 소비재 중소기업체 중 성공한 기업들의 사례를 유형별로 분류해 글로벌 성공전략과 경쟁력을 심도 있게 분석한 점이다. 그리고 혁신을 이룬 13개 중소기업 브랜드의 공통 성공요인을 바탕으로 중소기업의 해외진출에 필요한 실질적인 제언을 하고 있으며, 중소기업이 성장함에 따라 우리나라가 발전하고, 결국 선진 한국을 견인할 청년들도 살 수 있다고 제안한다.

이 책을 통해서 한국 경제의 큰 부분을 차지하고 있는 우리 중소기업들이 혁신을 이루고, 글로벌화의 선봉장이 되어 한국 경제는 물론 청년들에게 푸른 꿈을 심어주기를 기대한다.

박영렬 연세대학교 경영대학 교수

우리나라 중소기업('11년 기준)은 전체 사업체 수의 99%, 총 고용인원의 87%, 총 수출기업 수의 약 74%('13년)를 책임지고 있을 정도로 한국 경제의 버팀목이라 할 수 있다. 즉, 중소기업의 성장이 한국 경제의 미래를 좌지우지할 정도로 중요한 것이다. 그러나 수출 중소기업의 비중은 전체 수출의 17%('13년), 수출 중소기업 1개 사당 수출액은 약 85만 달러에 불과한 실정이며 수출 중소기업 간 양극화도 존재한다. 수출 중소기업의 약 83%가 백만 달러 이하로 나머지 17%가 중소기업의 수출을 이끌고 있는 셈이다. 따라서 우리 수출 중소기업의 질적 경쟁력 확보가 필요한 때이다.

이렇듯 중소기업의 글로벌화가 간절히 필요한 시점에, 사례분석과 우리나라 중소기업의 특성을 반영해 이론적 고찰을 적용한 『브랜드, 세계를 삼키다』의 발간은 수출을 준비하는 많은 중소기업에게 해외진출에 대한 발상의 전환을 가져다줄 것이다. 특히 글로벌 수출현장에서 30년 이상을 경험한 본인이 이 책의 13개 사례에서 느낀 점은 '시장을 정확히 이해하고, 소비자가 필요로 한 제품을 시기적절한 시점에 끊임없이 개발하는 데 노력'했다는, 아주 평범한 전략이 적용되었다는 것이다. 평범함 속에 나름의 특징을 살린다는 것, 얼마나 어려운 일인가?

우리 중소기업들이 글로벌시장의 리더로 성장할 수 있는 아주 평범하면서도 쉬운 해법을 찾고 싶다면 이 책을 들여다보길 바란다. 대한민국의 모든 중소기업이 해법을 찾아 지금과 같이 어려운 수출 환경을 극복하고 나아가 세계 경제를 주름잡는 한국형 히든 챔피언이 되기를 기대한다.

신환섭 KOTRA 중소기업지원 본부장

아무리 어려운 불경기라도 일취월장하는 기업이 있는가 하면 호황이 와도 퇴출되는 기업이 있다. 또 다 같이 열심히 해도 어느 기업은 성공하고 어느 기업은 실패를 맛보기도 한다. 그 가운데 자금이나 기술, 정보 등 태생적으로 취약점을 갖고 있지만 이를 극복하고 성공하는 중소기업들이 있고, 그들에게는 우리가 알지 못한 특별한 그 무엇이 있다.

그동안 성공한 중소기업 사례를 다룬 책이 여럿 있었지만 이 책은 다른 점이 있다. 소비재 분야에서 자사 브랜드를 가지고 수출하는 선도적인 기업, 즉 척박한 경영 환경 속에서 13개 중소기업들이 어떤 노력과 전략을 전개했는지 유형별로 풀어내고 핵심 성공 DNA가 무엇인지를 철저히 분석해 미래경영에 대한 전략적 시사점을 제시해준다.

13개의 중소기업이 걸어온 길은 마치 13편의 영화를 보는 듯 드라마틱하기도 하고 가슴을 적시는 훈훈한 감동을 자아내기도 한다. 불확실한 미래에 대해 어떤 선택을 해야 할지 고민하고 있는 중소기업 경영자들에게 큰 지혜를 주고 등대와 같은 길잡이가 될 것이라 확신한다.

끝으로 고비마다 수많은 역경을 슬기롭게 헤쳐나간 13명의 경영자의 열정과 용기에 뜨거운 박수를 보내며, 지금도 어려운 경영 여건 속에서 최선의 노력을 다하고 있는 많은 중소기업인들에게 자신감을 심어주고 꿈과 희망을 갖게 하는 계기가 되기를 간절히 소망한다.

염민선 대한상공회의소 선임연구원

이 책은 우리나라 경제의 근간인 중소기업이 무한 경쟁의 글로벌시장에서 차별화를 통해 어떻게 경쟁력을 강화하고, 어떻게 성장하는지를 세세히 밝히고 있다. 글로벌시대에 세계로 나아가 성공을 원하는 기업에게 벤치마킹의 좋은 사례를 알려줌으로써 세계적인 기업으로 성장할 수 있는 방향을 제시한다. 뿐만 아니라 강력한 브랜드 파워를 구축해 세계시장을 리드하고 세계 일류 기업으로 도약할 수 있는 실용적인 길잡이가 될 것이다.

한 분야를 파고들며 끊임없는 노력으로 일군 기업들의 해외진출 성공사례는 매우 고무적이다. 『브랜드, 세계를 삼키다』에 소개된 13개 기업의 성공요인을 분석해 우리나라 중소기업이 더욱 강한 기업으로 성장하고, 경제의 뿌리를 더욱 튼튼히 하길 바란다.

이민권 소상공인시장진흥공단 본부장/경영학 박사

차 례

브랜드, 세계를 삼키다

머리말 • 4

추천사 • 8

한국을 뛰어넘은, 13개의 중소기업 브랜드 • 14

한 발씩 내딛는,
점진 성공형

㈜트렉스타 꿈의 등산화 기술로 세계시장을 평정하다 • 35

오로라월드㈜ 인형 생산에서 콘텐츠산업으로 • 57

㈜파세코 위기를 기회로 바꾼 세계 일류 석유난로 생산기업 • 76

선일금고제작 한국을 금고 수입국에서 수출국으로 끌어올린 선두기업 • 99

강력한 한 방,
마케팅 승부형

해브앤비㈜ 여성들의 피부주치의, 코스메슈티컬시장을 개척하다 • 126

㈜한경희생활과학 자사 브랜드로 미국의 스팀청소기시장을 공략하다 • 147

㈜해피콜 홈쇼핑 '대박' 상품에서 글로벌 특허 브랜드로 • 162

성공해서 돌아오는,
금의환향형

㈜디카팩 해외에서 먼저 알아본 첨단 디지털기기 방수팩 • 192
㈜제닉 마스크팩의 신화, 미국이 먼저 알아본 꿈의 기술 • 216

질만큼 다양성도 중요한,
다품종 소량생산형

㈜드림콘 혁신적인 컬러 콘택트렌즈로 글로벌 소비자를 사로잡다 • 243
㈜기린화장품 기술로 무장한 1분 염색제의 신화 • 264
에이스전자㈜ 우수한 품질과 세련된 디자인의 청소기로 해외시장을 공략하다 • 282

혼자서도 잘하는,
일인 벤처형

㈜라비또 재미있는 스마트폰 케이스 디자인을 수출하는 글로벌 벤처기업 • 307

혁신을 이룬, 13개 브랜드의 성공비법 • 322
참고문헌 • 346

한국을 뛰어넘은,
13개의 중소기업 브랜드

이 책은 소비재 중소기업체 중에서 자사 브랜드로 해외시장에서 성공한 13개의 사례를 분석해 국내 중소기업과 청년들에게 구체적인 시사점을 제공하고자 기획되었다. 국내 중소기업 중 자사 브랜드를 가지고 세계시장에서 성공한 기업이야말로 신뢰할 수 있는 선도적인 기업이기에, 이들을 연구해야 한다고 생각하면서도, 과연 이 같은 사례가 몇 개나 될까 하는 의구심이 있었다. 왜냐하면 많은 사람들이 소비재 중소기업의 해외진출에 대해 가지고 있는 일반적인 생각은 다음과 같았고, 필자들도 그 예외는 아니었기 때문이다.

- 한국은 이제 인건비가 비싸졌기 때문에 노동집약적 산업은 사양산업이다.
- 노동집약적 산업에서 수출해 외화를 벌어들이고 고용창출하는 것은 끝났다.
- 국내에서는 더 이상 제조업이 경쟁력이 없다.
- 국내생산으로 수출경쟁력을 갖기 어렵다.

- 한국 같은 선진국도 아닌 나라에서 자사 브랜드를 가지고, 메이드 인 코리아로 성공하기 힘들다.
- 중소기업은 기술력이 취약하기에 해외시장에서 기술력이 뛰어난 선진국에 밀린다.
- 소비재는 마케팅이 중요하다. 자본과 인력이 부족한 중소기업이 소비재로 해외에서 성공하는 것은 역부족일 것이다.
- 일단 국내에서 알아줘야 해외시장에 나갈 수 있다.

13개의 사례를 분석해보니 이러한 생각들 하나하나가 여지없이 모두 틀린 것이다. 13개 사례에는 노동집약적 산업인 신발, 인형 등을 수출하는 기업도 있으며, 자가공장에서 100% 국내생산하는 기업이 5개나 되었다. 뿐만 아니라 메이드 인 코리아를 자랑스럽게 내세우며 신나게 광고하는 브랜드들도 있고, 선진국에서도 인정하는 품질인증, 디자인 등록은 물론 특허까지 내고 있었다. 또한 자본과 인력이 취약한 일인 벤처가 직원 6명으로 창업 4년 만에 50개국에 수출하는 사례도 있었으며, 자가공장 하나 없이 이미지가 중요한 화장품 분야에서 전 세계적인 화장품 전문점에 당당히 입점한 브랜드도 있었다. 국내에서 알아주지 않은 제품을 해외에서 먼저 알아보고 국내시장의 발판 없이도 수출을 먼저 시작한 기업도 둘이나 되었다.

〈표 1〉은 이 책에서 다룬 13개의 사례를 정리한 것이다. 〈표 1〉에서 보는 바와 같이 13개 사례의 주요 수출품목은 기능성 제품인 석유난로, 스팀청소기, 금고, 프라이팬, 카메라 방수팩에서부터 대표적인 이미지제품이라 할 수 있는 화장품, 핸드폰 케이스, 캐릭터 인형에 이르

▶ 표 1 사례 개요

사례 유형	사례	주요 수출품목	설립 년도	직원 수 (명)	총 매출액 (억 원)	자가 생산공장/하청 여부	매출액 대비 수출 비중	수출 국가 수	국내시장 점유율	해외시장 점유율/동종 순위
점진 성공형 OEM으로 국내외 대기업에 납품하다가 자사 브랜드를 개발하고, 해외시장에 점진적으로 진출	•(주)트렉스타	아웃도어 신발·의류	1994	300	1120	한국, 중국	40%	61	-	-
	•오로라월드(주)	인형, 캐릭터	1981	98	2200	중국, 인도네시아	95%	80	-	-
	•(주)파세코	석유난로	1974	281	1271	한국, 중국 부품공장	55%	23	캠핑난로 90%	석유난로 60%/1위
	•선일금고제작	금고	1972	130	190	대부분 한국, 일부는 중국	80%	80	70%	1위
마케팅 승부형 자사 브랜드를 내세워 마케팅으로 성공	•해브앤비(주)	화장품	2004	137	235	100% 국내 하청 생산	50%	15	-	-
	•(주)한경희 생활과학	스팀청소기	1999	120	776	한국, 중국	30%	10	스팀청소기 70%	-
	•(주)해피콜	프라이팬	1999	500	1270	100% 국내생산	30%	35	프라이팬 1위, 35%	-
급의환형형 국내에서 거점단련 후 해외에서 성공해 국내시장에 진입	•(주)디카팩	카메라 방수팩	2005	43	58	100% 국내생산	55%	58	90%	-
	•(주)제닉	하이드로겔 페이셜 마스크팩	2001	172	622	한국, 중국	5%	6	1위	30%
다품종 소량생산형 유연생산, 해외시장이 원하는 제품개발 성공	•(주)드림포	컬러 콘택트렌즈	2007	75	915	100% 국내생산	75%	38	-	-
	•(주)기린화장품	헤어제품	1999	40	22	100% 국내생산	40%	12	-	-
	•에이스전자(주)	가정용 전기기기	1997	70~80	140	100% 국내생산	40%	7	-	-
일인 벤처형 일인의 역량으로 해외시장을 개척	•(주)라비또	핸드폰 케이스	2011	6	NA	100% 국내 하청 생산	70%	50	-	-

*여기에서 나타나는 각 나라 이름만 밝힌 경우, 각 기업의 자가 생산공장이 그 나라에 있다는 의미임. 즉 한국, 중국으로 되어 있는 경우, 한국과 중국에 자가 생산공장이 있다는 의미임

2014년도 매출액

(단위: 억 원)

3,000

● 오로라월드㈜
2,000

● ㈜파세코   ● ㈜해피콜
1,100   ㈜트렉스타

900   ● ㈜드림콘

기능성 중심   이미지 중심
Product   ● ㈜한경희생활과학   700   Brand
driven   ㈜제닉   driven

500

300

● 선일금고제작
● 에이스전자㈜   100   ● 해브앤비㈜

● ㈜디카팩
20
● ㈜기린화장품
● ㈜라비또

기까지 다양하다. 기능성과 디자인 둘 다 중요한 아웃도어 신발, 컬러
콘택트렌즈도 포함되어 있다〈그림 1〉. 13개의 사례는 역사, 회사 규모,
매출 대비 수출 비중, 해외진출 국가 수 역시 아래와 같이 다양하다.

역사: 4년(라비또, 2011년 창립)~42년(선일금고제작, 1972년 창립)

회사 규모: 국내 직원 수로 봤을 때 6명(라비또)~500명(해피콜)

　　　　　　총 매출 규모로 봤을 때 22억 원(기린화장품)~2,200억 원(오로라월드)

매출 대비 수출 비중: 5%(제닉)~95%(오로라월드)

해외진출 국가 수: 6개국(제닉)~80여 개국(오로라월드, 선일금고제작)

100% 국내 하청생산하는 해브앤비㈜와 ㈜라비또를 제외하고는 모든 기업이 자가공장을 가지고 있다. 국내 자가공장에서 100% 생산하는 기업이 무려 5군데㈜해피콜, ㈜디카팩, ㈜드림콘, ㈜기린화장품, 에이스전자㈜나 되었고, 나머지 회사들은 해외에 생산법인을 두고 국내와 해외에서 둘 다 혹은 해외에서만 생산한다. 이렇게 품목, 역사, 회사 규모, 매출 대비 수출 비중, 해외진출 국가 수가 다양한 사례들을 다루기에, 이 책에서 다루는 13개의 사례가 국내 소비재 중소기업의 해외진출에 대해 많은 부분을 설명할 수 있다고 본다. 13개의 사례들은 각자 주력상품 영역 즉, 캠핑난로㈜파세코, 금고선일금고제작, 카메라 방수팩㈜디카팩, 하이드로겔 페이셜 마스크팩㈜제닉에서 국내시장 점유율 1위는 물론 세계시장에서도 시장 점유율 1위를 선점하고 있다. 또한 〈표 2〉에서 보는 바와 같이 13개의 사례는 대한민국이 인정하는 각종 상, 즉 국내 중소기업청이 선정하는 기술혁신형 중소기업, 산업통상자원부가 선정하는 세계 일류 상품, 산업기술혁신 대상, 중소기업 수출지원센터가 선정하는 글로벌 강소기업, 지식경제부현 산업통상자원부가 수여하는 대한민국 브랜드 대상 등을 휩쓸고 있다.

그렇다면 무엇이 이러한 성공을 설명하는가? 중소기업은 자본과 인력이 부족할 뿐 아니라 브랜드 인지도도 높지 않다. 또한 한국이기에 선진국처럼 나라가 주는 프리미엄도 없다. 이러한 어려움 속에서도 당당히 성공을 일구어낸 배경에는 반드시 이를 가능하게 한 요인들이 있을 것이다. 그 요인들을 이 책에서 낱낱이 분석한다.

13개의 각 기업은 취급하는 제품뿐 아니라 각자의 역량, 처한 상황

▼ 표 2 13개 사례 수상내역*

수상내역	트렉스타	오로라월드	파세코	선일금고제작	랩앤비	한경희생활과학	해피콜	디가쎄	재너	드림본	가린화장품	에이스전자	라비또
무역의 날 수출의 탑(산업통상자원부, 백만 불~억만 불까지 다양)	○	○	○	○	○	○	○	○		○	○	○	○
기술혁신형 중소기업(중소기업청)			○		○	○		○		○	○		
세계 일류 상품(산업통상자원부, 구·지식경제부 차세대 일류 상품)			○	○	○	○		○					○
수출유망 중소기업(한국무역협회)						○	○						
대한민국 브랜드 대상(산업통상자원부)		○										○	
대한민국 퍼스트브랜드 대상(한국소비자브랜드위원회)					○	○		○					
글로벌 강소기업(중소기업 수출지원센터)				○		○							
장영실상(과학기술부)									○				
선임기술혁신 대상(산업통상자원부)	○				○								
대한민국 명품 브랜드(한국경제신문 주최, 산업통상자원부 후원)	○												
벤처디자인상(한국디자인진흥원)													○
녹색경영 우수기업(중소기업청)						○							
취업하고 싶은 기업(중소기업청)						○					○		
"블루등급(최상급 수출기업)"(한국무역협회)				○						○			
하이 서울 브랜드 기업(서울특별시)		○				○							
발명의 날 대통령 표창(특허청)			○										
무역의 날 산업훈장(산업통상자원부)		○								○			
APEC 국제회의 한국 대표 상품 선정	○												

*부호 안은 선정 및 후원 부처를 의미함

이 다르기에 전략이 다를 수밖에 없다. 따라서 이 책에서는 13개 사례의 성공요인을 각 기업의 역량 및 처한 상황에 대한 철저한 이해를 바탕으로, 5개의 유형으로 나누어 분석했다(《표 1》 참조). 5개 유형은 점진 성공형, 마케팅 승부형, 금의환향형, 다품종 소량생산형, 일인 벤처형으로, 각 유형이 이 책의 한 파트씩을 차지한다. 즉, 점진 성공형이 다음 PART 1을 구성하며 그 안에 4개의 사례를 다룬다.

PART 1 점진 성공형은 OEM Original Equipment Manufacturing 으로 해외 또는 국내 대기업에 납품하는 것으로 시작하거나 해외수출을 OEM으로 시작해서 자사 브랜드를 개발해 국내와 해외를 공략하는 데 성공한, 현재는 국내보다는 오히려 해외매출이 더 큰 양상을 띠는 4개의 사례㈜트렉스타, 오로라월드㈜, ㈜파세코, 선일금고제작가 해당된다. 즉, 브랜드 없이 시작하였으나 브랜드를 개발해 국내시장에서 활약하고, 또한 해외시장으로 진출한 4개의 브랜드는 교과서처럼 차근차근 정석을 따른 경우이다. 우리나라 전체 수출 중소기업 중 자사 브랜드로 수출하는 기업은 그리 많지 않다. 점진 성공형 사례 기업들은 현재 자사 브랜드가 없는 중소기업에게 향후 나아갈 방향에 대한 시사점을 던져줄 것이다.

PART 2에서는 마케팅 승부형인 3개의 사례를 다룬다. 이 유형에 속한 해브앤비㈜, ㈜한경희생활과학, ㈜해피콜은 PART 1의 점진 성공형과는 달리 OEM을 하지 않고 처음부터 국내에서 자사 브랜드로 시작한 후 그 브랜드로 해외시장에 진출해 활발한 마케팅으로 성공한 경우이다. 현재 국내에는 수많은 소비재 브랜드들이 있다. 이 브랜드들은 여기 3개의 사례처럼 해외시장에 진출할 수 있는 잠재력을 가지고 있다. 이 3개의 사례가 현재 우리 기업이 속한 상황과 비슷하다면 과감히 해외진출을 고려해볼 일이다. 만약 현재 속한 상황이 많이 다르다면 이 3개의 사례를 어떻게 현재 우리 기업이 속한 상황에서 응용할 수 있을지 고민하게 될 것이다.

PART 3은 금의환향형으로 카메라 방수팩으로 국내시장의 90%를 휩쓸고 있는 ㈜디카팩과 하이드로겔 페이셜 마스크팩으로 국내 홈쇼핑시장에 신화를 남긴 ㈜제닉을 다룬다. 두 브랜드는 비교적 짧은 시간 내에(㈜디카팩은 10년, ㈜제닉은 15년 된 회사이다) 국내시장 점유율 1위를 석권하지만 쓰라린 과정을 겪어야 했다. 즉, 국내시장에서는 브랜드 인지도가 없다는 이유로, 품질을 못 믿겠다는 이유로 문전박대를 당했던 것이다. 이런 상황에 처하면 대부분의 중소기업들은 그냥 포기할 것이다. 그러나 ㈜디카팩과 ㈜제닉은 이에 굴하지 않고 해외시장에 승부를 건다. 비록 유명 브랜드는 아니지만 세계가 인정할 만한 혁신제품이라는 것에 확신이 있었기 때문이다. 어려움을 딛고 일어선 ㈜디카팩과 ㈜제닉은 해외에서의 성공을 바탕으로 국내에 금의환향한다. 국내에는 분명 아무도 알아주지 않는 혁신제품이 많을 것이다. 그들에게 이 두 사례는 희망과 용기를 주고 구체적인 방향을 제시해 줄 것으로 믿는다.

PART 4 다품종 소량생산형에서는 가정용 전기기기회사인 에이스전자㈜, 컬러 콘택트렌즈를 생산하는 ㈜드림콘과 헤어염색약 시장을 선도하고 있는 ㈜기린화장품을 다룬다. 다른 네 개의 유형과 비교해 이 세 회사 제품이 가지고 있는 두드러진 경쟁력은 해외 바이어가 원하는대로 그들의 브랜드로 OEM을 해주기도 하고, 자사 브랜드로 해주기도 하며, 그들 입맛대로 디자인, 수량, 납기를 조절할 수 있는 능력을 보유하고 있다는 점이다. 이렇게 다품종 소량생산이 가능한 이유는 세 회사 모두 자가공장에서 100% 국내생산을 하기 때문이다. 심지어 ㈜드림콘은 한 건물에 공장, 사무실, 연구실이 모여 있고, 기숙사는 바로 옆 건물이다. ㈜기린화장품 역시 사무실, 연구실이 한 건물에 있고 공장도 가까운 거리에 있다. 이러한 지리적인 요건과 수직통합시스템vertically integrated system은 다품종 소량생산을 가능하게 한다. 중소기업은 작지만 빠르다. 그리고 대기업보다 훨씬 유연한 것이 장점이다. 국내에는 이렇게 다품종 소량생산이 가능한, 작지만 빠르게 움직일 수 있는 중소기업이 많을 것이다. 그들에게 ㈜드림콘, ㈜기린화장품, 에이스전자㈜의 사례가 혜안을 제시해줄 것이다.

PART 5는 일인 벤처형인 ㈜라비또를 다룬다. ㈜라비또는 한 개인이 토끼모양의 핸드폰, 정확히 말하면 토끼 귀가 달리고 뒤에는 토끼 꼬리 모양의 솜이 달린 핸드폰 케이스를 영국의 한 디자인 전시회에 출품했다가 그 자리에서 수출 오더를 받아 창업과 동시에 수출을 시작한, 본인의 수출 의지보다 해외에서 먼저 사겠다고 제안한 매우 특이한 경우이다. ㈜라비또의 경쟁력은 디자인이다. 공장도 없이 100% 하청생산을 하며 디자이너인 창업주 한 사람이 30대에 창업해 4년 만에 50개국에 수출하게 된다. 벤처라고 하면 벤처 캐피털venture capital, 벤처기업에 투자하는 투자 전문회사 또는 그 자본, 엔젤 펀드angel fund, 자본이 부족한 벤처기업에게 자금을 지원, 성공할 경우 투자금을 회수하는 고위험 고수익 자본가 필요한 테크놀로지 분야만 생각한다. 국내에는 참신한 디자이너, 톡톡 튀는 디자인들이 참으로 많다. 이들 하나하나가 다 일인 벤처기업이 될 수 있다. 국내시장은 너무 좁다. 앞길이 창창한 청년들이 기업가 정신을 발휘하여 세계시장에서 승부를 걸기 바란다.

이상은 13개 사례를 5개 유형으로 나눈 이유를 설명한 것으로 위에서 밝힌 유형은 사례를 비슷한 경우로 묶어 분석하고자 했다. 더 기발하고 구체적인 혁신과 전략, 숨은 노력들이 각 사례마다 녹아 있다. 이들 유형은 모두 다른 것 같지만 공통적인 성공요인을 종합적으로 분석하면 의외로 매우 단순하다. 결국 "기본에 충실하라" "꼼수보다는 정공법" "안 되면 되게 하라"라는 정신이 그 바탕에 짙게 깔려 있다. 이 책은 이렇게 5개 유형의 성공요인을 총망라해 종합적인 시사점을 중소기업 및 청년들에게 제시하면서 끝을 맺는다.

13개의 사례들은 위에서 제시한 일반적인 생각들이 왜 틀린지 어떻게 틀린지 구체적으로 가르쳐줄 것이다. 이상의 생각 중 일부는 이미 국제 경영학에서도 일반적으로 받아들여지고 있는 학설들이다. 국내의 13개 사례들은 현재 학설이 항상 옳은 것만은 아니라는 것을 당당하게 보여준다. 청년들은 일자리가 없다고 한다. 그러나 인터뷰한 중소기업 창업주들은 하나같이 일할 사람이 부족하다고 한다. 이러한 괴리는 극복되어야 하고 극복해야 한다. 그 방안에 대해서도 모색할 것이다.

한 발씩 내딛는,
점진 성공형

OEM 생산을 통해 쌓은 경험과 기술로
자사 브랜드를 개발하다

PART 1 에서는

점진적인 발전단계를 보인 4개의 사례,
㈜트렉스타, 오로라월드㈜, ㈜파세코,
선일금고제작을 다룬다. 물론 나머지 파트의
사례에서도 점진적인 발전단계를 보이나,
이 파트의 4개 사례는 매우 독특한
발전단계를 뚜렷이 보여준다.

국제화 이론의 가장 대표적이면서 고전적인 이론은 국제화 과정 모델internationalization process model,[1] 즉 웁살라 모델Uppsala model[2]이다. 이 모델의 핵심은 기업은 해외시장을 잘 모르므로 국내시장에서 먼저 시작해서 지식과 경험이 증가하면 점진적으로 해외시장에 진출한다는 것이다. 이 모델에서는 위험을 줄이는 방식으로 진출한다고 보기에 심리적으로 가까운 나라에 먼저 진출하고, 차차 심리적으로 먼 나라로 뻗어나간다고 본다. 예를 들면, 한국 기업이 심리적으로 가까운 중국, 일본부터 진출하고, 점차 심리적으로 먼 미국, 유럽, 아프리카로 나간다고 보는 것이다. 또한 위험을 줄이기 위해 자본투자가 적은 수출부터 시작해서 해외 판매법인, 생산법인 순으로 투입commitment을 증가시키면서 진출한다는 것이다. 이 모델은 이렇게 단계별로 진출한다고 보기에 스테이지 모델stage model이라고도 불린다. 〈그림 1-1〉의 맨 위 화살표 방향이 바로 스테이지 모델에서 제시되는 진출 순서이다.

1 Johanson, J.,&Vahlne, J.(1977). The internationalization process of the firm- A model of knowledge development and increasing market commitment. *Journal of International Business Studies*, 8(1), 23-32.
2 국제화 과정 모델은 스웨덴 웁살라(Uppsala) 대학의 교수들이 주축이 되어 개발된 모델이기에 Uppsala model 또는 줄여서 U model이라고 불린다.

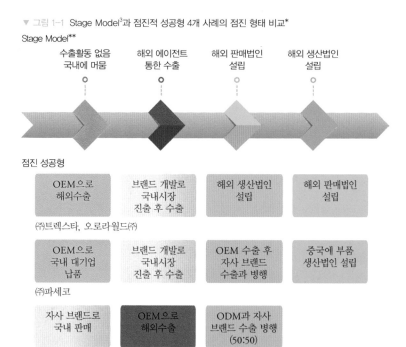

▼ 그림 1-1 Stage Model[3]과 점진적 성공형 4개 사례의 점진 형태 비교*

Stage Model**

수출활동 없음
국내에 머뭄

해외 에이전트
통한 수출

해외 판매법인
설립

해외 생산법인
설립

점진 성공형

OEM으로 해외수출	브랜드 개발로 국내시장 진출 후 수출	해외 생산법인 설립	해외 판매법인 설립

㈜트렉스타, 오로라월드㈜

OEM으로 국내 대기업 납품	브랜드 개발로 국내시장 진출 후 수출	OEM 수출 후 자사 브랜드 수출과 병행	중국에 부품 생산법인 설립

㈜파세코

자사 브랜드로 국내 판매	OEM으로 해외수출	ODM과 자사 브랜드 수출 병행 (50:50)

선일금고제작

*회색으로 표시된 부분은 자사 브랜드가 개발된 시점을 보여줌
**Stage Model에서는 브랜드가 개발된 시점에 대해 정확히 밝히지 않음. 따라서 표기하지 않음

스테이지 모델은 이와 같이 시장지식과 투입을 국제화 과정을 설명하는 주요 변수로 본다. 그리고 시장지식은 경험에 의해서 얻어진다고 보기에 경험적 학습이 강조되어 왔다. 이 모델의 여러 한계에 대해 추후 많은 논문들이 지적하고 있지만, 이 책에서는 이 모델이 중심이 아니기에 생략한다. 여기서 이 모델을 설명하는 이유는 우리나라 중소기업 국제화 진출 패턴이 스테이지 모델에서 제시하는 것처럼 점진적

3 Johanson, J.,&Wiedersheim-Paul, F.(1975). The internationalization process of the firm:
   Four Swedish case studies. *Journal of Management Studies*, 12, 304-322.

이긴 하나, 〈그림 1-1〉에서 보는 바와 같이 다소 다른 양상을 띤다는 것이다. 즉, 전통적인 국제화 이론으로는 한국의 중소기업 국제화 전부를 설명할 수 없다는 것이다.

첫 번째, 한국의 사례가 보이는 특이한 점진 형태는 ㈜트렉스타와 오로라월드㈜에서 보듯이 OEM 수출부터 시작했다는 것이다. 한국의 경제발전은 1960년대 노동집약적 산업인 가발, 의류, 신발 등에서 OEM으로 시작했다. 따라서 ㈜트렉스타, 오로라월드㈜와 같이 초기에 국내시장에서의 발판 없이, OEM 수출부터 시작한 회사가 상당히 많다. 이는 스테이지 모델에서 제시한 국내부터 시작한다는 이론과 맞지 않는다.

두 번째, 스테이지 모델과 다른 점진 형태는 스테이지 모델에서는 수출 이후에 판매법인을 설립하고 그 후에 생산법인을 설립하는 것인데, 이와 달리 한국의 사례는 판매법인보다 생산법인을 먼저 세운다는 데 있다. 스테이지 모델에서는 생산시설을 해외에 설립하는 것보다 판매 및 마케팅을 위한 판매법인이 비용이 적게 들기에 위험을 감소시키는 전략이라고 보는 것이다. 선일금고제작의 경우 아직 생산이나 판매법인이 없지만, ㈜트렉스타, 오로라월드㈜, ㈜파세코 세 사례는 모두 생산법인을 먼저 설립했다. 이 또한 스테이지 모델로 설명이 안 된다.

세 번째는 스테이지 모델과 다른 점진 형태라기보다는, 스테이지 모델보다 더 자세한 점진 형태를 보여준다는 것이다. 즉, 스테이지 모델은 브랜드가 언제 개발되는지에 대한 설명이 없다. 스테이지 모델을 처음 주장했던 학자들은 자국인 스웨덴 사례를 바탕으로 제시했다.

따라서 스웨덴에서는 해외진출하는 회사가 국내에서 한동안 판매하다가 해외로 나가기에, 모두 브랜드가 있다고 간주하기 때문인지도 모르겠다. 여기 ㈜트렉스타와 오로라월드㈜[4] 사례가 보여주는 점진 단계는 개발도상국의 전형적인 발전단계이다. 즉, OEM으로 해외 대기업에게 납품하다가 자사 브랜드를 만들어 국내에 진출하고, 곧이어 자사 브랜드로 해외시장에 진출하는 것이다. 선일금고제작의 경우는 좀더 다른 양상을 보인다. 선일금고제작은 초기부터 자사 브랜드로 국내에 판매하기 시작하지만 곧이어 OEM 수출로 창업 4년 만에 큰 성과를 이룬다. 그리하여 기술을 더 진보시키고, 이를 바탕으로 해외업체에게 자신이 디자인 설계한 제품을 판매하는 ODM Original Design/Development Manufacturing 을 하게 된다. ㈜파세코는 OEM으로 국내 대기업에게 납품하는 형태로 시작하지만, 수출을 OEM으로 한다는 점, 그 이후 자사 브랜드로 수출한다는 점이 나머지 세 사례와 유사하다. 이렇게 OEM, ODM, OBM Original Brand Name Manufacturing 을 거쳐 발전하는 과정은 스테이지 모델에는 자세히 설명되어 있지 않다.

이상과 같이 우리나라의 사례들이 스테이지 모델을 정확하게 따르지 않는다는 것은 학문적인 시사점이 크다. 왜냐하면 더 많은 연구와 분석이 필요하지만, 일단 선진국에서 보여지지 않는 패턴이 한국에서 보여지는 것은 한국이 중진국이기 때문이다. 그러므로 중소기업체들은 중진국의 이러한 발전 패턴을 미리 예상해 중진국 진출 시 시장 기회를 찾는 데 응용할 수 있다.

---

4 다만 ㈜트렉스타에 비해 오로라월드㈜의 경우 국내시장 진입을 시도하지만 캐릭터 인형시장이 형성
   되지 않아 곧바로 해외시장에 초점을 둔다.

OEM, ODM, OBM을 거쳐 발전하는 과정은 글로벌 상품 사슬 Global Commodity Chain: GCC [5,6] 프레임웍framework 으로 설명이 가능하다. 즉, Gereffi(1994, 1999)는 특히 한국, 홍콩, 대만과 같은 개발도상국 의류 업체들이 처음에는 선진국의 주요 브랜드나 유통업체에 납품하면서 수출하고, 그 과정을 거치면서 의류 품질을 향상시키고 관련 기술을 습득할 뿐 아니라 생산 네트워크를 조정시킬 수 있는 능력을 개발하게 된다는 것이다. 이러한 경험이 뒷날 자신의 브랜드를 개발하는 데 큰 역할을 한다고 본다. 실제 우리나라의 많은 의류 브랜드들이 이러한 과정을 거쳤다. 의류 브랜드 파크랜드, 신원의 베스트벨리, 유림의 메르꼴레디가 그 예에 속한다.[7] 화승의 르까프도 운동화를 OEM 수출하다가 자사 브랜드를 개발한 경우이다. 그러나 브랜드를 개발한다는 것은 쉽게 되는 것이 아니다.

다음 〈그림 1-2〉는 글로벌 발전 단계[8]를 보여준다. 〈그림 1-2〉에서 보듯이 글로벌시장에 처음에는 제품이 나가고 그다음으로 사람과 자본이 나가고, 그 이후에 브랜드가 나간다. 단계마다 투자가 더 필요하지만 이익도 그만큼 커진다. 그러나 또 다른 재주가 필요하다. 즉, OEM일 때는 생산만 잘 하면 되지만, 각 단계를 거칠수록 마케팅, 브랜딩 능력뿐 아니라 소비자에 대한 통찰력, 유통 및 서비스에 대한 지

5 Gereffi, G.(1994). *The organization of buyer-driven global commodity chains: How U.S. retailers shape overseas production networks.* In G. Gereffi&M. Korzeniewicz(eds.), *Commodity chains and global capitalism*(pp.96-122). Westport, Conn: Greenwood Press.
6 Gereffi, G.(1999). International trade and industrial upgrading in the apparel commodity chain. *Journal of International Economics, 48*(1), 37-70.
7 Jin, B., Kendagal, P.&Jung, S.(2013). Evolution patterns of apparel brands in Asian countries: Propositions from an analysis of the apparel industry in Korea and India. *Clothing and Textiles Research Journal, 31*(1), 48-63
8 Kumar, N.,&Steenkamp, J-E. E. M.(2013). *Brand breakout: How emerging market brands will go global.* New York: Palgrave. MacMillan.

▼ 그림 1–2 글로벌 발전 단계

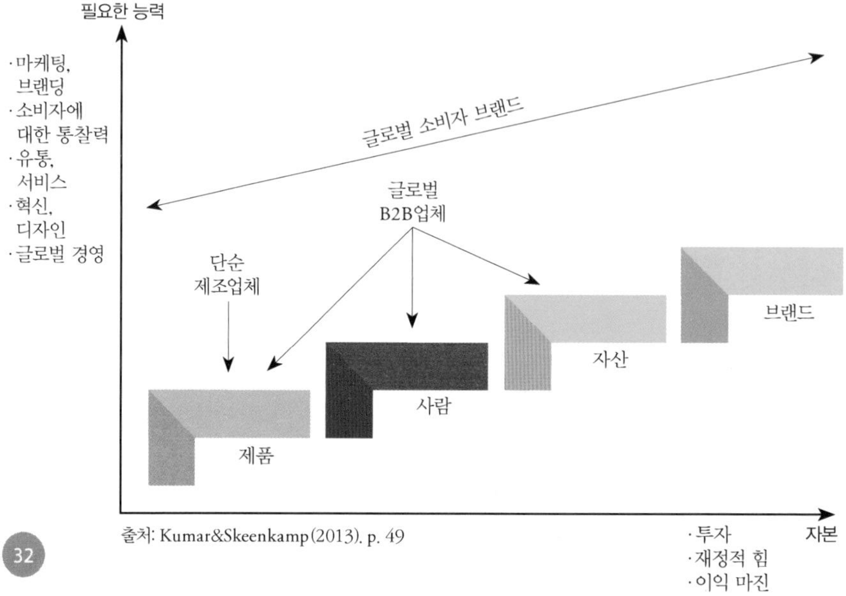

필요한 능력

·마케팅,
 브랜딩
·소비자에
 대한 통찰력
·유통,
 서비스
·혁신,
 디자인
·글로벌 경영

글로벌 소비자 브랜드

글로벌
B2B업체

단순
제조업체

브랜드

자산

사람

제품

출처: Kumar&Skeenkamp(2013), p. 49

·투자
·재정적 힘
·이익 마진

자본

식, 디자인과 혁신, 글로벌 관리 능력이 필요해지는 것이다.

　OEM과 OBM의 비지니스 구조와 경쟁방식은 근본적으로 다르다. 〈표 1-1〉과 같이 OEM 수출업체는 몇몇 대기업이 원하는 제품을 가장 저렴하게 생산하면 되고, R&D, 마케팅, 브랜딩 능력이 거의 필요 없다. 다만 효율적으로 생산하는 것이 중요하다. 반대로, 자사 브랜드로 수출하는 경우는 수백만의 글로벌 소비자에게 이성적, 감성적으로 어필해야 하기에 소비자에 대한 통찰력이 필요할 뿐 아니라, 소비자가 원하는 다양한 상품을 좋은 가격, 좋은 품질에 빨리 공급하고, 세련된 마케팅 및 확실한 브랜딩을 해야 한다. 뿐만 아니라 최종 소비자에 이르는 유통 구조 및 서비스에 대한 이해도 필요하다. 그런 특별한 능력이 필요한 만큼 대가도 크다. 〈표 1-1〉에서 보는 바와 같이 자사 브랜드로 수출하는 것이 OEM으로 수출할 때 보다 총 마진 및 영업 마진이 월등히 높다.

▼ 표 1-1 OEM 수출업체와 OBM 수출업체의 비지니스 구조 및 경쟁방식의 차이

	OEM 수출업체	OBM 수출업체*
생산비용	93%	59%*
총 마진	7%	41%*
영업 마진	2%	31%*
주요 고객	몇 개 대기업 혹은 단 하나	수백만 명의 소비자. 주로 중간상 통해 판매
가치의 원천	대기업이 원하는 제품을 가장 저렴하게 생산	이성적, 감성적 가치, 분야마다 다름
R&D	거의 필요없음. 고객으로부터 제품 사양과 디자인이 옴	소비자에 대한 통찰력 필요
생산	몇 개 안 되는 제품, 대량생산, 효율성이 중요, 주문 후 생산	다양한 제품생산, 빠른 대응, 품질과 원가가 중요, 판매위해 미리 만듦
마케팅/브랜딩	거의 필요없음	세련된 마케팅, 뚜렷한 브랜딩 구조 필요
유통/서비스	거의 필요없음	최종 소비자에 이르는 유통구조, 서비스 필요

*애플 컴퓨터 기준. 분야마다 다름
출처: Kumar&Skeenkamp(2013), p. 51, 53 중심으로 필자 재구성

따라서 많은 중소기업들이 당연히 자사 브랜드로 수출하기를 원한다. 그러나 많은 중소기업 브랜드들이 OEM에서 가격경쟁력에 밀려 도산하거나, 국내시장에 머물고 해외로 나가지 못한다. 그러나 점진 성공형 4개 사례는 브랜드 개발을 거쳐 국내시장 및 해외시장으로 거침없이 진출해 성공한다.

이 두 부류, 즉 국내에 머무는 부류와 해외로 나가면서 국내외 시장을 모두 공략하는 부류의 차이는 무엇일까? 중소기업이 자사 브랜

드를 가지고 해외로 나가서 성공하는 것을 어떠한 요인들로 설명할수 있겠는가? 물론 해외로 나가겠다는 의지가 무엇보다 중요하다. 그러나 의지만 가지고 되는 것은 아닐 것이다. PART 1에서는 이 4개의 한국 중소기업 브랜드를 세계시장에 우뚝 서게 한, 바로 그 성공요인들을 분석한다. 4개의 사례가 처한 상황이 다르기에, 각 회사의 배경과 그 브랜드가 속한 산업의 국내외 경쟁구조를 살펴본 후에 각 브랜드가 지나온 과정 및 해외시장 성공전략을 자세히 분석하고 있다.

34

㈜트렉스타: 꿈의 등산화 기술로 세계시장을 평정하다

Treksta

새로운 눈으로 세상을 바라보고 사람들을 이해하고
그들의 생각과 행동을 인정하는 태도에서 진정한 차별화를 만듭니다

— ㈜트렉스타 경영 철학 중 —

한국의 아웃도어 브랜드 붐을 목격한 한 해외업체 관계자가, "한국
은 그렇게 지형이 험난하냐"고 물었다는 우스갯소리가 있다. 애초 일
부 등산 및 레저 마니아층을 중심으로 유행했던 기능성 아웃도어 의
류는 이제 청소년부터 노년층까지 일상생활에서 토털패션 아이템이
되었다.

이런 흐름을 따라 아웃도어 브랜드들이 너도나도 패션성을 향상시
키는 데 주력하고 있을 때, 1994년 론칭된 한국 토종 아웃도어 브랜
드 ㈜트렉스타Treksta는 그의 정체성인 오직 등산화의 기능성을 진화

시키는 쪽으로 회귀했다. 눈에 미끄러지지 않는 신발 '아이스그립Ice Grip', 인체의 발 모양을 살린 '네스트핏nest FIT', 척추 균형을 맞춰주는 신발 '코브라워킹' 등 누구나 한번쯤 있었으면 좋겠다고 생각해본 '꿈의 신발'을 해마다 선보이며 업계를 주도해왔다. 등산화 하나만으로 세계시장에 '코리아'보다 더 유명한 ㈜트렉스타를 각인시킨 업계 일인자이기에 가능한, 선택과 집중 전략이었다. 이를 바탕으로 ㈜트렉스타는 아시아 아웃도어 신발시장 점유율 1위, 전 세계 점유율 14위의 위엄을 자랑하는 고기능성 트래킹화 전문 브랜드로 자리매김했다.

이 장에서는 시장자료 및 ㈜트렉스타 임원진과의 인터뷰를 토대로 등산화 OEM 생산 제조업체로 출발해 '정말로' 험난한 지형의 아웃도어 본고장 유럽 스칸디나비아 반도 시장까지 섭렵한 ㈜트렉스타의 해외진출 및 성공기를 따라가본다.

기업 소개

㈜트렉스타는 등산화를 중심으로 기능성 의류 및 잡화 제품을 전개하는 아웃도어 브랜드다. 1988년 고급 등산화 브랜드의 OEM 생산을 하던 제조업체로 출발해 1994년 ㈜트렉스타라는 자사 브랜드를 설립, 현재 파타고니아Patagonia, 컬럼비아Columbia, 노스페이스Northface 등에 이어 전 세계 아웃도어 신발 업계 점유율 14위로 올라섰다[1]. 2012~2014년 자료 기준 대리점, 직영점 및 백화점을 포함해 108개 매장을 운영하고 있으며, 약 220여 명의 직원 및 80여 명의 R&D 인력과 함께 아시아, 미국, 유럽 등 61개국에 진출해 있다[2]. 부

산과 중국의 자체공장에서 약 50:50의 비율로 대부분의 생산을 담당하는데, 부산 및 국내 생산라인에서는 국군 전투화 등 국내 판매 물량을, 중국 생산라인에서는 수출용 물량을 공급하고 있다. 최근 중국, 대만에서 아웃도어 토털패션 브랜드를 목표로 전개하기 시작한 의류사업 디자인은 서울 사무실에서 주도한다. 2014년 총 매출액은 약 1,120억여 원, 순 영업이익은 20억여 원으로 집계되며[3] 이 중 수출 비중이 40% 이상에 달한다. 해외에서 유통 마진이 적게 집계된다는 것을 고려할 때 해외사업 매출액은 상당한 수준이다.

㈜트렉스타의 유명 등산화 기술로는 세계 최초 가죽 이외의 경량소재로 만든 등산화 '라이트웨이트Lightweight', 갑옷처럼 딱딱한 인라인에서 보다 유연한 소재로 만들어 발 움직임에 편한 '소프트인라인' 스케이트, 유리섬유를 사용해 눈길에서 미끄러지지 않는 '아이스그립' 기술, 2010년 세계 최초로 발의 굴곡표준을 정립해 발 모양을 있는 그대로 본뜬 신발 '네스트핏'을 비롯해 2014년 선보인 척추를 중심으로 인체 균형을 잡아주는 기술 '코브라워킹' 등이 있다[4]. 이러한 기술을 토대로 약 26건의 해외특허를 보유하고 있으며, 2010년 무렵 고어텍스Gore-Tex 본사로부터 아시아 기업 최초로 유럽시장 판매 라이선스를 취득해 본사 인증을 받은 고어텍스 사용 등산화 및 기능성 신발을 판매하고 있다. 또한 ㈜트렉스타는 지식경제부현 산업통상자원부 디자인인증, 수출의 날 국무총리 표창, 산업기술혁신 대상, 대한민국디자인대상 대통령상 수상 등을 포함해 2009년 대한민국 명품 브랜드 인증을 받았다. 해외에서도 BISS 국제 첨단신발 기능 경진대회 신기술상, 북경 세계스포츠용품박람회 대상 수상 등을 비롯해 미국 및 유

럽 각종 매거진에서 주목해야 할 상품으로 선정돼 수많은 페이지를 장식했다[1].

국내 및 해외 아웃도어시장 현황

국내 아웃도어시장은 80~90년대 가계소득이 높아지며 레저활동에 대한 관심이 증가하고, 사내 복장문화가 캐주얼화되면서 성장하기 시작했다. 당시 기능성이라는 고유 용도에 맞게 등산화, 등산용품, 암벽화 등을 중심으로 국내 브랜드로는 코오롱스포츠, K2 등이 있었으며, 1998년 금강산 관광 개시와 함께 단체 등산족이 늘어났다(《표 1》 참조)[5]. 2000년대 들어서는 레저뿐 아니라 여가활동 전반에 토털패션으로 아웃도어 룩이 일반화되어 기능성은 보다 고기능성으로, 디자인은 보다 패션성이 가미된 것으로 발전됐다. 여성 등산 인구 증가 및 아동/청소년층까지 시장이 확대되면서 국내 아웃도어시장은 2000년대 초 1조 원 대까지 성장했고, 이에 영원무역, ㈜트렉스타, 블랙야크, 네파, 밀레 등 국내업체와 브랜드들이 너도나도 라인을 확장하고 제품 카테고리를 세분화하는 데 나섰으며, 노스페이스, 컬럼비아, 라푸마 등 유명 수입 브랜드들의 국내매출이 폭발적으로 증가해 아웃도어 패딩점퍼는 '국민 교복'이라 불릴 정도였다[6]. 2010년대 들어서는 등산 인구 천만 시대를 맞아 불황에도 꺼지지 않는 아웃도어 룩의 인기를 보고 나이키, 아디다스, 빈폴아웃도어 등 스포츠 및 패션 브랜드들이 저마다 아웃도어 라인을 론칭하는 추세이다. 특히 여성 및 유아/아동 라인이 주목받고 있으며 아웃도어시장 규모는 2013년 약 6조 원전체 패션시장의 약 17%에 달하는 것으로 추정된다(《그림 1》참조)[7].

▼ 표 1 시대별 국내 아웃도어 브랜드 현황

시기	특징	주요 브랜드
1960~1979년	• 등산화, 암벽화, 등산가방 등 아웃도어 용품 발달	코오롱스포츠, K2, 에델바이스
1980년대	• 아웃도어형 스포츠웨어 주류 • 고어텍스 등 기능성 등산복 출현	에코로바, 써미트, 세레또레
1990년대	• 내셔널 브랜드 증가 • 기능 라인 확대/고기능 아웃도어 룩 • 아웃도어웨어 토털화 성장기	영원, ㈜트렉스타, 블랙야크
2000년대	• 라인 확장 활발, 카테고리 세분화 • 패션보다 기능성 중시 • 아웃도어시장 급 성장	K2, 웨스트우드, 노스페이스, 라푸마, 컬럼비아, 밀레
2010년대	• 글로벌 브랜드 본격 도입 • 패션과 기능 모두 중시 • 아웃도어웨어 마켓 급격히 성장	코오롱스포츠, 네파, 블랙야크, 노스페이스
2011~2013년	• 패션기업의 아웃도어 브랜드 론칭(브랜드 확장)	빈폴아웃도어, 나이키, 아디다스 등

출처: 오희선(2011)[5]

▼ 그림 1 국내 아웃도어 패션시장 규모 및 추이

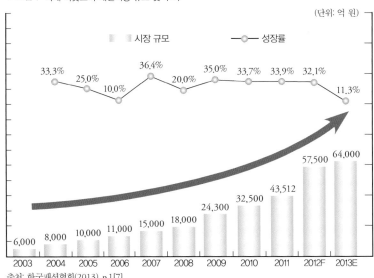

출처: 한국패션협회(2013), p.1[7]

현재 국내 아웃도어시장의 선두주자로는 전통적 아웃도어업체인 코오롱스포츠, 노스페이스가 있으며 이들과 K2, 블랙야크, 네파 등 주요 5대 업체가 전체 시장 매출의 약 2분의 1가량을 견인하고 있다 [7]. 후발주자인 컬럼비아, 밀레, 라푸마, 아이더 등을 포함한 10대 브랜드 매출은 전체의 약 80%를 차지하는 것으로 보인다[7]. ㈜트렉스타의 국내시장 위치는 시장 포지셔닝에 있어 노스페이스, K2 등과 비슷하게 패션성보다는 기능성에서 강세인 것으로 꼽히며(〈그림 2〉 참조)[5], 주로 신발시장 하나에 주력해왔고 의류사업에는 이제 막 발을 들여놓았으므로 시장 점유율과 전체 매출에 있어 타 아웃도어 브랜드와 나란히 놓고 비교하기에는 무리가 있다. 아웃도어 신발시장에서

▼ 그림 2 국내 아웃도어시장 포지셔닝 맵

출처: 오희선(2011)을 기초로 저자 편집[5]

의 인지도는 매우 높으며 특히 남녀 40대 이상 소비자층에서 선호도가 높다. 국내시장에서 수입 브랜드들의 점유율은 소비자들의 과시 욕구에 힘입어 빠르게 증대되는 추세이며2006~2010년 연평균 매출 증가율 16%, 현재 국내에 유통되는 아웃도어 브랜드 수만도 천 개에 육박한다[7]. 이처럼 치열한 경쟁 속에서 토종 한국 브랜드인 트렉스타가 국내시장에서 꾸준히 성장하고 있는 것에 주목해야 한다.

해외 아웃도어시장은 전 세계적으로 19조 원 규모로 추정되며, 이미 브랜드 포화상태에 접어들었으므로 앞으로는 연 3~4%의 안정적인 성장률을 보일 추세이다[7]. 특히 세계시장 규모의 60% 이상을 미국, 유럽, 중국, 일본이 차지하고 있으며(〈그림 3〉 참조)[7], ㈜트렉스타

▼ 그림 3 국제 아웃도어시장의 지역별 시장 점유율 추이

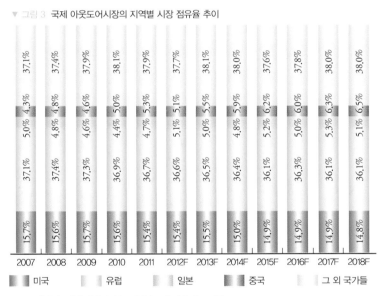

	2007	2008	2009	2010	2011	2012F	2013F	2014F	2015F	2016F	2017F	2018F
그 외 국가들	37.1%	37.4%	37.9%	38.1%	37.9%	37.7%	38.1%	38.0%	37.6%	37.8%	38.0%	38.0%
중국	4.3%	4.8%	4.6%	5.0%	5.3%	5.1%	5.5%	5.9%	6.2%	6.0%	6.3%	6.5%
일본	5.0%	4.8%	4.6%	4.4%	4.7%	5.1%	5.0%	4.8%	5.2%	5.0%	5.3%	5.1%
유럽	37.1%	37.4%	37.3%	36.9%	36.7%	36.6%	36.5%	36.4%	36.1%	36.3%	36.1%	36.1%
미국	15.7%	15.6%	15.7%	15.6%	15.4%	15.4%	15.5%	15.0%	14.9%	14.9%	14.9%	14.8%

■ 미국   □ 유럽   ▨ 일본   ■ 중국   □ 그 외 국가들

• 2013년까지 5개년 연평균 4.4% 성장으로 추정한 자료 기준
• 2017년은 4개년 3.5% 성장으로 전망한 자료
출처: 한국패션협회(2013), p.7[7]

는 이들 국가에 일찌감치 진출해 선전하고 있다. 2012~2014년 사이 발표된 세계 아웃도어 신발시장 브랜드 랭킹에서 ㈜트렉스타의 국제 시장 위치는 아시아시장에서 1위, 전 세계적으로는 머렐Merrell, 파타 고니아Patagonia, 살로몬Salomon 등 정통 브랜드들에 이어 14위에 랭크 됐다. 국내시장과 마찬가지로 수많은 해외 유명 브랜드들이 각축하는 아웃도어시장에서 ㈜트렉스타는 한국, 나아가 아시아 브랜드로서는 유일하게 상위권 다툼에 참여하고 있다.

㈜트렉스타의 역사

㈜트렉스타의 발전과정을 ㈜트렉스타 공식 홈페이지에 설명된 10 년 단위의 기업 역사를 토대로 3단계로 나누어 살펴본다[8]. 국내시 장에서의 성공을 발판으로 해외시장에 진출했던 대다수의 기업들과 는 달리, ㈜트렉스타는 론칭과 동시에 일본으로의 수출이 시작됐으 므로 국내와 해외사업을 따로 나누어 설명할 필요 없는 태생적 글로 벌 브랜드라 할 수 있다.

창업 및 개척기(1988~2000)

㈜트렉스타의 전신은 1988년 ㈜트렉스타의 권동칠 대표가 부산에 창업한 동호실업이었다. 권동칠 대표는 해외 유명 브랜드의 신발류를 OEM 수출하던 한 중견기업의 해외영업부에서 근무했고, 그 능력을 인정받아 총 책임자까지 올라 수출사업을 주도하던 경험을 살려 수 출용 특수화를 OEM 생산하는 동호실업을 창업했다. 이미 수출업무

에는 인맥도 두텁고 능통했던 터라 창업 역시 성공적이었고, ㈜성호실업으로 법인 전환을 한 후에 7천만 불 수출의 탑을 수상했다[8]. 임금 상승과 더불어 한국이 OEM 생산국으로서의 경쟁력이 약화되고 수출에 매달리던 공장들이 하나둘 문을 닫자, 주문생산에 매달리기만 하는 것은 시장 변화에 대한 대비가 부족하다고 판단한 권 대표는 94년 자사 브랜드인 트렉스타를 론칭, 같은 시기 중국 톈진에 자체공장을 설립한다. 특수화를 생산하던 공장 설비와 경험이 이미 있었기에 적은 비용으로 새 브랜드 사업을 시작할 수 있었고, '왜 등산화는 하나같이 무겁느냐'는 물음에서 출발해 경량 등산화 '라이트웨이트'를 개발하기에 이른다. 라이트웨이트는 이미 이전 사업을 통해 친분을 쌓았던 일본과 미국 유통업자들을 통해 브랜드 론칭과 동시에 해외로 수출됐고, 이는 트렉스타라는 한국 브랜드로서 해외시장에 선보인 첫 주력상품이었다. 7천만 불 수출의 탑 달성으로 국무총리 표창을 받고 MBC 방송 '성공시대'에도 ㈜트렉스타의 성공담이 방영되었다[8].

성장기(2001~2009)

2000년대 들어서는 국내 아웃도어시장의 고속성장과 함께 ㈜트렉스타도 국내 및 해외사업을 확대해갔다. '라이트웨이트'를 필두로 한 등산화제품은 이미 국내에서 독보적인 기능성을 인정받아 산업통상자원부로부터 '세계 일류 상품'으로 선정됐고, 2005년 부산 APEC 회의 개최 때 한국 대표 상품으로 선정되기도 했다[8]. 일본과 미국시장에서의 호응을 발판으로 대만, 홍콩, 중국시장에도 진출했고, 등산용

43

품 멀티샵에서의 원스탑 쇼핑의 인기가 높아지자 대만과 중국시장에서 의류사업도 시작했다. 2005년부터는 군화 수출로 인도시장에 진출, 국내에서 또한 국군 전투화 납품계약이 체결돼 기능성 군화생산을 전담하게 된다. 등산화 분야에서의 기술력과 선호도는 식지 않고 계속 돼 지식경제부^현 산업통상자원부 우수디자인 GD마크 획득, 대한민국 명품 브랜드 선정, 중국 ISPO CHINA 2008 금상 수상 등의 이력을 쌓았다. 이 무렵 해외시장 진출은 더욱 확대돼 스페인, 포르투갈 등 유럽 이베리아 반도와 남아프리카공화국에도 진출했다[8].

도약기 및 글로벌 성장기(2010~현재)

2010년부터 ㈜트렉스타는 글로벌 기업으로서 해외진출 시장을 더욱 넓혀간다. 스웨덴, 노르웨이 등 산악지형의 자연환경으로 유명한 아웃도어의 본고장 유럽 스칸디나비아 반도에 진출, 이후 체코, 슬로베니아, 이탈리아 등으로 유럽진출을 확대해나갔다. 칠레 등 남미시장과 중동 국가, 독일, 오스트리아, 스위스 등 나머지 유럽 국가로까지 해외진출은 멈추지 않고 이어졌다. '네스트핏' 기술개발과 함께 일일이 나열하지 못할 만큼 국내 및 해외 수상을 휩쓸었고, 스페인 ABC news로부터 'Top 10 Trail Shoes'로 선정되기도 했다[8].

2012년부터는 인도네시아시장에도 진출, 아시아시장에서의 영향력을 더욱 넓혔고, 마침내 2014년까지 세계 아웃도어 신발 브랜드 점유율 14위, 국내에서는 '소비자가 뽑은 2014 한국소비자 만족지수' 아웃도어 부문 1위로 업계 선두주자임을 공고히 했다[8].

㈜트렉스타의 해외진출 현황 및 유통경로

㈜트렉스타의 해외진출은 94년 브랜드 론칭과 동시에 트렉스타라는 자사 브랜드명으로 일본과 미국수출로 시작됐다. ㈜트렉스타는 론칭 이전 OEM 생산품을 납품하던 현지 업계 3위 수준의 일본 판매상과 두터운 관계에 있었는데, 자사 브랜드를 론칭했으니 우리 기술력을 믿고 제품을 한번 팔아봐 달라는 제안에 일본 파트너가 응답하며 자연스레 수출이 진행됐다. 미국에서는 당시 한국이라는 국가 브랜드 가치가 높지 않아, 한국제품임을 강조하기보다는 트렉스타라는 브랜드명과 제품 고유의 기능성을 강조해 인내심을 갖고 여러 전시회 등에 참여하며 서서히 인지도를 높였다. 그러던 중 97년 무렵 한 전시회에서 캐나다 유통업자를 만나 미주시장으로의 본격적인 진출을 시작했다. 이후 홍콩, 대만 등을 시작으로 2010년부터는 나열하기 힘들 만큼 중국, 인도, 호주, 유럽, 남미 및 중동 등 전 세계 곳곳 대부분의 시장에 진출했다(〈표 2〉 참조). 초창기 진출국이자 현재 안정적으로 시장선도력을 가지게 된 일본과 미국시장에서 현지 사업이 가장 활발하게 이어지고 있고, 대만과 중국에서는 의류 라인이 추가되며 보다 확장된 제품 포트폴리오를 전개하고 있다. 이외에도 국제 아웃도어 업계 트렌드를 주도하는 유럽시장에서의 선전이 눈에 띄는데, 권동칠 대표는 특히 스칸디나비아 국가들과 슬로베니아에서 ㈜트렉스타의 인기를 꼽는다.

해외진출의 유통경로로는 현지 환경에 맞춰 다양한 경로가 전개되고 있지만, 대개 현지 유통업자와의 독점적인 파트너십을 통해 이뤄지

45

국가	진출 연도	현지 유통업체	주요 판매처	비고
국내	–	–	대리점/직영점/백화점	–
일본	1994년	현지 유통업체	대리점/백화점	• Treksta JAPAN
미국	1997년	현지법인	대리점/백화점	• Treksta USA
홍콩	2005년	현지 유통업체	지방정부/전문점	–
대만	2009년	현지 유통업체	아웃도어 체인스토어	–
인도	2009년	군 중간상	군납	–
스페인	2009년	현지 유통업체	백화점, 체인스토어, 전문점	트렉스아이베리아 설립(트렉스타만 판매하는 조건)
포르투갈	2009년			
안도라	2009년			
핀란드	2010년	현지 유통업체	백화점, 체인스토어	• 아동화 공급 • 인프루브(트렉스타만 취급하는 현지 유통업체)
체코	2010년	현지 유통업체	아웃도어 체인스토어	
슬로베니아	2010년	현지 유통업체	체인스토어, 전문점	• 축구 마케팅 • 버스 마케팅
스웨덴	2011년	현지 유통업체	백화점, 체인스토어	• 아동화 공급 • 인프루브(트렉스타만 취급하는 유통업체)
노르웨이	2011년			
덴마크	2011년			
오스트리아, 스위스	2011년	현지 유통업체	–	–
남미	2011년	현지 유통업체	체인스토어	–
중동	2011년	현지 유통업체	체인스토어	현재 거래하는 유통업체와 종료 중
프랑스	2012년	현지 유통업체	전문점	–
중국	2013년	현지 유통업체	백화점	–
터키	2013년	현지 유통업체	체인스토어	–
독일	2013년	현지 유통업체	체인스토어, 전문점	www.treksta.de
영국	2013년	현지 유통업체	체인스토어	–
페루	2013년	현지 유통업체	체인스토어	–
볼리비아	2013년	현지 유통업체	체인스토어	–
호주	2014년	현지 유통업체	아울렛	–
우크라이나	2014년	중간상	–	–
세르비아	2014년	중간상	–	–
이탈리아	–	–	보류 상태	경제 위기

출처: 조사자료, 인터뷰를 토대로 저자 편집

브랜드, 세계를 삼키다

고 있다. 다시 말해 1개국 1파트너 형태로 현지의 유통업자 하나를 선정해 파트너십을 맺은 뒤 이를 통해서만 트렉스타를 전면 수출하는 형식이다. 일본과 대만과 같은 경우에는 아웃도어용품 전문 멀티샵과 체인점들이 흔하기 때문에 이를 이용하고, 중국과 홍콩 등지에서는 고기능성 프리미엄 브랜드로서 고가의 가격대를 형성하고 있기 때문에 백화점을 통한 유통이 이뤄지고 있다. 차후 목표로 하고 있는 시장으로는 최근 현지 파트너 계약 등 진출이 진행 중인 우크라이나, 브라질, 중동시장 등이 있으며 현지 파트너의 신뢰성 문제로 잠정 중단된 러시아에도 현지 사정만 안정된다면 진출하지 않을 이유가 없다는 계획이다.

㈜트렉스타의 해외진출 성공요인

47

㈜트렉스타의 범세계적인 시장 진출의 성공요인으로는 1) 독보적인 기술력, 2) 경험과 신뢰, 3) 선택과 집중을 통한 브랜드 아이덴티티, 4) 시장의 목소리를 듣는 브랜드, 그리고 5) 창업주의 확고한 신념을 꼽을 수 있다.

독보적인 기술력

㈜트렉스타가 90년대 무명의 한국 브랜드로서 일본, 미국, 유럽시장의 높은 벽을 넘을 수 있었던 가장 큰 원동력은 다름아닌 독특하고 창의적인 기술력이었다. "세상의 모든 것은 잘못되었다"라는 경영 철학에서 볼 수 있듯, '누구나 한번쯤 있었으면 좋겠다'라고 생각은 했지

만 개발하지 못했던 기존 특수화들의 아쉬운 점을 극복하는 새로운 기술력들을 선보여왔다. '기능성이 좋다면 반드시 무거워야만 하나'라는 물음은 라이트웨이트를 탄생시켰고, '인라인은 꼭 단단해야만 하나'라는 의문은 움직임이 편한 소프트인라인을 만들어냈다. 이 밖에도 불가능할 것이라고만 여겨졌던 눈길을 극복하는 등산화, 아이스그립과 천편일률적인 제형에 발을 맞추기보다 '개인의 발 모양이 곧 등산화가 된다'를 보여주는 네스트핏 기술은 국내뿐만 아니라 해외 바이어들의 마음까지 사로잡았다. 중소기업으로서 마케팅에 있어서는 노스페이스, 컬럼비아 등 거대 외국 브랜드를 따라갈 길이 없지만 시장을 선도하는 기술력에 있어서는 업계 누구도 트렉스타를 인정하지 않을 수 없다는 분위기다.

권동칠 대표는 처음 무명의 ㈜트렉스타를 알리고자 끈질기게 참가했던 국제 전시회들에서, 이제는 해외 업계관계자들이 '㈜트렉스타는 참여하지 않았느냐'고 매해 궁금해 할 정도로 세계 아웃도어 신발 시장의 기능성 개발 흐름을 ㈜트렉스타가 주도하고 있는 분위기라 전했다. 현재에도 산업디자인 등을 전공한 80여 명의 R&D 전문인력과 함께 연구개발에 투자를 아끼지 않고 있는데, 전 직원이 2백여 명인 중소기업임을 고려했을 때 이는 R&D에 대한 ㈜트렉스타의 투자가 상당함을 보여준다. 품질과 기술에 있어서 까다롭기로는 세계 제일이라는 독일시장에 진출할 때에는 독일 뮌헨대학 연구진과 소비자 리서치를 진행해 현지 소비자들의 ㈜트렉스타 제품에 대한 인식이 어떠한가를 먼저 파악했다. ㈜트렉스타의 제품은 나이키 등 유명 브랜드보다 기능성과 착용감 면에서 뛰어난 평가를 받았고, 이는 독일시장에서 그들 브랜드보다 고가의 프리미엄 가격대를 갖고 진출할 수 있게 해주었다.

경험과 신뢰

㈜트렉스타는 대다수의 창업회사들과는 달리 큰 실패를 겪지 않고 시장에 안착해 끊임없이 성장한 회사이다. 여기에는 먼저 창업주인 권동칠 대표의 해외 특수화시장에 대한 이해와 경험, 신뢰관계로 다져진 그의 해외 네트워크가 큰 몫을 했다. 앞서 보았듯 권동칠 대표는 창업 전 나이키, 아디다스, 뉴발란스 등 해외 유수 브랜드들의 신발을 주문생산하던 제조업체세원의 해외영업 책임자였다. 여기에서 자연스레 쌓인 해외 인맥의 역할을 권 대표는 다음과 같이 회상한다.

49

제가 그전 회사에 있을 때도 세계 무역을 담당했고 우리 회사에서도 하다 보니 전시회도 가게 되고, 또 제가 있던 회사에서 근무하던 사람이 다른 회사로 옮기기도 하고, 모두 이렇게 움직이니까 거의 다 아는 사람들이죠. 특히 세계적으로 전시회에 나가면 아웃도어회사의 대표들은 대부분 친구죠. 이렇게 만나고, 만나면 가끔 다투기도 하지만 아무리 돈이 많다 해도 이런 인맥들은 돈 주고 살 수 없잖아요? 모두 도움이 되는 사람들이죠.

권동칠 대표 인터뷰 중

이러한 인맥들의 가장 큰 역할은 다름아닌, 권 대표에 대한 신뢰가 곧 ㈜트렉스타 제품에 대한 신뢰로 이어진다는 것이었다. 누구도 써보지 않은 검증되지 못한 제품을 국내도 아닌, 해외 매장에 입점시키기란 여간 어려운 것이 아니었다. 브랜드를 론칭하자마자 일본 파트너가 무명의 ㈜트렉스타 제품을 수입해준 일화는 네트워크의 역할이 얼마나 큰 지를 보여준다.

> 일본에 나갈 수 있었던 것은 일본 사람들이 특수한 성질을 갖고 있어서인데, 의리 같은 거죠. 일본이 개별적으로 보면 의리 좋은 분들이 많고, 한번 맺은 관계가 종신보험제 같은 나라이기도 합니다만 쉽게 떨쳐버리는 관계의 풍토가 잡혀 있지 않아요. OEM을 하던 그 브랜드를 판매해주던 판매상이 있었어요. OEM을 하다 보면 단순히 발주받은 것을 만들어서 공급하는 게 중요한 게 아니라, 실제 공급하는 나라에 각각 선적을 담당하고 컨택을 하게 되어 있어요. 그러면 일본에 계신 분들과 친해지게 되죠. 저희가 "OEM을 손 놓으면서 정중하게 우리 브랜드를 팔아보시는 게 어떻겠습니까" 하니까 일본 분들이 거절하지 않으시고 팔아보겠다고 해주셨어요.
>
> 조성훈 이사 인터뷰 중

권동칠 대표 개인의 경험 외에도, ㈜트렉스타의 전신인 OEM 신발 제조업체로서의 기업 역사도 한몫을 했다. 특수화를 제조하던 회사였기에 생산에 필요한 공장 설비가 갖추어져 있었고, OEM 생산자로서 이미 동호실업 및 성호실업의 기술력과 생산성을 신뢰하는 해외 바이어들도 있었다. 다른 것은 몰라도 고품질의 신발을 생산할 줄 아는 회사임을 익히 알고 있었기에, 자사 브랜드로 탄생한 트렉스타를 권할 때에도 해외 바이어들의 마음을 열 수 있었다.

선택과 집중을 통한 브랜드 아이덴티티(brand identity)

아웃도어시장에서 ㈜트렉스타는 곧 '등산화'로 기억된다. ㈜트렉스타가 처음부터 코오롱스포츠, K2 등과 같이 의류 및 등산용품 전부를 내세우는 회사였다면 대기업 자본을 바탕으로 하거나 시장을 먼저 선점한 이들과 겨뤄 현재의 위치까지 왔을지는 의문이다. 권동칠 대표는 처음 창업부터 신발 중에서도 기능성 등산화, 오직 하나에 승부를 걸었다. 남들이 다 하는 백색 운동화, 일반 운동화를 생산해서는 차별화된 경쟁력이 없다고 봤다. 당시에도 이미 일반 운동화의 OEM 생산은 임금 상승으로 한국을 떠나는 추세였다.

90년 초반이 될 무렵에 어려웠죠. 80년대 말부터 임금 상승 폭이 커졌기 때문에 한국은 더 이상 다른 (해외) 브랜드 제품을 만들어줄 만한 가격경쟁력을 잃어가기 시작했죠. 회사를 계속 영위하기 위해서는 뭐라도 만들어 팔아야 했기 때문에 자사 브랜드가 필요했던 것 같아요. 또 이 회사가 OEM 신발이 한창 잘 나가던 그때, OEM이라고 하면 나이키, 아디다스, 백색 운동화들에 초점이 맞춰져서 결국 그런 부분들이 대부분 한국을 떠나거나 망하게 했어요. 그 당시 이 회사가 하고 있었던 것이 특수화 계열인데, 대표님이 중심을 둔 부분은 OEM을 하더라도 아무나 만들어내고, 가격만 싸게 하면 어디든지 오더를 받을 수 있는 단순한 아이템보다 경영전략의 하나로 만들기 어려운 신발 위주였던 것 같아요. 등산화가 얼핏 보기에 패셔너블하고 아무렇게나 신을 수 있어 보이지만 안에 들어가 있는 공법이나 기술들은 다르죠. 특수화를 만들면서 가지고 있는 노하우를, OEM을 통해서 '내 것'에 발휘해보고 싶었죠. 그 소용돌이 속에서도 나름대로 유지할 수 있었던 이유는 특수화라는 데 있었겠죠. 나름 카테고리니까요. 저희 입장에서 보면 틈새시장일 수 있어요. 당시 특수화를 만드는 회사가 한국에 많이 없었죠. 대부분 백색 운동화를 만드는 회사가 많았기에 독보적인 상황이었다고 볼 수 있죠. 전 세계 아웃도어 신발 브랜드의 대표, 관계자들이 우리 브랜드를 다 알고 있는 이유죠.

조성훈 이사 인터뷰 중

시장의 목소리를 듣는 브랜드

경영이론에서는 흔히 회사에게 가장 중요한 관계주체들stakeholders로 고객, 사업 파트너, 그리고 자사 직원 등을 꼽는다. 이들의 목소리와 의견을 경영에 반영해야 한다는 것은 이론에서는 얘기되지만, 실제 사업 전반에 이를 실행하기란 쉽지 않다. ㈜트렉스타는 이런 점에서 늘 '귀를 열어놓고' 사업을 해왔다. 현지 고객들의 니즈와 선호도를 파악하는 것은 특히 해외시장 진출에 있어 중요한 승부처였다. 이는 스칸디나이바 반도 진출 성공에 특히 큰 몫을 했다. 산악지형 탓에 아웃도어 신발이 일반화되어 있음은 누구나 아는 사실이지만 현지 소비자들이 특히 안전문제로 아동용 등산화에 지출을 아끼지 않음은 현지로부터 들려온 목소리였다. 하루가 다르게 발이 커가는 아이들용 신발로, 발 모양에 맞춰 최대 15mm까지도 사이즈가 움직이는 ㈜트렉스타의 네스트핏 기술은 더할 나위가 없었다.

스칸디나비아 지역은 전 세계에서 가장 부유한 나라들이죠. 독특한 것이 이곳은 어른 신발은 대충 신는데 아이들 신발은 소중하게 여기는 거예요. ㈜트렉스타가 고어(텍스) 라인과 함께 같이 개발한 네스트핏 기술이 있는데, 발 모양에 맞춰 사이즈가 움직이는 거죠. 한국사람 2천 명의 발 모양 스캐닝을 바탕으로 한 거예요.

그런데 스칸디나비아에서 끊임없이 요청을 하는 거예요. 저희는 아이들 제품을 만든 적이 없어서 무엇을 요청하고 원하는지 고민하지 않을 수 없었죠. 그래서 생각해낸 게, 마케팅 전략이에요. 네스트핏 신발을 어린아이, 갓 태어난 아이가 내추럴한 쉐이프를 가지고 성인이 되어서도 그 쉐이프를 가지고 가면서 건강을 유지하게 된다는 마케팅을 했어요. 의도하지 않게 전략이 나온 셈이죠. 그래서 스칸디나비아 지역에는 2012년에 아동화를 론칭하게 됐어요. 한 나라에 어른 것은 연간 17,000켤레를 판매하는데, 아동화는 10만 켤레를 넘게 팔아요. 여성이 보면 (디자인을) 싫어할지도 모르지만 굉장히 편안하죠. 아이들은 불편하면 보통 한

치수를 키워 신는데, 그러면 앞에는 많이 남아요. 그런데 유럽에서 판매하는 저희 ㈜트렉스타의 아동화는 (발에) 딱 맞는 거예요.

조성훈 이사 인터뷰 중

이외에도 해외진출에는 현지 흐름을 전하는 사업 파트너들의 진심 어린 조언이 소중했다. 초기 일본수출 당시, 친분관계를 바탕으로 ㈜트렉스타의 제품을 흔쾌히 팔아보겠다던 일본 파트너는 생각보다 한국과는 많이 다른, 보수적이고 중후한 일본 소비자들의 취향으로 고민하는 ㈜트렉스타에게, 적극적으로 현지에서 잘 팔릴 만한 디자인과 제형, 샘플 등을 제안해주었다. ㈜트렉스타는 이를 놓치지 않았고, 곧 보다 현지화된 디자인 개발로 매출을 높이는 데 성공했다. 또한 ㈜트렉스타 직원 개개인의 아이디어와 제안에 귀를 기울이고, 그들의 사업주도력과 창의성을 개발시키도록 하는 것으로도 유명하다. 초기 론칭 당시, 라이트웨이트를 개발하기 위해 권동칠 대표는 "제품 무게 1g을 줄이는 직원에게 5백만 원을 준다"는 사내 이벤트를 개최했다[8]. 이는 회사의 목표 실현에 전 직원이 한 구성원으로서 동참하도록 함을 의미했고, 같은 목표를 공유하며 개개인이 아이디어를 낼 수 있도록 장려하는 권동칠 대표, 그만의 리더십이었다.

창업주의 확고한 신념

모든 성공담과 화려한 수상내역 뒤에도, ㈜트렉스타만의 끈질긴 기술개발 노력과 '이 무명의 한국 브랜드를 해외시장에 뿌리내리게 하고

야 말겠다'는 고군분투의 역사는 창업주인 권동칠 대표의 자사 브랜드 개발에 대한 확고한 의지와 신념이 없었다면 불가능했다. 해외 브랜드들의 OEM 주문생산으로 이미 부족하지 않은 매출을 내고 있던 상황에서, 한국 전체의 국가 브랜드 가치도 전무하던 90년대 초에 굳이 자기 고유의 브랜드를 론칭했던 것은 '내 것을 하겠다'는 권 대표의 강한 의지였다.

한창 저희가 제일 잘 될 때 (자사 브랜드를) 만들었죠. 계기보다는, 주로 해외영업을 하면서 아무래도 이제 브랜드가 있어야 쭉 이렇게 오래갈 수 있다고 생각했죠. 제가 자주 이렇게 비유하지만 OEM이라는 것은 손님들이 우리 집에 와 있는 거 아니겠습니까? 손님들이 올 때 고기도 사들고 과자고 사들고 애들에게 돈도 주고 이렇게 하지만 결국, 그 사람들은 떠나갈 사람들이고 얼마나 오래 있느냐 하는 거죠. 저희들도 많은 브랜드를 주문생산했지만 우리 사정 때문에 혹은 그들 사정 때문에 결국 떠나갈 수밖에 없다, 그러니까 이제 OEM을 우리 손님이라 한다면 자사 브랜드는 우리 자식이라고 보는 거죠. 자식은 떠나갈 수 없지 않습니까. 서울 가서 살아도 자식이고 미국 가서 살아도 자식이고, 그런 자식과 같은 브랜드를 만들어야겠다는 생각을 늘 하고 있었죠. 이제 한창 잘될 때 투자도 해야 하니까 그때 브랜드를 만들어서 시작했죠.

권동칠 대표 인터뷰 중

㈜트렉스타는 2014년 해외진출의 다음 타겟으로, 남미와 중동 국가들로의 진출을 계획 및 진행 중에 있다. 전 세계 거의 모든 곳에 진출해 있지만, 아직까지 남아 있는 사업의 어려운 점이 없는 것은 아니다. 중소기업으로서 대기업 자본에 비해 미미할 수밖에 없는 마케팅 활동, 체계적인 판매사원들의 직원교육시스템의 부재 등이 앞으로 해결해야 할 과제로 남아 있다. 이외에도 신발뿐만 아니라 아웃도어 용품 전반에 불고 있는 경량화 바람에 편승할 라이트웨이트 기술 발전, 지속적으로 임금 상승 중인 중국 생산을 대체할 무봉제 생산시스템 개발 등이 앞으로의 연구 방향이다.

80년대 말, 임금 경쟁력 약화로 해외업체들이 떠나가며 국내 신발 공장들이 하나둘 문을 닫던 그때, 권동철 대표는 위기를 기회로 봤다. 오랜 주문생산 경력과 해외시장에서 검증된 기술력을 바탕으로 토종 한국 브랜드인 트렉스타를 내놓았고, 현지 고객과 파트너들의 요구에 귀 기울인 독보적인 기술력을 갖춘 제품들은 론칭 20년 만에 전 세계 61개국의 소비자를 사로잡았다.

가히 아웃도어 붐이라 일컫는 시대. '거품'이라 불릴 정도로 엄청난 프리미엄 가격대로 무장한 수입 아웃도어 브랜드들의 범람 속에서, 오직 잘 만든 신발 하나로 '정직한 기술은 통한다'를 입증해온 ㈜트렉스타의 굳은 입지는 거대 마케팅 자본을 가진 수입 브랜드들 속에서 악전고투하는 우리 중소기업들에게 긴 발자취를 남긴다.

오로라월드㈜: 인형 생산에서 콘텐츠산업으로

고객과 직원, 그리고 사회에 웃음을 선사하기 위해
세계 일류의 캐릭터&콘텐츠기업으로 거듭나기 위해

– 오로라월드㈜ 경영 철학 중 –

2011년, 미국 및 세계 완구시장 경향을 보여주는 US Gift Beat Magazine에서 선정한 미국 내 완구업체 인지도 2위에 이름을 올린 회사가 있다. 반세기 이상 아이들 침실을 지배해온 헬로키티의 산리오Sanrio도, 피카츄로 중무장한 닌텐도Nintendo도 아니었다. 놀랍게도 일반 소비자들에게는 그 이름도 생소한 오로라월드㈜Aurora World로, 캐릭터인형 발꿈치 한쪽에 달린 라벨에서만 조용히 그 존재를 알렸던 80년대 설립된 한국의 한 토종 중소기업이었다. 한때 한국 수출경제를 이끌었던 봉제완구 OEM 생산업체에서 출발해 90년대 초 일찌감치 자사 브랜드를 개발, 현재 오로라월드㈜는 전 세계 80여 개국에 진출해 총 매출 95% 이상을 해외에서 내는 명실상부 글로벌 기업으로 성장했다. 오로라월드㈜는 한국거래소, 수출입은행, 국민은행이 선정한 대한민국의 대표 히든챔피언으로, 그동안 하이서울 브랜드기업서울특별시, 2012년, 대한민국 퍼스트브랜드 대상한국소비자브랜드위원회, 2012년, 한국 기업혁신 우수상국무총리, 2006년, 대한민국 브랜드 대상산업통상자원부, 2003년, 대한민국 브랜드경영 우수상산업통상자원부, 2003년, 국세청 표창, 노사협력 우량기업 표창 등에 선정되며 성과와 경영과정에 대해서도 인정받게 되었다.

사양산업으로만 여겨졌던 국내 완구사업의 편견을 깨고, 전 세계 아이들의 방에서 소리 없이 강한 힘을 보여주고 있는 오로라월드㈜의 해외진출 및 성공요인을 각종 시장자료 및 오로라월드㈜ 임원과의 인터뷰를 토대로 분석해본다.

기업 소개

오로라월드㈜는 1981년 설립된 오로라무역상사를 전신으로 1999년 법인명을 변경, 약 30여 년간 캐릭터 완구 생산 및 라이선싱 사업을 하고 있는 한국 토종 캐릭터 완구기업이다[1]. 국내 98명, 해외법인 및 협력업체에 약 5천여 명의 인력을 보유하고 있으며 2013년 총 매출액은 1,193억 원에 달했다[2].

토종기업이라고 하지만 사업분포를 보면 국내서보다도 해외에서 활약이 더 두드러진 글로벌 기업임을 알 수 있다. 80년대 설립 초기부터 미국수출을 시작, 현재 5개국미국, 홍콩, 영국, 독일, 중국에 글로벌 판매 및 마케팅을 담당하는 법인이 설립되어 있으며 해외진출국 수는 이들 국가에 일본, 프랑스, 러시아, 이탈리아 등을 더해 전 세계 약 80여 개국에 이른다. 중국과 인도네시아에 생산공장이 있으며, 총 매출의 2~3%, 본사 인력의 약 40%에 해당하는 약 40여 명 인력이 캐릭터 디자인 및 콘텐츠 개발을 위한 R&D에 투자되고 있다[2]. 설립 초기에는 OEM 봉제완구 생산이 주였지만 자사 브랜드 개발 이후 이의 비중이 커져 현재는 사업의 약 85%가 자사 브랜드 상품개발 및 생산에 투자되고 있으며 OEM은 15% 정도 차지하고 있다[3]. 국내에 알려진 주요 캐릭터로는 2009년 KBS에도 방영된 '유후와 친구들', 누구나 한번쯤 장난감가게에서 본 적 있는 날개 달린 곰인형 '위시웡', 날개 달린 고양이 '캐터필러' 등이 있다. 이들 캐릭터를 포함해 미국에서 2,500여 건의 디자인권, 국내 및 해외에서 약 107건의 상표권과 16여 건의 디자인 의장권을 보유하고 있다[4]. 자회사로 완구판매대행을 담당하는 ㈜오로라크리에이션과 게임유통업을 하는 ㈜오로라게임즈가 있으며 2014년 본사로 인수 합병됐다[5].

국내 및 해외 완구시장 현황

국내 주요 5대 완구업체로는 오로라월드㈜를 포함해 영실업, 손오공, 미미월드, 아카데미과학이 꼽힌다. 영실업과 미미월드 같은 경우에는 70~80년대 설립돼 일본 유명 업체인 반다이Bandai사의 완구를 유통하다 자사 캐릭터 및 상품을 개발, 지금은 캐릭터 완구 위주로 약

5~7백억대 매출을 내고 있다[6]. 손오공 역시 1996년 설립돼 일본 완구를 유통하다 현재는 게임유통사업에서 주요 매출을 내고 있으며, 아카데미과학은 1969년 설립된 가장 역사가 긴 완구업체로 프라모델이 주력상품이다[7]. 오로라월드㈜에게는 손오공과 아카데미과학에 비해 함께 캐릭터 완구를 타겟으로 하는 영실업과 미미월드가 가장 큰 국내시장 경쟁사라고 볼 수 있는데, 2014년 오로라월드㈜가 약 1,200억 원으로 이들 경쟁사보다 약 2배가량의 매출을 내고 있다[8]. 시장분석 업체에 따라 레고코리아를 포함시키기도 하는데 1,200억여 원의 오로라월드㈜의 매출액은 레고코리아와 비슷한 수준으로 이야기된다.

세계 완구시장에서는 전통이 긴 해외 초대형 업체들에 비해 아직 오로라월드㈜는 갈 길이 먼 후발주자의 입장이다. 2012년 세계 완구업체 이익 순위에 따르면 1위는 바비인형을 만드는 미국의 마텔Mattel사, 2위는 한국기업들이 성장기 OEM 생산을 하곤 했었던 일본의 반다이사, 3위는 덴마크의 레고Lego사다(〈그림 1〉 참조)[9]. 순이익만으로 약 7조 원 정도를 내고 50년가량의 역사를 가진 이들 기업에 비해 오로라월드㈜는 아직 매출액만으로는 비등하게 집계되지 않는 수준이지만, 비교적 후발주자로서 90년대 중반부터 미국시장 내 업계 인지도 5위권 내에 들며 꾸준히 영향력을 키워오고 있다. 근래에는 'Vision 2020' 프로젝트에 돌입하여, 경영전문가로 이뤄진 자문단을 구상해 콘텐츠 강자인 월트디즈니와 헬로키티의 일본 산리오Sanrio를 모델로 하는 세계시장 성장계획을 세우고 있다.

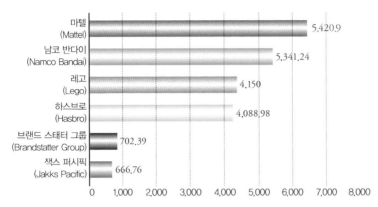

▼ 그림 1 2012 세계 주요 완구업체 이익 순위

(단위 : 백만 달러)

출처: Statista 2015.com

오로라월드㈜의 역사

61

    설립 이후 약 30여 년의 오로라월드㈜의 역사를 노유승 2006 [10]의 분류를 토대로 세 시기로 간추려 살펴본다.

설립과 준비(1981~1995)

    오로라월드㈜의 전신인 오로라무역상사는 1981년 설립, 완구 주문 생산업체로서 80년대 후반 5백만 불과 천만 불 수출의 탑을 수상하며 성공적인 OEM 업체로 수출 기반을 마련하고 있었다. 그러던 중 자사 브랜드 개발의 필요성을 절감, 90년 인도네시아 생산법인, 92년 미국과 홍콩 판매법인을 차례로 설립하며 오로라월드㈜만의 자사 브랜드 사업을 시작하게 된다. 95년에는 중국 생산법인까지 설립하며 자체 개발된 브랜드로 해외사업을 확장하는 데 필요한 생산 및 판매 기반을 다져나갔다.

도약과 성장(1996~2007)

미국과 홍콩의 판매법인이 자리잡고 오로라월드㈜의 자사 브랜드 상품들이 호응을 얻으며, 1996년 처음으로 US Gift Beat Magazine 이 선정한 미국시장 내 완구업체 인지도 5위에 이름을 올린다. 이에 박차를 가해 영국에도 판매법인을 설립, 왕실 백화점으로 유명한 영국의 최고급 백화점인 헤로즈Harrods에 입점했다. 영국을 기점으로 유럽에서의 발자취를 넓혀 99년 마침내 이제는 자사 브랜드가 성공적으로 평가되고 OEM 업체로서의 색깔을 벗었다는 판단하에 회사명을 오로라월드㈜로 변경한다. 같은 해 캐릭터 디자인 개발에 박차를 가하기 위해 디자인연구소를 설립했다.

2000년에는 독일 판매법인을 설립했고, 시각디자인 업계 최초로 코스닥에 상장됐다. 이후 2000년대 중반까지 국내 및 해외사업 모두에서 성공가도를 달리며 2001년 US Gift Beat Magazine 미국 내 인지도 4위 진입, 2002년 한국마케팅 대상, 2005년 퍼스트브랜드 대상, 폴란드 토이 페어 금메달, 독일 Metro 그룹 최고품질상 수상 등 그 실적을 인정받았다. 이에 힘입어 2003년에는 같은 매거진이 선정한 미국 내 인지도 3위로 뛰어올랐다.

전환과 확장(2008~2014)

2000년대 후반 들어 오로라월드㈜는 월트디즈니나 포켓몬스터처럼, 캐릭터 하나에서 문화콘텐츠 전반으로 보다 사업을 확장해야 할 필요성을 느꼈다. 이에 2007년부터 애니메이션 '유후와 친구들'을 제작했고, 이는 국내 방송 KBS뿐만 아니라 유럽을 포함한 해외 45개국에서 방영되었다. 같은 시기 오로라월드㈜는 ㈜오로라게임즈를 설립해 게임콘텐츠 유통시장에도 뛰어들었다. 2011년에는 창립 30주년을 맞아 US Gift Beat Magazine 미국 인지도 2위 랭크, 중국 상해 판매법인 설립, 인도네시아 제2 생산법인 설립이라는 겹경사를 맞았고, 2013년에는 밀려드는 주문량을 충당하기 위해 인도네시아 제3 생산공장까지 착공됐다. 2012년에는 마케팅 및 프로모션을 보다 확대하는 방편으로 글로벌 패스트푸드 체인인 맥도날드와 계약을 체결, 전세계 40여 개국에 30개 언어로 6천여 개의 맥도날드 매장에서 어린이 메뉴인 해피밀세트와 함께 '유후와 친구들' 캐릭터 상품이 판매됐다. 2014년부터는 '유후와 친구들' 애니메이션 시즌 3 제작 개발에 들어갔다. 2013년에는 국내 굴지의 연예기업인 YG엔터테인먼트와 컨텐츠 상품화 전속 권리를 이양받는 라이선싱 계약을 체결, 해외에서의 높은 인기로 주목받는 YG의 콘텐츠와 캐릭터 상품화 능력을 인정받은 오로라월드㈜의 합작으로 주가시장의 이목을 끌었다.

오로라월드㈜의 해외진출 현황 및 유통경로

오로라월드㈜는 현재 약 80개국에 진출한 것으로 추정된다(〈표 1〉 참조). 미국, 홍콩, 영국, 독일, 중국, 인도네시아 등 전 세계에 판매법인 5개, 생산법인 4개를 모두 자체 보유하고 있는데 이들 국가가 해외

국가	진출 연도	현지 유통업체	주요 판매처	비고
미국	1992년 판매법인 설립	영업 담당자	시어즈, 샘스클럽 유니버설 스튜디어, 유명 동물원 기념품점	거래처들의 반발을 고려하여 A&A Plush라는 위장법인 설립 인구가 많고 지형이 넓은 미국만의 독특한 전문 판매대리인을 통해 유통망 확보
홍콩	1992년 판매법인 설립	n/a	n/a	–
영국	1997년 판매법인 설립	n/a	헤로즈 백화점, 햄리즈 백화점	–
독일	2000년 판매법인 설립	n/a	n/a	–
러시아	2001년	–	–	동구권 최대 완구 및 선물용품 유통회사인 러시아 Saks사와 판매 계약
대만	n/a	n/a	n/a	대만에서 30여 개의 유명 백화점과 5천여 개의 유통망을 갖춘 식품 및 완구 유통회사인 '한태유한공사'와 라이선싱 계약 체결
중국	2011년 판매법인 설립	n/a	팍슨 백화점, 토이즈저스 뽀다상 (어린이 전문 쇼핑몰)	2011년 중국진출에 따라 중국은 생산기지에서 판매기지로 전환

기타: 일본, 프랑스, 이탈리아 등 약 80여 개국에 진출되어 있는 상태로 진출 연도 및 유통경로 불분명함

출처: 인터뷰, 조사자료에 의해 저자 편집

▼ 그림 2 오로라월드㈜의 국가별 매출 구성 현황

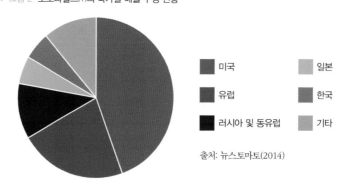

미국　　　일본
유럽　　　한국
러시아 및 동유럽　　　기타

출처: 뉴스토마토(2014)

사업의 주요 거점이 되고 있다[11]. 국가별 매출 비중에서 미국법인 매출이 전체의 약 50%, 유럽, 러시아 등지에서 35%를 차지하는 등 국내보다 해외시장 매출 비중이 약 95%에 달한다(〈그림 2〉 참조)[12].

오로라월드㈜의 해외진출은 설립 초기부터 자연스럽게 진행됐다. 생활필수품이 아닌 완구제품 특성상 가계소득이 일정 수준 이상 높은 시장에서 매출을 올릴 수 있었고, 오로라월드㈜ 설립 당시 80년대 한국은 아직 선진국에 비해 국민소득이 높지 않은 상황이었다. 또한 시장 크기가 작고 문화적으로 서양에 비해 크리스마스, 추수감사절, 부활절 등 기념일과 선물 문화가 덜 발달되어 있어, 시장 크기가 큰 선진국으로의 진출이 불가피했다. 가장 먼저 진출한 국가는 92년 판매법인을 설립한 전 세계 완구시장 매출의 40%가량을 차지하고 있는 미국이다. 드넓은 미국시장의 특성상 해외업체가 개별적으로 유통을 하기보다는 지역별 유통망을 연결해주는 전문 판매대리인sales representative을 통하는 것이 일반적이었는데, 오로라월드㈜ 역시 이들을 통해 시어즈 백화점, 샘스클럽 등 현재 주요 판매처들을 확보했다. 영화산업을 기반으로 한 유명 테마파크인 유니버설 스튜디오Universal Studio 및 지역 대형동물원 기프트샵 등에도 오로라월드㈜의 캐릭터 완구제품들이 팔리고 있다. 다른 국가들 역시 본사에서 직접 바잉하는 온라인 유통업체 아마존 등을 제외하고는 대부분 현지 유통업자distributor나 판매대리인을 통해 판매처를 찾고 연결하도록 한다. 현지 판매법인을 비롯한 바이어들로부터 본사에 구매 주문이 들어오면, 중국과 인도네시아 등지에 있는 생산법인에 주문량 생산을 의뢰해 바이어, 판매법인, 현지 판매대리인 등을 통해 각 판매처에 물량을 전달해

65

판매하는 방식이다[11]. 이를 통해 97년 판매법인을 설립한 영국에서는 헤로즈Harrods 백화점과 햄리즈Hamleys 백화점 등에 입점했고, 러시아 삭스Saks사, 대만 한태유한공사, 중국 팍슨Parkson 백화점 등 현지에서 고급 어린이용품을 취급하는 메이저 판매처들에 입점하게 됐다[13]. 실제로 해외시장에서 오로라월드㈜의 완구제품은 중·고가 가격대를 형성하고 있으며, 중소업체들의 가격경쟁이 심한 저가시장보다는 중·고가에 집중한다는 계획이다.

오로라월드㈜의 해외진출 성공요인

오로라월드㈜의 해외진출 성공요인으로는 크게 1) 자사 브랜드 아래 다채로운 제품군, 2) 제품 디자인의 현지화, 3) 법적 보호망을 통한 철저한 디자인 보호, 4) 수직계열화된 첨단 생산시스템, 5) 녹색경영 및 6) 국내외 직원들과의 비전 공유를 들 수 있다.

자사 브랜드 아래 다채로운 제품군

60~80년대 경제성장기 한국의 완구업체들은 해외 바이어들로부터 OEM 생산을 주문받아 제조만을 하고 있었다. 그러다 70년대 후반부터 국내 임금이 상승하며 OEM 가격경쟁력이 하락하기 시작했고, 주문생산에만 의존하던 대다수 완구업체들은 해외 바이어들이 떠나감과 함께 하락세를 걸었다. 이와 달리 오로라월드㈜는 일찍부터 주문생산의 한계를 절감하고 자사 브랜드를 개발할 필요성을 느꼈다. 가장 큰 이유는 해외 바이어로부터 독립해 사업 독립성을 높이는 것,

그로부터 중간 손실이 없는 보다 큰 이윤을 남기는 것, 나아가 회사의 존속 가능성을 높이는 것이었다.

옛날에는 해외 바이어들이 한국에 오면 그 바이어한테 주문을 받아내려고 국내의 많은 OEM 업체 대표들이 미팅을 잡고 싶어 했어요. 한국에 완구회사가 많다 보니까 업체 간 경쟁이 치열했고, OEM으로 지속하다가는 나중에 문제가 있을 수 있는 여지가 많았죠. 그래서 자사 브랜드를 갖고 가기로 한 거예요. 왜냐하면 자사 브랜드로 하게 되면 4배 더 이익을 낼 수 있기 때문이죠. 내가 판매하다 보니까 생산에 대한 이익, 본사가 가져가는 이익, 판매법인에서 가져올 수 있는 이익이 있으니까요.

그때 저희 사장님께서 디자인에 관심이 많으셨어요. 그래서 그 당시는 OEM 위주의 사업이었지만 디자이너들을 고용해서 더 많은 상품 카테고리로 확장시켰죠. 결국 자신의 브랜드를 갖고자 하는 부분이 있었고요.

김용연 상무 인터뷰 중

OEM 생산 때부터 상당한 폭의 제품 카테고리를 갖고 있었던 오로라월드㈜는 자사 브랜드 아래에 다채로운 제품군을 선보이고 빠른 디자인 회전율을 유지하는 데 힘썼다. 타겟 소비자가 아이들인 만큼 장난감처럼 소비자들이 금세 싫증을 느끼는 제품도 없다는 이유에서이다. 바비인형만을 보더라도 시대에 따라 얼굴, 체형, 의상 등이 시시 각각 변화되어왔고 오로라월드㈜ 역시 바이어와 소비자들이 다른 경쟁제품들로 눈을 돌리기 전, 한발 빠르게 새로운 제품들을 선보이는 것이 시장을 선도하는 중요한 전략이라 보았다.

저희 제품과 경쟁회사 제품의 차이가 대단히 많이 나느냐? 그렇지 않아요. 경쟁사들도 눈썰미가 있고 대처가 빠르기 때문에 거의 비슷해요. 결국 문제는 바이어 입장에서 봤을 때 지속적으로 새로운 '팔 거리'를 제공해줘야 한다는 것이지요. 우리가 현재 판매하는 제품이 3,500종이지만, 1년에 3분의 1을 바꿔버려요. 그래서 3년이면 (제품라인 전체가) 다 바뀌어 있죠. 새로운 신소재가 나오면, 트렌드가 바뀌면, 새로 바꿀 수 있는 것은 모두 바꾸는 거죠. 그러다 보니 바이어가 봤을 때 저희가 팔 물건을 지속적으로 제공하는 셈이에요. 이 시장에서 독일의 뉴렌버그 Nurenberg 전시회가 가장 유명하고 큰데, 그곳에 가면 저희 부스가 항상 (입구에) 있어요. 그 정도로 이 시장에서 자리를 잡았어요. 그리고 저희 부스에 오면 늘 가져갈 게 있다고 인식되게끔 만들어놓았죠.

김용연 상무 인터뷰 중

제품 디자인의 현지화(design localization)

캐릭터 완구사업에서 가장 중요한 요소로 제품 디자인을 빼놓을 수 없다. 비슷비슷한 디자인의 수많은 경쟁사 제품들 속에서, 오로라월드㈜는 현지 소비자들의 마음을 사로잡는 개성 있고 귀여운 디자인 개발이 소비자들의 선택을 받는 가장 빠른 길이라 여겼다. 현재 본사 인력의 약 40% 인원이 디자인 연구개발에 투입되고 있으며, R&D 인력의 구성도 시각·제품·산업 디자인 전공자 등 다양하다. 해외 현지에서는 미국, 영국, 홍콩, 일본, 독일에 글로벌 '디자인 리서치 센터'를 두어 현지 시장, 라이프 스타일 조사와 디자인을 개발하고, 중국과 인도네시아의 '디자인 개발 센터'에서는 새로운 디자인 패턴 설계, 신소재 및 신상품을 개발한다. 이들로부터 본사까지 이어지는 디자인 연구 네트워크를 통해 각국 시장의 완구 디자인 동향을 발 빠르게 파악해 제품개발에 반영한다. 특히 이 과정에서 무엇보다 '현지화'를 우선으로 생각해 디자인 흐름 파악과 개발에는 철저하게 디자인 관련 현지 출신 인력을 고용하고 의견을 존중한다. 가족문화와 가정생활에 어떤 제품군보다 밀접하게 닿아 있는 것이 완구인 만큼, 현지에서 어린 시절을 보내고 가정을 꾸린 현지 인력보다 소비자 취향을 더 잘 아는 이들은 없다는 뜻에서이다.

69

영국에서 생산된 제품과 미국에서 생산된 제품은 같지 않아요. 한국과 일본이 또 달라요. 키티Kitty를 보면 한국에서는 상당히 귀여운 제품이 잘 팔리고, 일본에 가면 사무라이가 큰 칼 두 개를 들고 있는, 이런 것들이 잘 팔려요. 문화적인 개념 차이가 큰 거죠. 미국만 해도 디자인 현지 인력이 약 70명 정도 되는데 무조건 다 현지인이에요. 생활 디자인이기 때문에 그곳에서 나고 자란 사람이 제일 잘 알아요. 여기 본사의 디자인 센터가 하는 역할은 1년에 4번 글로벌 상품전략회의를 해요. 디자이너, 마케터 인력이 한국에 와서 그동안 어느 지역에 어떤 제품이 나갔고, 몇 달러짜리가 나갔고, 어떤 사람들이 사갔는지 등 데이터를 공유하죠. 그러다 보니까 그다음 해에도 이어지면서 도움이 많이 되요.

김용연 상무 인터뷰 중

법적 보호망을 통한 철저한 디자인 보호

OEM 생산만을 하던 제조업체로서 해외시장에 자사 브랜드와 디자인을 소개하는 것이 쉬운 일만은 아니었다. OEM 사업 때부터 이미 안정된 생산력으로 해외 바이어들에게 알려져 있던 오로라월드㈜의 명성이 자사 브랜드를 꺼내 들기에는 오히려 독이 됐다. 해외 바이어들 입장에서는 본인들의 오더만을 생산하던 제조업체가 불현듯 브랜드를 놓고 경쟁하는 경쟁자로 인식됐던 것이다. 경계심이 심한 해외 업체들은 오로라월드㈜의 자사 브랜드 상품들이 본인들의 것을 도용한 제품이라고 주장하기도 했다. 하지만 오로라월드㈜는 굴하지 않고 꾸준히 해외 전시회들에 자사 브랜드 상품을 소개했고, 차별화된 캐릭터 디자인 등을 개발해 특허 등록하는 일에도 투자를 아끼지 않았다. 이에 초반부의 견제를 딛고 점차 해외시장에 오로라월드㈜만의 캐릭터 디자인들을 인식시킬 수 있었다.

수직계열화된 첨단 생산시스템(vertically integrated supply chain)

생산시스템의 수직계열화는 생산과 판매 모두를 회사 내에서 관리하는 방식을 말하며, 이 과정에서 불필요한 생산시간과 비용 낭비를 줄이고 제품의 품질관리도를 높일 수 있기 때문에 경영의 성공 요소 중 하나로 꼽힌다. 오로라월드㈜ 역시 해외에 생산 및 판매 자체법인을 두어 생산과 판매를 모두 직접 관리함으로써 경쟁사들에 비해 고객의 니즈를 재빨리 반영하고 제조와 판매 부분 양쪽에서 수익이 발생할 수 있도록 했다.

> 저희가 대부분 생산을 하고, 전 세계에 직접 팔아요. 사실 (제조와 판매 부분에) 경쟁 상대가 각각 있는데, 저희는 이 두 가지를 다 해요. 경쟁업체 중에는 이런 회사가 없죠. 과거에 일본 및 선진국들은 핵심만 가져가고 나머지는 철저히 외주생산을 했는데, LG와 삼성은 외주생산을 상당히 적게 해요. 이런 부분들이 저희와 매우 유사하다고 생각했어요. 생산과 판매를 다 할 때의 강점은 고객의 니즈를 바로 반영해서 모든 걸 할 수 있다는 얘기죠.
>
> 김용연 상무 인터뷰 중

그러나 생산과 판매 전반 모두를 관리하는 것이 쉬운 일만은 아니다. 특히 완구는 서로 다른 제품들을 많이 갖고 있는 전형적인 다품종 소량생산 사업이기 때문에, 수없이 많은 제품군과 각국에서 밀려드는 주문 물량을 한 회사에서 모두 관리하는 데에는 많은 인력과 비용이 들기 마련이다. 오로라월드(주)는 이 부분의 해결방안을 IT시스템을 접목한 생산시스템의 첨단화에서 찾았다.

> 저희가 판매하는 완구 종류가 3,500종이에요. 왜 이렇게 많은가 하면 전 세계 선진국에 다 나가 있거든요. 아이템이 워낙 많아서 전 세계에서 다양하게 들어오죠. 그래서 생산이 좀 어렵지요. 완구의 특성이 사이즈가 정해져 있지 않아요. 손가락 만한 것부터 컨테이너 하나에 들어갈 만한 것까지 다양하고, 그다음에 모양도 별의별 희한한 게 다 나와요. 그래서 전체적으로 보면 소재에 따라서, 또 그 색상에 따라서 한꺼번에 자동 분류가 다 되요. 그만큼 저희는 시스템이 잘 되어 있어요. 소재별로 집계가 돼서 자동으로 발주가 나가요, 소재 단위로. 신소재 같은 경우는 한국에서 구입해서 공장에 제공하고, 현지 공장에서 하는 것은 그쪽에서 하게 되어 있어요. 올해 했던 사업 중 하나가 'MES'라는 시스템이에요. 결국 오로라월드(주)가 잘하는 것에 한국이 잘하는 것을 접목한 부분이죠. 한국은 IT산업이 발달하면서 제조 강국이잖아요. 그러면서 주문제작이 되는, 그런 시스템이 상당히 잘 되어 있어요. 그런 것을 저희가 공장에 이식하는 거죠.
>
> 김용연 상무 인터뷰 중

녹색경영

오로라월드(주)는 디자인, 브랜드 경영뿐 아니라 착한 기업으로서의 성실한 책임을 다하고 있다. 특히 녹색경영에 앞장서서, 유럽을 중심으로 확대되고 있는 친환경 소재 및 자재 사용에 관한 규제에 대해 요구 수준을 넘어서는 안전규격을 획득함으로써 친환경적이고 안전한 제품을 공급하고 있다. 예를 들면, 화학원단이 아닌 콩이나 옥수수와 같은 천연식물로 개발한 원단을 사용한 제품개발, 화학 솜 대신 열대식물에서 추출한 대체 충전재료카폭의 개발 등이 이에 포함된다. 더 나아가 규제 및 요구사항이 아니더라도 제품의 사용자인 유아들에게 악영향을 줄 수 있는 저급 자재에 대한 사용금지를 내부 방침으로 운영하고 있다. 이러한 과정에서 생산법인의 경우 ICTI, BSCI, ISO 9001 등 세계 수준의 안전규격을 충족하고 있음은 물론이다.

국내외 직원들과의 비전 공유

앞서 디자인 개발에 있어 현지 인력보다 현지 소비자들의 취향을 더 잘 아는 이는 없다는 믿음처럼, 전반적인 마케팅 방향에 있어서도 오로라월드㈜는 각국의 자사 직원들의 목소리를 존중한다. 미국진출 초창기 오로라월드㈜는 미국 각 주에서 개최되는 전시회에 빠짐없이 참가해 유능한 판매대리인을 발굴하는 데 힘을 쏟았으며, 이들에게 현지 시장 마케팅을 일임해 현지 대형 바이어들을 확보하고 유통 네트워크를 구축하도록 했다. 현재까지 매년 정기 행사를 통해 미국시장에서 중요한 역할을 수행하는 이들 판매대리인에게 보너스를 지급하고, 앞으로의 현지 전략을 함께 논의하며 회사의 비전을 공유한다. 이외의 모든 해외 임직원들에게도 매년 순이익의 20%를 인센티브로 지급함으로써 업무를 독려하고 회사에 대한 애정을 높이고 있다. 여기에는 한국 토종기업으로서 한국식의 단합심과 직원에 대한 '정' 문화가 바탕에 깔려 있다.

미국법인은 매년 12월쯤 되면 호텔을 하나 빌려 직원 및 배우자커플와 판매대리인을 초청해요. 한국의 '정' 문화가 아닐까 싶어요. 1년 동안의 성과와 노고를 보상해주고, 우리 오로라월드㈜의 역사에 대한 이야기와 내년에는 어떤 전략으로 일할 것인가 같이 토의하는 시간을 갖죠. 저희 같은 경우는 대부분 잘하면 인센티브를 지급해요. 본사도 당기 순이익의 20%를 매년 모든 임직원한테 다 나눠주고요. 올해로 18년째 되는 거네요.

김용연 상무 인터뷰 중

앞으로의 비전

오로라월드㈜는 주력상품인 완구뿐만 아니라 캐릭터 콘텐츠시장으로 진화하는 고부가가치화 노력을 계속할 것이다. 일본의 포켓몬스터 캐릭터 하나가 세계적인 게임기기 닌텐도의 얼굴이 되고, 보잉Boeing사가 제조한 항공기에까지 그려지는 등의 파급력을 내는 것처럼, 캐릭터의 라이선스 사업을 확대하고 애니메이션, 게임, 엔터테인먼트 등 보다 다양한 카테고리로 진화해 사업의 부가가치를 극대화할 것이다.

오로라월드㈜는 장기적 관점에서의 대표 브랜드 육성 및 애니메이선을 통한 판매확대 기회 발굴 차원에서 2007년 시대가 요구하는 친환경 컨셉을 반영한 전략적 캐릭터 '유후와 친구들'을 개발했다. 유후와 친구들은 'One Source Multi Use'하나의 콘텐츠를 다양한 방식으로 판매해 부가가치를 극대화하는 방식의 묘미를 발휘하며, 미디어, 상품화 및 엔터테인먼트 분야에 이르기까지 50여 종류의 다양한 수익선을 확보하게 되었다. 최근에는 세계 3위 모바일 메신저 서비스로 등극한 네이버의 '라인'과 캐릭터 공급계약을 체결했으며[12], 해외 인지도가 높은 싸이, 빅뱅 등의 엔터테이너가 속해 있는 YG엔터테인먼트와 콘텐츠 라이선싱 계약을 맺었다[14]. 특히 '유후와 친구들' 애니메이션은 전 세계 40여 개국에 방송되면서 20여 개국의 라이선스 에이전트를 확보하는 등 글로벌 애니메이션 사업기반을 구축하는 견인차가 되었다. 이는 국내 캐릭터로 유례없는 성공으로, 그 성공적인 입지를 강화하기 위해 '유후와 친구들' 애니메이션 시즌 3이 제작 중이며 한국뿐만 아니라 세계시장에 동시 방영될 예정이다[15].

오로라월드㈜는 앞으로도 세계 시민에게 "웃음과 행복이라는 선물"gifts of smile을 제공한다는 슬로건 아래 글로벌 캐릭터 콘텐츠기업으로 도약할 것이다. 이러한 과정에서 콘텐츠 분야의 연관 산업과의 연계를 통한 고부가가치 사업기회 개발, 그리고 창의와 소프트 경쟁력과 관련된 건전하고 유망한 분야의 고용 창출을 통해 국가 경제에 공헌하는, 책임 있는 기업이 될 것으로 기대된다. 오로라월드㈜가 앞으로도 변함 없는 열정과 창의로 세계 속의 한국기업으로서 세계시장을 선도하는 글로벌 리더가 되기를 선망한다.

㈜파세코: 위기를 기회로 바꾼 세계 일류 석유난로 생산기업

PASECO

인류의 편안하고 행복한 생활 추구

― ㈜파세코 경영 철학 중 ―

㈜파세코Paseco가 석유난로사업에 뛰어든 지 얼마 되지 않은 80년대 중반, 아파트 주거문화가 빠르게 확산되며 소비자들은 아파트 중앙난방시스템에 열광했고 국내 석유난로시장은 급격히 위축되기 시작했다[1]. 120여 개에 달하던 난로회사들이 줄줄이 문을 닫던 시절, ㈜파세코는 오히려 석유난로제품 차별화를 위한 기술개발에 더욱 매진해 미국의 까다로운 내화·내충격 UL 인증을 취득하고 1994년, 미국이라는 새로운 시장을 개척한다. 이후 놀라운 성장으로 미국진출 5년 만에 석유난로시장 1위로 부상, 파죽지세로 중동까지 진출해 10여 년만에 자사 브랜드, 케로나로 중동 석유난로시장의 60~70%를 점유했

다[1]. 모두가 석유난로로부터 등을 돌리던 그때, 반대의 길을 걸었던 ㈜파세코 제품은 유럽, 호주, 러시아, 일본 등 해외 약 23개국에 수출되고 있으며, 2014년 세계 석유난로시장의 60%로 점유율 1위 기업임을 전 세계에 알렸다[2]. 국위선양 역할을 한 뛰어난 기술력을 인정받아, 한국 정부로부터 수차례 품질경쟁력 우수기업으로 선정, 2007년에는 기술혁신형 중소기업INNOBIZ 인증 및 2006, 2011년 세계 일류상품 생산기업으로 선정된다.

이 장에서는 한국의 토종 석유난로기업인 ㈜파세코가 어떻게 사양길을 걷고 있던 국내 석유난로시장의 위기를 극복하고 단순 주문자상표부착OEM 방식을 넘어 제조업자개발생산ODM 및 자사 브랜드 수출을 하는 세계적인 기업으로 성장하게 되었는지, 그 과정과 성공요인을 살펴본다. 각종 시장자료 및 유일한 대표, 조영환 상무와의 인터뷰를 토대로 ㈜파세코의 해외진출과 성장, 핵심전략, 당면 과제 등을 짚어본다.

기업 소개

㈜파세코는 1974년 창업주 유병진 회장이 세운 히터용 심지 생산업체 신우 직물 공업사로부터 출발했다. 1980년 우신전자㈜로 상호를 변경, 1999년 완벽한 제품, 최고의 서비스, 스마트한 전자회사Perfect product, Ace services, Smart, Electronic, Company라는 의미를 지닌 ㈜파세코로 회사명을 변경하고 같은 해 코스닥에 등록, 현재는 장남인 유일한 대표가 회사를 맡고 있다. ㈜파세코의 간단한 회사 개요는 〈표 1〉과

업종	가전제품
직원 수	281명(2014년 기준)
제품	• 연소난방기(90% 이상 수출) • 빌트인 주방기기(95% 내수: OEM 60%, 자사 브랜드 40%) • 환경 위생 • 업소용 주방기기 • 캠핑용품
매출액	1,271억 원(2013년도)
수출 비중	총 매출액의 55%
R&D 투자	총 매출액의 5~6%
특허/인증	• 특허 63건(해외 7건) 보유 • 석유난로 관련 미국, 독일, 프랑스, 캐나다, 일본, 중국, 러시아 인증 보유
시장 점유율	• 세계 석유난로시장 60% (1위: 2014년 기준) • 국내 빌트인 가전 10%(2013년) • 국내 캠핑난로 90%(2013년)

출처: 인터뷰, 조사자료에 의해 저자 편집

78

같다. 주력상품으로는 석유난로와 열풍기 등이 있으며 이들 난방기기제품은 전 생산량의 90% 이상이 해외로 수출되고 있다. 내수 주력상품으로는 빌트인 주방기기가 꼽히며 전 생산량의 95%가 내수시장에 판매, 그중 약 60%는 Genesis BBQ, 삼성전자, 한샘 등에 OEM으로 납품되고 40%가량이 자사 브랜드로 ㈜파세코의 직판장에서 판매되고 있다. 이외에도 비데 등 환경위생기기와 업소용 주방기기, 캠핑용품 등을 생산하고 있다. ㈜파세코의 2013년 기준 총 매출은 1,271억 원이다. 이 중 계절가전이 739억으로 가장 많고, 그다음으로 주방가전이 479억, 기타 54억으로 집계된다(〈그림 1〉 참조). 2014년 1월 기준 총 281명사무직 110명을 고용하고 있다. ㈜파세코는 해외매출이 총 매출의 절반 이상인 55%가량을 차지하며, 미국, 중동, 유럽, 아시아, 아프리카 등 총 23여 개국으로 제품이 수출되고 있다.

(단위: 억 원)

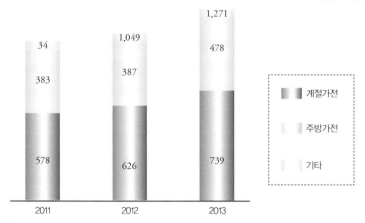

출처: Newstomato(2014)[2]

㈜파세코의 해외시장에서 위치는 2014년 세계 석유난로시장 점유율 60%를 달성, 세계시장 점유율 1위를 차지한 바 있다[3]. 국내에서는 2013년 기준 내수 빌트인 가전제품의 시장 점유율 10%, 캠핑용 난로시장 점유율 90%를 차지했다. ㈜파세코는 총 매출액의 5~6%가량을 R&D에 투자하고 있으며, 연구개발 및 품질부서 인원이 50~60명에 달해 총 사무직 직원의 절반이 넘는 인력이 기술 연구개발에 투입되고 있다. 국내외 인증 및 특허로는 미국의 UL 인증을 비롯해 독일, 프랑스, 캐나다, 일본, 중국, 러시아 등에서 해외인증을 획득했으며, 총 63건해외 7건의 특허를 보유하고 있다.

현재 ㈜파세코가 보유한 브랜드는 총 5개다. 먼저 회사명과 같은 이름의 파세코는 "완벽한 제품과 최고의 서비스를 제공하는 스마트한 가전기업"을 뜻하며, 생활 전반의 가전제품을 생산하는 종합가전 브랜드이다(〈표 2〉 참조). ㈜파세코의 로고는 완벽하고 스마트한 가전기업의 느낌을 파란색으로 표현, 주황색의 횃불모양은 활활 타오르는 기업의 열정과 기업의 모태 상품인 난로를 상징한다. '자임'은 인간과 환경의 조화를 지향하는 환경위생기기 브랜드 이름이다. '케로나'는 ㈜파세코의 대표 사업 분야인 온열기기 브랜드로서, 세계 20여 개국에 자사 브랜드로 수출되고 있으며 '터보'는 중동을 타겟으로 만들어진 케로나보다 가격이 저렴한 제2의 석유난로 브랜드이다. 이 밖에도 ㈜파세코는 미국 3대 가전사인 메이텍Maytag 그룹의 주방가전 전문 브랜드 '매직셰프'Magic Chef 와 브랜드 계약을 체결, 매직셰프 브랜드로 빌트인시스템 제품도 생산하고 있다[4].

▼ 표 2 ㈜파세코의 자사 브랜드 체계와 특징

브랜드	이름	특징
PASECO	파세코	완벽한 제품과 최고의 서비스를 제공하는 스마트한 가전기업을 뜻하며, 생활에 필요한 모든 가전제품을 생산하는 종합가전 브랜드
Xime	자임	뛰어나고 혁신적으로 보다 나은 인간과 환경의 조화를 이루고자 하는 환경위생기기 브랜드
KERONA	케로나	온열기기 브랜드로서 중동, 러시아 등 20여 개국에 자사 브랜드로 수출하고 있으며 국가 브랜드 이미지 강화에 공헌
TURBO	터보	제2의 온열기기 자사 브랜드로 주로 중동 지역에 수출하고 있으며 케로나보다 가격이 저렴

출처: 조사자료에 의해 저자 편집

㈜파세코의 역사

㈜파세코의 발전과정을 1974년 창립 이후부터 해외진출 및 사업의 다각화 등 세 단계에 걸쳐 살펴본다(〈그림 2〉 참조).

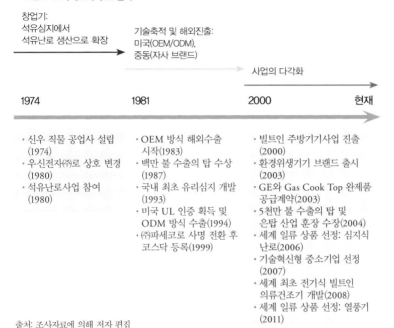

▼ 그림 2 ㈜파세코의 주요 연혁

창업기:
석유심지에서
석유난로 생산으로 확장

기술축적 및 해외진출:
미국(OEM/ODM),
중동(자사 브랜드)

사업의 다각화

1974	1981	2000	현재
• 신우 직물 공업사 설립 (1974) • 우신전자㈜로 상호 변경 (1980) • 석유난로사업 참여 (1980)	• OEM 방식 해외수출 시작(1983) • 백만 불 수출의 탑 수상 (1987) • 국내 최초 유리심지 개발 (1993) • 미국 UL 인증 획득 및 ODM 방식 수출(1994) • ㈜파세코로 사명 전환 후 코스닥 등록(1999)	• 빌트인 주방기기사업 진출 (2000) • 환경위생기기 브랜드 출시 (2003) • GE와 Gas Cook Top 완제품 공급계약(2003) • 5천만 불 수출의 탑 및 은탑 산업 훈장 수장(2004) • 세계 일류 상품 선정: 심지식 난로(2006) • 기술혁신형 중소기업 선정 (2007) • 세계 최초 전기식 빌트인 의류건조기 개발(2008) • 세계 일류 상품 선정: 열풍기 (2011)	

출처: 조사자료에 의해 저자 편집

창업기(1974~1980): 석유심지에서 석유난로 생산으로 확장

유병진 회장은 1974년 여름 50평 남짓한 임대공장에서 7명의 직원과 함께 신우 직물 공업사를 꾸리고, 케로신 Kerosene, 등유 히터용 심지를 생산, 석유난로 생산업체에 이를 납품하기 시작했다[1]. 당시에는 소비자들이 석유난로제품에 불만을 표하면 석유난로업체들은 이를 무조건 심지 생산업체 탓으로 돌리곤 해, 신우 직물 입장에서는 난로업체들 이곳저곳에 불려다니며 곤혹을 치르는 일이 다반사였다[5]. 이를 계기로 유병진 회장은 고장 난 난로의 원인이 자신이 만든 심지 때문이 아니라는 것을 밝히기 위해 난로를 분해, 조립하며 연구하는 데 몰

81

두했고, 그 과정에서 석유난로에 대한 노하우가 쌓여 1980년 석유심지에서 석유난로를 생산하는 사업으로 본격적으로 뛰어들게 됐다[1].

기술축적 및 해외진출(1981~1999):
미국(OEM/ODM), 중동(자사 브랜드 수출)

1980년대 초 ㈜파세코는 미국으로 첫 수출을 이룬다. 당시 일본업체들보다 낮은 단가의 석유심지를 찾아 한국을 방문한 미국 바이어에게 제품을 소개, OEM 방식의 첫 수출을 시작한다. 이후 수출은 꾸준히 증가해 1987년에는 무역의 날 기념 백만 불 수출의 탑을 수상했다. 1980년 8월 우신전자㈜로 상호를 변경한 ㈜파세코는 계속해서 기술개발에 매진, 1993년 국내 최초로 유리섬유심지를 개발해 기존의 면심지보다 연기와 냄새는 적고 수명은 길어진 심지를 선보였다. 이어 기존의 자동 소화장치 기술을 개선하는 데에도 성공해 1994년에는 ㈜파세코 석유난로가 미국의 UL 인증을 획득, 이에 힘입어 미국에 국내 최초로 케로신 히터를 ODM 방식으로 수출하기 시작했다. 또한 토지 대부분이 사막인 중동의 연간 난로시장 규모가 큰 것에 착안, 1993년 요르단의 수도 암만에서 ㈜파세코의 자사 브랜드인 케로나를 판매하기 시작한다[1]. 1999년에는 회사명을 '우신전자㈜'에서 '㈜파세코'로 바꾸고 코스닥에 상장됐다.

사업의 다각화(2000~현재)

2000년대 들어 ㈜파세코는 생산제품의 다각화를 통해 사업구조 개편에 나섰다. 석유난로를 생산하면서 터득한 전자 제어장치 개발 능력을 바탕으로 식기세척기, 김치냉장고 등 빌트인 주방기기사업에 진출하고, 2003년에는 온수 비데, 공기청정기 등 '자임' 브랜드의 환경위생기기 생산을 시작했다. 비슷한 시기 미국 GE와 국내 중소기업 최초로 Downdraft Gas Cook Top 완제품 공급 계약을 맺었으며, 2008년에는 세계 최초로 전기식 빌트인 의류건조기를 개발했다. 또한 해외수출에 더욱 박차를 가해 2004년 연간 백만 대의 심지식 연소기기 수출을 돌파해 5천만 불 수출을 달성, 무역의 날 은탑 산업훈장을 수훈했다. ㈜파세코는 현재 총 10회, 연속 7회 품질경쟁력 우수기업으로 선정되었으며, 2007년 기술혁신형 중소기업으로 선정되었다. 재정경제부현 기획재정부는 ㈜파세코의 심지식 난로2006년와 열풍기2011년를 세계 일류 상품으로 선정했다.

㈜파세코의 해외진출 전략 분석

㈜파세코는 현재 주력 수출제품인 전 세계 석유난로시장 점유율의 60%를 차지하며 연소 난방기기 부문의 글로벌 리딩업체로 자리매김했다. 세계 난로 업계의 흐름을 주도하게 된 ㈜파세코의 해외진출을 그 방식과 주요 수출시장, 성공요인에 따라 살펴본다.

해외진출 방식: OEM 수출에서
ODM 수출과 자사 브랜드 병행 수출로

㈜파세코는 1980년대 초기 해외진출 당시 OEM 방식으로 석유심지를 수출해오다, 유리섬유심지 개발 및 석유난로의 자동 소화장치

기술개발로 미국의 UL 인증을 획득, 기술력을 인정받으며 수출시장 및 통로를 다각화할 수 있었다. 미국뿐만 아니라 유럽프랑스, 독일, 러시아, 일본 등의 수출시장에서 해외인증을 획득하고 사업을 확대할 수 있었으며, 현재까지 23여 개국에 석유난로 및 열풍기를 수출하고 있다. 수출통로 역시 기존 OEM 생산 위주에서 진보되어 현재는 ODM 과 자사 브랜드로 수출이 더 많이 이루어지고 있다.

㈜파세코가 ODM 방식의 수출을 하게 된 경우는 대부분 바이어가 대형 유통업체인 경우였다. 이미 현지 소비자들에게 자기 유통 브랜드가 잘 알려져 있으므로, 이러한 업체들은 브랜드 인지도가 낮은 ㈜파세코의 브랜드를 수입하기보다는 ODM 방식을 선호했다. 미국, 유럽, 일본 등 선진국의 경우 특히 이러한 대형 유통업체들과의 거래가 빈번한 편이다.

이에 반해 ㈜파세코가 자사 브랜드를 수출하게 되는 경우는 규모가 작은 해외 유통업체들로, 주로 자사 브랜드를 가지고 있지 않거나 브랜드 인지도가 낮은 유통업체였다. 한국상품을 고급 이미지로 알고 있는 국가나 신흥국가가 주로 이에 해당되는데, 이들 국가 바이어들은 ㈜파세코의 '메이드 인 코리아' 브랜드가 자신들의 소규모 브랜드보다 현지 소비자들에게 호응이 더 낫다고 판단했다. ㈜파세코 유일한 대표는 "신흥국가에서는 우리나라 중소기업이 상대적으로 자사 브랜드를 수출하기가 용이하다"고 말한다. ㈜파세코의 수출 국가별 자사 브랜드 대 ODM 비율을 살펴보면, 미국, 캐나다, 프랑스 등에는 100% ODM 수출, 중동과 러시아에는 자사 브랜드 수출 비중이 더 크며예: 중동 수출의 80%가 자사 브랜드 수출 칠레는 자사 브랜드와 ODM 비중이 반반, 이탈리아와 덴마크에는 소량의 자사 브랜드 수출이 이뤄지고 있다.

주요 자사 브랜드 시장: 중동과 러시아

중동의 사막 지역은 낮 기온이 30~40도에 이르는 무더운 곳이나 밤에는 체감온도가 영하로 떨어져 아이러니하게도 난방이 필수적인 곳이다. ㈜파세코가 첫 수출지로 공략한 곳은 요르단으로[1], 전 국토의 70%가 사막인, 인구 중 유목민들의 비중이 높은 국가였다. 이 유목민들은 텐트를 치고 유목생활을 하기 때문에 이동가능한 난방기기가 필수적이었다. ㈜파세코가 진출하기 전 이들 중 부유한 유목민은 값비싼 석유난로를 사용했는데 이마저 여의치 않은 유목민들은 땔감을 모아 모닥불을 지펴야 했다. ㈜파세코는 이 점에 주목해 난방뿐만 아니라 취사까지 가능한 취사 겸용 이동식 난로를 선보이며 이들을 공략했다[1]. 당시 요르단시장은 고품질 고가격의 일본산 석유난로와 저품질 저가격의 중국산 석유난로가 장악하고 있었는데, 바로 이 틈새에 해당하는 중간가격과 품질을 겨냥해 품질은 좋으나 가격은 일본산의 3분의 2 수준인 저렴한 석유난로를 내놓았다〈사진 1〉. 이는 곧 유목민들로부터 뜨거운 호응을 받았고, ㈜파세코는 요르단 판매를 시작한 지 1년 만인 1994년 중동 전역에 난로를 공급하는 '자비텍스'와 계약을 맺고 중동시장 사업을 본격화하기

출처: ㈜파세코 제공

시작했다[1].

㈜파세코가 그다음 공략한 중동시장은 이라크였다. 2003년 시작된 미국과 이라크의 전쟁은 이라크 현지 발전소 및 유전을 파괴했고, 집을 잃은 피난민들에게 석유난로는 절실한 생필품이 되었다. 이 상황에서 ㈜파세코는 이라크 판매망을 가지고 있는 유통업체의 판권을 따내는 데 성공, 50~80만 대의 석유난로 '케로나'를 이라크에 수출하기 시작했다. 그런데 갑작스럽게 케로나의 인기가 치솟자 현지 여러 유통업체들이 ㈜파세코 제품을 취급하게 되면서, 이로 인한 문제가 발생했다. 시장에 ㈜파세코 브랜드가 포화되자, 유통업체들은 포화된 공급량에 따라 무턱대고 제품을 싸게 팔기 시작했다. 그 결과, ㈜파세코는 주문량이 급속히 감소하는 어려움을 맛보았다. 이후 유통에 있어서 독점 에이전트 체계로 정책을 바꿔 오직 한 업체에만 제품을 공급하며 브랜드 가치를 관리하기 시작한다. 이렇게 바뀐 체계로 중동 유통업체들과의 관계에서 우위를 점할 수 있었고, 덕분에 주문의 한도를 정하고 브랜드 마케팅 비용을 유통업체와 공동으로 부담하는 등의 유리한 계약 조건을 선택할 수 있었다.

날로 커가는 ㈜파세코의 브랜드 파워를 견제했던 유통업체들은 갑자기 자신들의 유통 브랜드로 제품을 생산하는 ODM을 요구하기도 했다. 유일한 대표는 이를 다음과 같이 회고했다.

유통업자 입장에서, 우리㈜파세코 브랜드가 커지면 우리한테 휘둘릴 수밖에 없어요. 그래서 자기네 브랜드로 해달라고 하죠.

그래서 타협한 게, "우리 브랜드케로나 주문량이 항상 너네 브랜드 의 3배는 되어야 된다, 너희 것 10개를 사가려면 우리 것은 30개 를 사가야 한다"고 제한을 뒀어요.

유일한 대표 인터뷰 중

이처럼 ㈜파세코는 ㈜파세코의 브랜드 주문량이 ODM 분량의 3배 가 되어야 한다는 조건하에만 현지 업체들의 제안을 수락했다. 또한 독점 계약을 통한 유통의 문제점을 해결하기 위해 '터보'라는 제2의 브랜드를 만들었고〈사진 2〉, 다른 유통업체를 통해 판매하면서 꾸준 히 현지 유통업체들이 긴장감을 놓지 않도록 했다.

출처: ㈜파세코 제공

▼ 사진 2 중동의 터보 제품

출처: ㈜파세코 제공

㈜파세코는 주요 중동시장에서 TV, 라디오, 빌보드, 신문광고 등 적극적인 마케팅 활동을 펼치고 있다. 예를 들면, 이라크 현지 신문에 실린 케로나 광고는 유명 프리미엄 자동차 브랜드인 케딜락 광고와 같은 크기로 '메이드 인 코리아'를 적극 홍보하고 있다〈사진3〉. 이는 이라크 현지 소비자들의 케로나에 대한 이미지가 그만큼 프리미엄으로 인식되고 있음을 반증하는 것으로, 현재 ㈜파세코는 이라크를 포함해 사우디, 요르단, 이란 등 중동 10여 개국에 이 같은 활발한 마케팅 활동을 수반해 케로나를 수출하고 있다.

두 번째로 큰 ㈜파세코의 자사 브랜드 수출국은 러시아이다. 러시아는 중앙 난방시스템이 잘 되어 있어 석유난로보다는 산업용 열풍기가 주로 수출되고 있다. ㈜파세코가 진출하기 전 러시아시장은 '마스터'라는 이탈리아 제품이 독점하고 있었는데, 이처럼 선택이 다양하지 못한 상황에서 좋은 품질과 가격경쟁력을 갖춘 ㈜파세코 제품의 등장은 러시아 유통업자들에게 환영받기에 충분했다. 중동시장과 마찬가지로 러시아에서도 독점 에이전트 체제를 두고 있으며, 광고 등 마케팅 활동에 드는 비용을 이들 에이전트들과 나누어 부담하고 있다.

주요 ODM 방식 수출국: 미국

㈜파세코의 주요 ODM 수출국은 미국으로, 첫 수출은 1994년 ㈜파세코로부터 심지를 수입하던 미국 바이어에 의해 석유난로가 판매되면서 이루어졌다. 첫 수출한 그해, 전 심지를 수입하던 미국 유통업체는 1년 안에 미국의 UL 인증을 획득한다면 석유난로를 수입해 주겠다고 제안했다. UL 인증은 국내 대기업들도 번번이 통과에 실패

할 만큼 까다롭기로 유명한 것이었다. 이 인증은 석유난로의 안정성을 중요시해 난로가 넘어졌을 때 불꽃이 10초 이내에 꺼져야 하고, 연료통에 1분간 일정한 압력의 공기를 주입했을 때 석유가 새지 않아야 하며, 안전장치를 6천 회 돌려도 소화 안전장치의 이상이 없어야 한다고 규정하고 있다[5]. 유병진 회장은 개발팀을 꾸려 직원들과 회사에서 숙식을 해결해가며 모델 개발에 힘썼으나 초기에 두 번의 실패를 맛보았다. 하지만 이에 굴하지 않고 끊임없이 문제해결에 몰두, 1994년 국내 최초로 UL 인증을 획득해 미국에 석유난로 7만 대, 총 60억 원의 수출계약을 맺음으로써 진출 판로를 열었다. 이후 ㈜파세코는 20여 년간 석유난로와 열풍기를 미국의 월마트Walmart, 로우스Lowe's, 홈디포Home Depot 등 대형업체에 납품해왔으며 ODM 방식이 채택된 이 제품들에는 각 유통업체가 요구하는 브랜드가 부착되어 판매되고 있다.

㈜파세코의 해외진출 당시에는 미국시장 역시 '센쿠코'라는 일본 석유난로가 주도하고 있었다. 그러나 집중적인 설비투자 및 기술개발로 원가를 절감한 ㈜파세코가 센쿠코 제품보다 저렴하면서도 품질은 좋은 제품을 선보이자, 미국시장은 이내 ㈜파세코의 제품으로 고개를 돌리기 시작했다. 또한 ㈜파세코는 납기일과 품질에 있어서 정확도에 중점을 두어 한번 성사된 계약은 환율의 변화가 있더라도 재차 협상하지 않는 원칙으로 미국 유통업체들의 신뢰를 얻었고, 이들과 20여 년간의 거래를 유지할 수 있었다. 그러나 최근 월마트 등 대형 유통업체들이 소매사업을 강화하면서 온갖 패널티를 ㈜파세코 등 생산업체에게 물리는 상황이 있었다. 난방기는 계절상품이라 소비자들이 연중

3개월여밖에 사용하지 않는데, 유통업체들이 이미 겨우내 사용된 제품을 소비자가 불량이라고 우겨도 무분별하게 반품을 허용하는 바람에 이 비용이 고스란히 전가되고는 했다. 유일한 대표는 이런 불리한 상황 등이 미국수출로부터의 수익을 어렵게 하는 이유지만 그럼에도 미국수출은 반드시 유지되어야 한다고 말한다.

첫째, 미국과 같은 대형 시장에 수출한다는 상징적인 의미와
둘째, 미국에서 가진열은 경쟁력이면 다른 시장에 보다 수월하게
들어갈 수 있다는 이점이 있어요.

유일한 대표 인터뷰 중

㈜파세코의 해외진출 성공요인

㈜파세코의 해외진출에 기여한 성공요인으로는 크게 다섯 가지를 꼽을 수 있다. 1) 틈새시장 전략, 2) R&D 집중 투자와 품질 및 가격경쟁력 유지, 3) 바이어와의 신뢰 구축, 4) 현지화, 5) 위기를 기회로 만드는 기업가 정신이 그것이다.

틈새시장 전략(niche market strategy)

전기기술의 발달 및 아파트 주거문화의 확산으로 석유난로가 더 이상 내수시장에서 발붙일 곳을 잃었을 때, 이러한 위기상황에서 ㈜파세코는 해외시장으로 눈을 돌려 난방기기의 수요가 살아 있는 틈

새시장을 공략해 돌파구를 찾았다[6]. 예를 들면, 미국 북부, 캐나다, 러시아 등 추운 지역에 사는 사람들은 정전이라는 비상사태에 대비해 석유난로나 산업용 열풍기와 같은 난방기구를 아직도 필수품으로 보유하고 있다는 데 주목했다. 또한 앞서 언급했듯 밤이면 체감기온이 영하로 떨어지는 중동 지역의 유목민들, 전쟁/내란의 난민들, 지진과 같은 자연재해로부터 정전 사태를 대비해야 하는 일본 등 국가에서는 석유난로가 여전히 가정의 필수품이라는 것에 눈을 돌렸다. 이처럼 ㈜파세코는 생각지 못한 석유난로를 필요로 하는 틈새시장을 파악해 집중 겨냥함으로써, 국내에서 대기업과의 극심한 경쟁을 피해 성공적으로 해외에 진출, 세계 석유난로시장의 주도권을 점유할 수 있었다.

R&D 집중 투자와 품질 및 가격경쟁력 유지

㈜파세코는 설비 및 연구개발에 집중 투자해 좋은 품질의 제품을 저렴한 가격에 선보이는 것으로 가격경쟁력을 확보할 수 있었다[7]. 총 매출액의 5~6%를, 사무직 직원의 50%가 넘는 인력을 기술개발 및 품질 개선에 투입해 특허 63건해외 7건 을 획득하며 R&D 투자의 효과를 톡톡히 봤다. 현재 ㈜파세코의 대표 기술로는 1) 자동 소화장치 기술, 2) 식기세척기 펌프 자체 개발, 3) 비데의 원적외선 방출 기능, 4) 국내 최초 연료전지 의류 건조기 사용화 기술이 있다. 특히 자동 소화장치 기술은 석유난로 케로나의 핵심기술로써, 앞서 언급된 미국의 까다로운 UL 인증을 획득하는 데 중추적 역할을 했다. 우수한 품질의 제품을 더 저렴한 가격에 판매하는 파세코 및 케로나의 품질과 가격경쟁력은 중동이나 미국 등 해외시장에서 현지 시장의 선발주자

였던 고품질, 고가격, 일본산 석유난로를 밀어내고 시장 점유율 1위를 획득하는 데 크게 기여했다.

바이어와의 신뢰 구축

㈜파세코는 대부분의 해외 바이어들과 장기간 거래관계를 유지해 오고 있는데, 특히 미국의 바이어와는 20년간 거래를 지속해오고 있다. 유일한 대표는 이러한 해외 바이어들과 오랜 관계를 쌓아온 비결로 가격경쟁력과 품질경쟁력 유지, 납기일을 반드시 지키며 신뢰관계를 구축한 것을 꼽는다.

미국시장을 통해 많이 배웠죠. 미국시장 진출의 성공요인은 공격적인 투자, 지속적인 경쟁력은 물론이고 가장 중요한 납기와 품질의 신뢰에 있죠. 중국업체와 비교를 많이 하는데, (중국업체들은) 중간에 환율이 바뀌면 가격을 다시 협상하자고 해요. 미국 바이어들이 싫어하지만 저희는 (가격을) 지켜주죠. 그런 신뢰가 쌓이니까 미국과의 비즈니스가 20년 동안 유지되어왔고…… . 저희 스스로 업체를 바꾼 적은 없어요.

유일한 대표 인터뷰 중

현지화(localization)

현지화는 ㈜파세코가 특히 중동시장을 점유하는 데 있어 중요한 성공요인 중 하나였다. 중동의 주요 고객들은 유목생활을 하는 유목민들이므로, ㈜파세코는 난방뿐만 아니라 취사까지 가능한 취사겸용 난로, '펫'pet〈사진 4〉을 개발해 이들의 생활환경과 입맛에 맞는 제품을 선보였다[1].

또한 중동이라는 지역의 특수성으로 인해 발생하는 문제들에 대해 민감하게 대처하기 위해 A/S를 강화, 곳곳에 A/S 센터를 설치하고 본사 직원을 상주시키는 등 고객 서비스에 집중했다. 이러한 전략은 적중해 소비자들의 만족도를 높였을 뿐만 아니라, A/S 센터를 중심으로 고장이 잦은 원인을 파악할 수 있어 중동 지역 특성에 맞는 제품을 개발하는 데 유용하게 쓰였다. 예를 들어, 중동에서 사용되는 석유난로는 심지가 타들어가는 고장이 자주 발생했는데, 소비자들이 질이 낮은 기름을 사용했기 때문이었다. 이를 해결하기 위해 ㈜파세코는 심지를 수시로 교체해주었고, 나쁜 기름을 사용하는 경우 수리 보상 범위를 줄이는 방법을 교육하는 등 소비자들의 습관을 개선하기 위해 노력했다[1]. 또한 중동 지역 맞춤형 난로를 생산하기 위해서는 유통업체로부터 받는 시장 정보가 중요했는데 이를 위해 중동 지역의 역량 있는 유통업체를 선별하는 데 노력을 기울였다. 이러한 노력을 통해 ㈜파세코는 자사 브랜드 케로나를 중동 소비자들이 가장 선호하는 석유난로 브랜드로 자리매김시키는 데 성공할 수 있었다.

▶ 사진 4 **취사겸용 난로 '펫'pet**

출처: ㈜파세코 제공

위기를 기회로 만드는 기업가 정신

㈜파세코의 창업주인 유병진 회장은 사업 환경이 경영에 불리하게 변화할 때마다 이를 극복해 발전의 기회로 삼고자 하는 기업가 정신을 발휘했다[8]. 유 회장은 석유난로사업으로 초기 사업을 확장한 지 얼마되지 않아 국내 난로시장이 사양길로 접어든 데 좌절하지 않고, 오히려 기술개발에 매진해 해외 틈새시장을 개척해 뜻밖의 성공을 이뤄냈다. 특히 열사의 땅이라고 알려진 사막 지역, 중동에 자사 브랜드 석유난로, 케로나의 뿌리를 내린 것은 도전적인 기업가 정신과 역발상의 경영이 성공한 대표적인 사례로 볼 수 있다. 대기업도 실패한 까다로운 미국과 유럽의 인증을 자체 기술로 획득하기 위해 여러번의 실패에도 불구하고 끊임없이 노력한 것 역시, 유 회장의 실패에도 멈추지 않는 기업가 정신이 없었다면 불가능했을 것이다.

㈜파세코의 당면 과제

선진국 대형 유통업체들에게 자사 브랜드를 수출하기 위해서는 현지 소비자들에게 ㈜파세코 브랜드를 알리는 것이 매우 중요하다. 이를 위해서는 무엇보다 자본을 바탕으로 한 적극적인 마케팅 활동이 절실하나, ㈜파세코 역시 다른 중소기업들의 고질적인 약점인 자본의 한계로 인해 대부분의 자본을 R&D에 투자, 마케팅 및 브랜드 개발에는 충분한 힘을 싣고 있지 못한 상황이다.

또한 ㈜파세코가 중동시장에서 독점 에이전트를 통해 자사 브랜드를 수출하게 되자, ㈜파세코와의 계약을 따내지 못한 현지 유통업체들을 중심으로 중국에서 생산된 '짝퉁'제품들이 기승을 부리기 시작했다. 심한 경우에는 중국산 짝퉁제품이 원산지 표시뿐 아니라 회사 주소 및 전화번호까지 그대로 복사하고 ㈜파세코의 원제품과 구별이 힘들 정도로 모방해 유통되는 경우도 있었다. 다행히 3년 전부터 이라크 정부에서는 소비자 보호 차원에서 석유난로 품질에 대한 기준을 만들어 이에 맞는 제품만 수입이 가능하도록 했지만 여전히 중국제품들이 밀수로 들어오는 경우가 빈번하다. 이러한 모조품들을 견제하기 위해 ㈜파세코는 이라크 및 중동 지역과 중국에도 상표등록을 해놓았으나, 중국 당국의 단속이 일시적이라 그 효과가 크지 못한 실정이다.

마지막으로 ㈜파세코가 당면한 문제는 유능한 인재의 확보이다. 젊은 직원들이 대기업을 선호하는 탓에 ㈜파세코에서 근무하다가 이직하는 경우가 빈번하고, 또 신입사원들이 지방 거주보다 서울 거주를 선호해 월급이 적더라도 강남에 사무실이 두거나, 회사 규모가 ㈜파세코보다 작더라도 인지도가 높은 회사들을 더 선호해 사실상 젊은 새 인력을 확보하는 데 어려움이 있다.

앞으로의 비전

㈜파세코는 앞으로도 계속해서 세계시장을 확장해나갈 비전을 갖고 있다. 먼저 자사 브랜드 수출의 중요성을 잘 알고 있는 유일한 대표는 자사 브랜드 수출 및 보다 유리한 가격 책정이 가능한 신흥국가를 중심으로 해외시장을 넓혀나갈 계획이다.

대부분 선진국들은 모두 성숙한 마켓이라 브랜드가 중요하다
는 것을 잘 알고 있기 때문에 새로운 브랜드가 들어가기 힘들죠.
그래서 신흥국가가 중요한데, 그 이유는 이들이 브랜드에 대한 인
식이 좀 낮아서 브랜드를 세팅하기도 좋고, 항상 가격도 좋은 편
이에요. 중소기업 입장에서는 시장이 커지거나 나라가 발전할 때
힘들어도 자기 브랜드를 론칭해야 되는 거죠.

유일한 대표 인터뷰 중

　이외에도 ㈜파세코는 일본시장에 주목하고 있다. 일본의 석유난로
시장은 전 세계시장의 난로 수요를 합친 것보다 더 큰 수준인데, 지진
과 같은 자연재해로 인해 향후 일본 내 내수업체들의 생산이 어려워
질 경우 석유난로 수입이 증가할 것이라는 잠재력을 염두에 두고, 일
본시장 공략에 더욱 적극적으로 나설 계획이다. 마지막으로 현재 중
국시장에는 ㈜파세코 자사 브랜드의 의료기기만이 소량 수출되고 있
는데, 앞으로 중국의 생활수준이 높아지면 빌트인 가구에 대한 수요
가 증가할 것으로 예상돼 중국진출에 대한 향후 중·장기적 전략을
구상 중에 있다.

　길이 아니면 돌아가고, 길이 없으면 만들어가라고 했던가. 우리네
가정에서 석유난로가 하나둘 설 자리를 잃어가던 그때, 석유난로기업
이었던 ㈜파세코는 발빠르게 해외로 눈을 돌려 새 돌파구를 찾기 시
작했다. 누구도 난로를 필요로 할 것이라고는 예상치 못했던 사막의

중동시장, 이미 유명 해외제품이 즐비한 미국과 일본시장에 새 길을 개척해 사양산업이었던 석유난로를 단숨에 국위선양 제품으로 탈바꿈시킨 ㈜파세코. 세상의 흐름에 무너지지 않고, 오히려 지구 반대편에서 그 길을 찾은 ㈜파세코의 해외진출 사례는 우리 중소기업들에게 도전은 결코 실패하지 않음을 되새겨준다.

브랜드, 세계를 삼키다

선일금고제작: 한국을 금고 수입국에서 수출국으로 끌어올린 선두기업

EAGLE SAFES

완벽한 품질, 새로운 기술개발, 고객 가치 실현으로
고객 만족을 넘어서 고객 감동을 추구한다
변화를 즐김과 동시에 창조적으로 변화를 이끌어내며,
배우는 자세로 끊임없이 노력한다
서로 사랑하고, 성실히 업무에 임하며, 윤리적으로 업무를 수행한다

– 선일금고제작 경영 철학 중 –

2005년 봄, 통일신라시대 유적인 강원 낙산사에 불이 났다. 어마어마한 규모의 산불은 낙산사 전각 모두를 전소시켰고 구리로 만들어진 범종마저 불길에 녹아내렸다. 그런데 화재를 조사하던 매체들이 일제히 이 참사에서 살아남은 단 하나, 금고에 관심을 가지기 시작했다. 사찰 내부에 있던 금고는 바로 강력한 내화성으로 제작된 선일금고제작의 제품이었다.

2004년 파주 한국유통 화재와 2009년 부산 일대 금은방 도난 사건에서 유일하게 제 모습을 고스란히 지킨 것은 선일금고제작의 내화·방도 금고였다. 1970년대 전쟁의 후유증을 극복하고 부유한 가정에서는 금고를 두기 시작했다. 일제 금고들이 한국 양갓집의 안방을 차지하던 그때, 1972년 창립된 선일금고제작은 해외 선진기술을 들여와 최초의 '토종' 금고기업으로서 금고시장에 출사표를 던졌다. 이후 뛰어난 기술력을 인정받아 1976년 호주로 첫 주문자상표부착OEM 수출을 시작한 지 40여 년이 지난 현재, 5대륙 80여 개국으로 수출하며 선일금고제작은 세계 내화금고 부문 시장 점유율 1위로 우뚝 섰다[1].

이 장에서는 강력한 기술력을 바탕으로 한국업체에 대한 인지도가 전무하던 시절 OEM을 통해 해외에 진출, 나아가 자사 브랜드까지 진출시키며 세계 금고 업계의 선두주자로 올라선 선일금고제작의 이야기를 따라가본다. 각종 매체 및 시장자료 분석과 김태은 상무와의 인터뷰를 토대로 작은 금고제작사였던 선일금고제작의 고군분투한 역사와 세계 1위가 되기까지의 해외시장 공략기를 짚어본다.

기업 소개

1972년 창립된 선일금고제작은 사무용, 가정용 내화금고를 제작하며 국내에 총 50여 개 대리점과 30여 개 백화점 매장에서 판매되고 있다(〈표 1〉 참조). 선일금고제작이 가진 브랜드로는 '이글세이프'와 '루셀'이 있으며 그중 '이글세이프'가 창업 이래 40년간 판매되고 있는 사무용 내화금고 라인이다. '이글세이프'의 로고는 독수리 모티브를 사용해 금고의 앞선 기술과 전문성을 표현하고 있다(〈그림 1〉 참조). '루셀'은 2008년 론칭한 브랜드로 금고에 디자인 개념을 접목한 세계 최초 가정용 인테리어금고이다. 국내 대학교와의 산학협력을 통해 개발되었으며, 로고는 LUXURY와 CELL의 합성어인 브랜드명 '루셀'을 이용해 세련된 고급스러움과 작지만 단단한, 소비자 자신만의 공간을 표현했다(〈그림 1〉 참조).

▼ 표 1 선일금고제작 개요

업종	금고제조업
직원 수	130명(2014년 기준)
제품 및 브랜드	1973년 사무용 내화금고 고유 브랜드 '이글세이프' 제작 2008년 가구형 내화금고 '루셀' 브랜드 론칭
점포 수	500여 개 대리점, 롯데 · 신세계 · 현대 등 30여 군데 백화점 입점
매출액	190억 원(2013년도)
시장 점유율	세계 내화금고시장 1위(1위: 2014년 말 기준) 국내 금고시장 70%(1위: 2012년 기준)

출처: 인터뷰, 조사자료에 의해 저자 편집

▼ 그림 1 '이글세이프'와 '루셀' 상표와 의미

용맹과 강인함, 최고를 상징하는 독수리의 모티브와 이니셜 'E'의 형상인 날개, 금고의 견고성을 나타내는 톱니 모티브와 결합된 이미지를 통해 앞선 기술의 안전성과 전문성을 표현한다.

영어 글자를 응용하여 열쇠를 형상화했다. 루셀은 LUXURY와 CELL의 합성어이다. LUXURY는 금고 그 자체를 의미하며 도시적이고 세련된 고급스러움을 표현한다. CELL은 작지만 단단한 나만의 공간을 상징한다.

출처: 선일금고제작 제공

선일금고제작의 2012년 기준 국내매출은 38억 원, 해외매출은 152억 원, 그리고 순이익은 27억 원 규모로 집계된다(〈그림 2〉 참조)[2]. 2014년 1월 기준 총 130명을 고용하고 있으며, 제품은 대부분 한국의 공장에서 생산되고 총기보관용 등 특수 금고만이 중국에서 생산되고 있다. 선일금고제작은 해외매출 비중이 총 매출의 80%에 달하는 수

▼ 그림 2 선일금고제작 매출액 및 순이익 추이

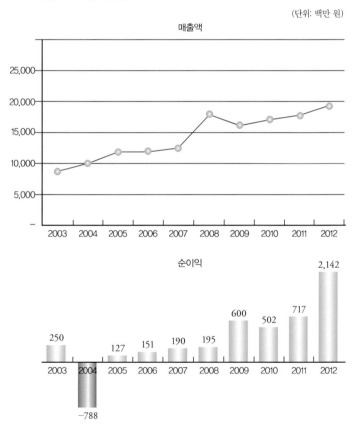

(단위: 백만 원)

출처: 한국기업데이터(2013), 선일금고제작 신용조사보고서를 바탕으로 저자 편집

브랜드, 세계를 삼키다

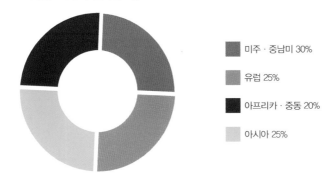

▼ 그림 3 선일금고제작 대륙별 수출 비중

미주 · 중남미 30%

유럽 25%

아프리카 · 중동 20%

아시아 25%

출처: 조사자료를 바탕으로 저자 편집

출 중심 기업으로 미국, 중동, 유럽, 아프리카, 호주 등 5대륙 총 80여 개국에 진출해 있다. 미주/중남미로 약 30%, 유럽으로 25%, 아시아로 25%, 아프리카 및 중동으로 20% 등 세계 각 대륙으로 골고루 수출이 이루어지고 있다(《그림 3》 참조). 선일금고제작은 UL미국, SP스웨덴, GOST러시아, GRADE유럽, JIS일본 등 세계시장에서 엄격하다는 각종 품질인증을 통과해 내화, 내충격, 방도 면에서 세계적으로 그 품질을 인정받았다. 이러한 품질인증에 힘입어 2012년 국내 금고시장 점유율 70%을 기록하며 국내시장 점유율 1위를 차지했고[3], 세계시장 점유율에서도 1위를 차지하고 있다[1].

국내 및 해외 금고시장 현황

국내 금고시장 규모는 2012년 통계청 자료 기준 사업체 수 12개, 종사자 수 593명, 제품 출하액 1,033억 원 규모로 전형적인 중소기

	선일금고제작	범일금고	부일금고	디프로매트 금고
설립일	1972년	1963년	1971년	1982년
수출 비중	매출액의 70%	매출액의 90%	매출액의 98%	매출액의 80%
수출국 수	80여 개국 수출	100여 개국 수출	100여 개국 수출	90여 개국 수출

출처: 조사자료를 바탕으로 저자 편집

업 중심의 시장 형태를 보이고 있다[4]. 현재 국내 주요 업체로는 선일금고제작, 범일금고, 부일금고, 디프로매트 금고가 있으며, 국내시장 규모가 협소한 탓에 이들 모두 총 매출에서 수출이 차지하는 비중이 80~90%에 육박할 만큼 해외진출이 활발하다(〈표2〉 참조)[5, 6, 7, 8]. 국내업체들의 금고제조기술 수준이 높아지고 인도네시아, 인도 등의 신흥국가의 경제성장에 따라 수요가 증가하면서 주변 신흥국가들을 중심으로 우리 업체들의 해외시장 점유율은 꾸준히 높아지고 있는 추세이다[9]. 경제성장률이 높은 인도네시아 등 신흥국가의 중·상류층을 중심으로 보안의식이 확산되면서 세계 금고시장 확대로 이어졌고, 크로아티아, 캄보디아, 아르헨티나 등 현지에 금고제조업체가 없거나 미약한 경우 수입업체에 대한 선호도가 높아 이에 기술력을 갖춘 한국업체 제품들이 호응을 얻고 있다. 뿐만 아니라 글로벌 금융위기 이후 미국, 유럽 등 선진국에서도 일반 소비자 중심으로 가정용 및 사무용 금고의 수요가 높아지면서, 우리 업체들의 해외시장 진출 기회는 더욱 확대되는 추세이다[13].

관세청 수출입 자료에 따르면 우리나라 금고 수출액은 2013년 기준 4,696만 달러로 2009년 3,653만 달러보다 28.5% 성장했다[10]. 2009년부터 한국업체들의 수출 규모는 꾸준히 증가해 이제는 한국

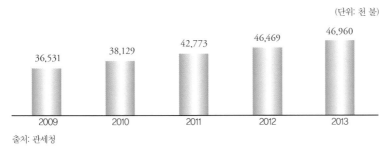

▼ 그림 4 국내업체들의 해외시장 금고 수출액

(단위: 천 불)

36,531   38,129   42,773   46,469   46,960

2009   2010   2011   2012   2013

출처: 관세청

이 명실공히 금고산업 선진국으로 각인되고 있다(〈그림 4〉 참조). 이 중 선일금고제작과 범일금고는 산업통상자원부의 세계 일류 상품에 지정돼 있으며, 특히 선일금고제작은 2013년 세계시장 점유율 1위를 차지하며 세계 금고시장을 주도하고 있다[1].

105

선일금고제작의 역사

선일금고제작의 발전과정을 1972년 창립 이후부터 창업기, 기술축적기, 제2 창업기 등 세 단계에 걸쳐 짚어본다(〈그림 5〉 참조).

창업기(1972~1989): 창업 및 OEM으로 해외진출

선일금고제작의 모체는 미국과 독일 등지에서 금고 수리공으로 선진 기술을 배워온 창업주 고 김용호 회장이 한국에 들어와 세운 작은 공장이었다. 김 회장은 1972년 6월 선일금고제작을 설립하고 '이글세이프'라는 독자獨自 브랜드를 론칭해, 독수리의 용맹함이 화재와 도난으로부터 소중함을 보호한다는 의미로 독수리를 형상화한 로고를

▼ 그림 5 주요 선일금고제작 연혁

창업기: 창업 및
OEM으로 해외진출

기술축적기: 특허 획득

제2 창업기

1972   1990   2000

· 선일금고제작 설립(1972) · OEM으로 호주, 미국 진출(1976) · 중동 진출(1978) · 캐나다 진출(1979) · 유럽 진출(1980) · 동남아시아 진출(1982) · 백만 불 수출의 탑 수상(1987) · 2백만 불 수출의 탑 수상(1988)	· 우량 중소기업 지정(1992) · ISO 9001/KSA9001 인증(1996) · 국내 최초 미국 내화·내충격 UL 인증(1999)	· 중국 방도금고 인증(2002) · 선일금고제작 brand iden-tification 상표등록(2003) · 선일금고제작 고유 브랜드 호주 내 상표등록(2004) · 세계 일류 상품 인증(2005) · 선일금고제작 고유 브랜드 미국 내 상표등록(2006) · 스웨덴 준강력금고 SP 인증(2006) · 러시아 GOST 인증(2006) · 천만 불 수출의 탑 수상(2006) · 아시아 최초 고기능성 방도금고 유로 GRADE 인증(2007) · 'Lu Cell' 론칭(2008)

출처: 조사자료를 바탕으로 저자 편집

106

사용했다. 창립 4년 만에 호주로 첫 OEM 수출을 시작한 선일금고제작은 1979년까지 미국, 중동, 캐나다 시장에 연이어 진출했다. 1980년대 이후부터는 유럽 및 동남아시장까지 해외시장 진출을 확대해 1987년 백만 불 수출의 탑 수상, 1988년에는 2백만 불 수출 고지에 올랐다. 1980년에는 당시 산업통상자원부 장관으로부터 새마을 공장으로 지정받아 1984년까지 두 차례에 걸쳐 새마을 공장을 증축하고 건축 면적 863평, 1987년에 기숙사를 준공해 직원들의 후생 및 복지를 담당하도록 했다.

기술축적기(1990~1999): 특허 획득

1990년대부터 선일금고제작은 OEM 수출을 통해 확보된 기술과 자본력을 바탕으로 공장의 자동화 설비 및 신형 기계를 도입, 공장의 현대화를 이루는 데 힘썼다. 연이어 증축된 공장은 1998년 무렵 그 규모가 천 평에 이르렀고, 이 시기 기술개발에도 박차를 가해 1개의 의장등록, 5개의 실용신안, 6개의 특허를 획득했으며, 1996년에는 ISO9001/KSA9001 인증을 취득했다. 1999년에는 국내 최초로 미국의 내화·내충격 UL 인증을 동시에 획득해 국내 금고기술개발에 괄목할 만한 성장을 이뤘다.

제2 창업기(2000~현재)

2000년 이후 선일금고제작은 보다 기술혁신에 집중해 연이어 각종 해외인증을 획득했다. 2002년에는 중국 방도금고 인증을, 2006년에는 스웨덴의 2시간 내화 SP 인증, 데이터 금고 내화 인증 및 러시아 GOST 인증, 2007년에는 아시아에서 최초로 고기능성 방도금고 유로 GRADE 인증을 획득했다. 이러한 해외에서의 기술력 선전을 인정받아 2006년에는 중소기업청장으로부터 '벤처기업' 신기술기업 인증을 받게 되고, 같은 해 천만 불 수출의 탑을 달성했다. 2002년 중국 의장등록을 시작으로 2004년과 2006년에 호주와 미국에 선일금고제작 고유 브랜드 상표를 등록해, 해외에서 높아진 브랜드 가치를 보호하는 데에도 힘쓰기 시작했다.

2005년 김영숙 대표 취임 이후부터는 제품 혁신을 위한 노력이 계속됐다. 2006년 슬라이딩 금고 개발로 한국디자인진흥원으로부터 '벤처디자인상'을 수상하고, 2008년 '루셀'이라는 세계 최초 인테리어 개념을 융합한 가정용 금고를 출시해 이듬해 금고업체로는 최초로 백

출처: 선일금고제작 제공

화점현대백화점에 1호 매장을 입점시켰다〈사진 1〉. 뒤이어 역시 금고업체 최초로 국가통합 인증마크인 KC마크를 획득, 2014년에는 경영활동 전반에서 환경오염을 최소화하는 기업으로 인정받아 중소기업청으로부터 '녹색경영 우수 그린비즈 기업' 인증도 부여받았다.

선일금고제작의 해외진출 분석

선일금고제작은 1972년 창업 이후 약 40년 만인 2014년, 세계 내화금고시장 점유율 1위로 올라섰다. 40년간의 선일금고제작의 해외진출기를 진출 동기 및 방식, 진출 패턴을 중심으로 살펴본다.

해외진출 동기

설립 때부터 시작된 선일금고제작의 빠른 해외진출은 창업주인 고 김용호 회장의 의지에서 비롯된 것이었다. 김태은 상무는 인터뷰에서 "태생적인 국내시장 규모의 한계를 알고 있던 고 김용호 회장은 창업 당시 이미 수출을 염두에 두고 있었다"라며 김 회장의 의지를 회고했다. 1970년대 국내 내화금고업체들은 내화기능을 위해 연탄재나 모래를 사용하고 있어 국산 금고제품에 대한 소비자들의 신뢰나 인지도는 매우 낮았다. 이런 열악한 여건 가운데 김 회장은 국내 최초로 해외 선진국에서 사용하는 내화재를 도입, 이를 이용해 제작한 금고를 공개 테스트를 통해 품질을 입증하고자 애썼다. 테스트의 성공과 함께 정부기관, 우체국, 대학교 등에서 선일금고제작의 제품을 사용하기 시작했으나 이에 비해 일반 소비자들에게는 제품에 대한 인지도와 신뢰를 충분히 얻지 못해 판매가 순조롭지 못했다[11]. 이러한 국내시장의 판매부진은 사업 초기부터 선일금고제작이 수출에 더욱 매진하게 되는 계기가 되었다.

해외진출 방식: OEM 수출에서 ODM 수출과 자사 브랜드 수출로

선일금고제작의 첫 해외진출은 창업 후 4년 만인 1976년, 자사 브랜드인 '이글세이프'를 OEM 방식으로 당시 낮은 가격의 금고제작업체를 찾고 있었던 호주 바이어에게 수출하며 이뤄졌다. 이후 1990년대 이전까지는 국제인증을 획득하지 못한 탓에 OEM 방식의 수출에 의존했으나, 1990년대 들어서는 공장 설비의 자동화 및 자체 기술혁신을 통해 보다 선진화한 기술력을 갖게 되었고 마침내 1996년 국제표준화기구의 품질시스템 ISO9001 인증을 획득했다. 연이어 1999년 미국의 내화·내충격 UL 인증을 획득하며 선일금고제작은 해외 바이어들로부터 기술력을 인정받기 시작했고, 이는 ODM과 자사 브랜드 수출 방식을 병행하는, 보다 진보한 방식의 수출에 본격적으로 나서는 계기가 됐다.

자사 브랜드 수출을 위한 노력

해외시장 진출에 있어 자사 브랜드 개발이 중요하다고 판단한 고 김용호 회장은 자사 브랜드 개발에 대한 확고한 비전을 가지고, 이를 달가워하지 않는 해외 거래업체들의 반응에도 불구하고 여러 노력을 기울였다. 김태은 상무는 김 회장의 자사 브랜드 수출에 대한 애착을 다음과 같이 회상했다.

> 해외로 수출할 때도 '이글세이프' 브랜드에 대한 욕심이 있으셨던 거죠. 전시회에 나갈 때도 키 체인을 만들어서 나눠주셨어요. 가능하면 '이글세이프'를 팔고 OEM을 원하면 해주고 처음부터 이런 방향이었어요.
>
> 김태은 상무 인터뷰 중

이토록 자사 브랜드를 키우길 꿈꿨던 김 회장은 1980년대부터 전시회에 꾸준히 참여해 단순히 무역상을 통해 수출하던 OEM 방식을 탈피하는 대신 자사 브랜드를 알리고자 했다. 당시 금고제품에는 부착하는 인증마크에 제조업체를 기입하도록 되어 있었는데, 김 회장은 OEM/ODM으로 수출되는 제품들에 있어서도 반드시 '이글세이프' 상표를 부착하도록 지시, 브랜드 인지도를 제고하는 데 애를 썼다. 또한 거래업체에게 '이글세이프'나 '루셀'을 구입하는 경우 인센티브를 제공해 이들 거래업체가 선일금고제작의 브랜드를 부착하기를 선호하도록 유도했다. 이러한 노력의 결과로 선일금고제작은 2000년대 들어 세계 금고시장에 '이글세이프' 브랜드에 대한 긍정적인 이미지를 심을 수 있었고, 브랜드 인지도가 증가하자 중국에서는 이글세이프의 '짝퉁' 브랜드가 출현하기도 해 이에 대응하고자 2006년 브랜드 로고를 리뉴얼하기도 했다.

주요 자사 브랜드 시장: 아시아, 중동, 아프리카

선일금고제작의 주요 자사 브랜드 시장은 아시아, 중동, 아프리카이다. 인터뷰에 따르면 이들 국가의 소비자들은 한국이라는 국가 브랜드에 대해 높은 인지도와 선호도를 갖고 있어 선일금고제작의 자사 브랜드 판매가 더욱 용이하다고 말한다. 아시아 국가에서는 특히 인테리어 가구의 하나가 될 수 있도록 디자인된 고급형 가정용 금고인 '루셀'의 인기가 높다. '루셀'에 대해서는 자사 브랜드 수출만을 고집하고 있는데, 이 브랜드 제품은 주로 싱가폴, 이란, 베트남, 필리핀 등의 나라에서 상류층 소비자들이 선호해 활발히 수출되고 있다. 선진국에서는 거래업체들이 선일금고제작의 자사 브랜드보다 현지 소비자들에게 인지도가 더 높은 현지 브랜드를 사용하기를 선호, ODM 수출방식이 주를 이룬다. 이처럼 한국에 대한 국가 이미지가 아직 미약한 선진국시장에 자사 브랜드를 수출하기 위해서는 현지 소비자들의 브랜드 인지도를 높이는 마케팅 활동이 요구되는데, 중소기업의 공통적

난관인 자원 부족의 한계를 안고 있는 선일금고제작으로서는 이 점이 어려움의 하나로 꼽힌다. 현재 선일금고제작의 ODM 수출과 자사 브랜드 수출 비중은 각각 총 수출액의 약 50% 정도로 추산되며, 이 중 자사 브랜드의 수출 비중은 계속 증가하는 추세이다.

선일금고제작의 해외진출 전략

선일금고제작의 해외진출 성공전략은 크게 1) 생산제품의 집중화 및 전문화, 2) 경영자의 도전 및 혁신정신, 3) 마케팅 투자 및 브랜드 구축, 4) 가족경영의 전문화 등 네 가지로 분석된다.

생산제품의 집중화 및 전문화

선일금고제작은 창립 후 40여 년간 오직 하나의 제품군인 금고 개발에만 집중, 금고라는 하나의 제품 안에서 끊임없는 신기술개발과 기술혁신을 이루어왔다. 현재에도 매년 매출액의 5~10% 수준을 R&D에 투자하며 재료공학, 산업공학 등을 전공한 7명의 다양한 전문인으로 구성된 자체 연구소를 두어 기술개발에 힘쓰고 있다. 그 결과, 선일금고제작은 국내 최초로 금고에 경보기를 부착했고 지문인식, 바이오 항균기능을 금고에 도입했으며, 아시아 최초로 전자식 버튼을 금고에 장착해 '디지털 록 금고'를 선보였다. 동시에 아시아 최초로 미국의 내화·내충격 UL 인증 테스트에 합격하며 고기능성 방도금고 유로 GRADE 인증을 획득, 세계시장에서 금고에 있어서만큼은 최고 수준의 전문성과 기술을 인정받는 기업이 되었다.

경영자의 도전 및 혁신정신

금고제작 기술이 전무했던 한국에서 선일금고제작이 세계시장 점유율 1위의 기업이 되기까지에는 경영자의 도전 및 혁신정신이 큰 원동력이 됐다. 전쟁고아였던 고 김용호 회장은 1960년대 숙식만 해결해주면 무슨 일이든 다 하겠다는 마음으로 중고 금고 판매점에 취업했다. 그곳에서 일본의 중고 금고를 수입해 수리·재사용하는 우리나라 금고시장의 현실을 본 후, "내 손으로 좋은 품질의 금고를 만들겠다"라고 결심했다. 이후 김 회장은 무일푼으로 미국으로 떠나 열쇠수리공으로, 또 디볼드라는 현지 금고회사의 영업사원으로 50여 개국을 돌며 금고제작 관련 기술을 습득했고, 독일로 건너가 금고제작 공장을 염탐하기도 했다. 이처럼 선진국에서 금고제작 기술을 습득한 김 회장은 1970년대에 한국으로 돌아와 마침내 1972년 선일금고제작을 창립, 정식으로 국내 제작된 내화금고를 최초로 선보였다. 제품을 알리기 위해 매체 기자들을 불러모아 금고를 직접 불에 태워보는 공개 테스트를 했고, 이로써 선일금고제작이 만든 순수 국산 금고가 기대 이상의 품질을 갖추었음을 입증했다. 이후 김 회장의 도전과 혁신정신은 끊임없는 신기술개발로 이어져, 국내시장에 선보이는 신개념 금고제품은 선일금고제작이 대부분 제조·보급하고 있다고 볼 만큼 시장의 흐름을 주도하고 있다. 2005년 대표로 취임한 김영숙 대표역시, 창업주인 김 회장 못지않게 '혁신'을 강조한다[16].

113

독수리가 수명이 다하면 부리를 깨고 발톱을 뽑는 고통을 견디면서 더 강한 부리와 발톱을 만들어 삶을 연장하듯, 단순한 변화가 아닌 혁신이 필요해요. 혁신 속에 직원들도 성장하고 기술개발도 가능하죠.

김영숙 대표 인터뷰 중

김영숙 대표는 지식경영을 위한 학습의 중요성을 깨닫고 10년 이상 직원들과 함께 매주 컨설팅 수업을 받으며 전문가의 조언을 듣고 있다. 김 대표의 혁신정신은 제품 성능의 혁신뿐만 아니라 디자인 혁신으로도 이어져, 2006년 슬라이딩 금고를 제작해 한국디자인진흥원으로부터 벤처디자인상을 수상, 2008년에는 세계 최초로 금고에 인테리어디자인 개념을 접목한 브랜드 '루셀'을 개발했다. 기존의 어둡고 칙칙한 금고에서 금고 또한 가구와 같이 심미성을 부각시키는 인테리어제품이 될 수 있음을 보여줌으로써, '루셀'은 국내 및 세계 금고시장에 혁신을 불러일으켰다. 또한 중소기업임에도 불구하고 녹색경영, 가족친화경영 등 기업의 사회적 책임corporate social responsibility을 다하는 데에도 힘써, 2014년 금고업체로는 최초로 중소기업청으로부터 녹색경영 우수 그린비즈 인증을 획득하는 등 동종 업계의 혁신적인 선두자로서의 행보를 이어가고 있다.

마케팅 투자 및 브랜드 구축 노력

대기업에 비해 부족한 경제적·인적자원은 대다수의 중소기업이 안고 있는 고질적인 문제이다. 대부분의 중소기업은 제한된 자원을 기술개발에 우선 투자해 기술력으로 승부를 보고자 하므로, 중소기업의 마케팅 활동에 대한 투자는 늘 우선순위에서 밀려나곤 한다. 선일금고제작 또한 한정된 기업자원에 있어 예외는 아니지만, 그의 브랜드 구축을 위한 노력은 다른 중소기업에 비해 주목할 만하다.

선일금고제작은 부족한 마케팅 비용을 충당하기 위해 정부지원과 산학협력을 적극 활용했다. 김태은 상무는 전시회 비용이나 브랜드 리뉴얼 비용에 정부지원을 이용했고, '루셀'제품의 디자인 개발은 국내 대학과의 산학협력을 통해 이뤄졌다. 또한 국내시장의 홍보에 있어 드라마나 영화를 통한 간접 광고PPL에도 힘쓰고 있으며, 2010년에는 금고 업계 최초로 TV 광고를 시도했다. 가정용 인테리어형 금고인 '루셀'의 경우에는 금고는 부자들만 사용한다는 인식을 "내 인생의 보석상자"라는 컨셉으로 바꾸어, 값비싼 보석이나 돈뿐만 아니라 일기장이나 사진 등 개인적인 추억거리를 보관하는 데에도 사용할 수 있는 가정용 소품의 이미지로 금고를 재포지셔닝re-positioning 시키기도 했다. 해외시장의 경우에는 홈페이지나 카탈로그 제작에 비용을 투자하고, 스폰서십을 통한 마케팅도 적극 활용해 2000년 호주 시드니올림픽에 국내 금고업체로는 단독으로 금고를 협찬하기도 했다. 또한 주요 자사 브랜드 수출시장인 중국이나 동남아시아의 거래업체들에게는 한국의 마케팅 사례를 공유하거나 제안해 현지 소비자들에게 맞는 마케팅 방안을 함께 고안하기도 한다. 특히 중국의 경우 특정 지역에 브랜드를 알리기 위해 백화점에서 단기간으로 많은 비용을 들여 직접 홍보행사를 주관하기도 했다.

▲ 사진 2 말레이시아 전시회
▼ 사진 3 두바이 전시회

출처: 선일금고제작 제공

가족경영의 전문화

선일금고제작은 가족경영의 전문화를 이루어 기업을 성공적으로 이끌고 있는 좋은 사례로 꼽힌다. 고 김용호 회장은 '금고박사'로 불리는 선일금고제작의 엔지니어로 스스로 해외에서 학습한 지식과 기술을 십분 활용해 금고기술개발을 전담했다. 경기 파주세무서 공무원이던 김영숙 대표〈사진 4〉는 김 회장과 결혼한 후 그를 도와 회사 경영 전반에 걸친 사무를 전담, 두 부부가 철저한 분업을 통해 선일금고제작을 꾸려왔다[12]. 김 회장은 나아가 기술만 습득한 후 이직하는 직원들이 늘어나자, 두 딸이 회사를 키워나가는 데 동참하기를 원했고 이 뜻에 따라 장녀 김은영 전무는 대학에서 제어계측공학을 전공, 차녀 김태은 상무는 경영학을 전공했다[12]. 2004년 김 회장이 갑작스런 교통사고로 사망하며 어려움을 겪기도 했으나[12], 이때 두 딸은 차세대 경영인으로 김영숙 대표를 도와 위기를 극복하는 데 힘썼고, 현재까지 선일금고제작의 중요 업무를 담당하고 있다. 현재 장녀 김은영 전무는 김 회장으로부터 3개월 동안 설계·용접·내화재 충전·판매까지 직접 기술을 배운 것을 바탕으로 생산업무를 담당하고 있으며[12] 차녀 김태은 상무는 선일금고제작의 마케팅 및 해외영업을 담당하고 있다.

출처: 선일금고제작 제공

▼ 사진 4 김영숙 대표

선일금고제작의 당면 과제

앞서 언급했듯 선일금고제작의 마케팅에 대한 투자는 동종 업계의 경쟁사들보다는 활발한 수준이지만, 보다 원활한 자사 브랜드 수출을 위해서는 더 많은 마케팅 투자가 요구되는 상황이다. 특히 해외시장에 자사 브랜드를 소개하고 수출하는 데 있어 효율적인 마케팅 및 홍보 방안에 대한 고안이 절실하다. 김태은 상무는 그 필요성을 다음과 같이 피력한다.

> '루셀'을 해외 전시장에 전시했을 때, 선진국 바이어들은 이 브랜드에 대해 "환상적이다", "아름답다"라고 반응했어요. 하지만 막상 이들이 구매하기 원했던 것은 '루셀'이 아닌 이 제품에 자기 브랜드를 부착하는 ODM 방식을 원했어요. 미국, 유럽에 있는 유명 회사들이 자기 브랜드도 하기 바쁜데 '루셀'이라는 저희 브랜드를 위해서 투자할 일이 없잖아요.
>
> 김태은 상무 인터뷰 중

자국 소비자들의 '루셀' 브랜드와 한국에 대한 인지도가 미미했던 탓에 해외 현지 바이어들은 쉽게 투자를 결정할 수 없었고, 결국 거래는 이루어지지 못했다. 이러한 경험을 통해 선일금고제작은 해외, 특히 메이드 인 코리아로서의 프리미엄이 약한 선진국시장에서 자사 브랜드 홍보를 위한 마케팅 활동에 대해 필요를 절감했으나 비용 면에

118

서 그 한계를 극복하는 데 어려움을 겪고 있다. 또 선일금고제작은 인재 확보에 있어서도 아쉬움을 경험했다. 직원의 97%을 정직원으로 채용하고 인재 등용에 있어 남녀차별이나 투자를 아끼지 않는 등 인재 확보에 주력했지만, 2~3년간 교육받은 젊은 직원들이 중소기업 고유의 문화 및 전원생활을 견디지 못하고 도시문화를 찾아 이직하는 사태가 자주 발생해 안타까움을 겪고 있다.

앞으로의 비전

선일금고제작의 김영숙 대표는 "변하지 않으면 개인은 물론 조직의 미래도 없다"는 경영 철학으로 끊임없이 '혁신'할 것을 강조한다. 쉼 없는 신개념 금고 개발을 통해 "몇백 년의 역사를 가진 세계적인 큰 금고회사들도 미처 생각하지 못한 디자인과 구조를 갖춘 금고"를 세계시장에 선보이는 것, 작지만 강한 회사로 오로지 금고 분야에서 선도기업이 되는 것이 선일금고제작의 비전이다[12].

119

part 2

강력한 한 방,
마케팅 승부형

해외에서 활발한 브랜드
마케팅을 전개하다

PART 2 에서는

해브앤비㈜, ㈜한경희생활과학, ㈜해피콜
세 개의 사례를 다룬다. 이 세 개의 사례는
PART 2에서 주문자상표부착(OEM)
방식의 수출부터 시작한 회사들과는 달리,
국내에서 자사 브랜드로 시작한 후
해외시장에서 적극적인 마케팅으로
현지 백화점, 홈쇼핑, 대형마트와 같은
주요 유통채널에서 판매되고
있는 경우들이다.

〈표 2-1〉에서 보는 바와 같이 PART 2의 세 사례들은 1999년 이후 세워져 역사가 11~16년 정도 된 회사들이다. 따라서 PART 1 점진 성공형의 사례보다는 역사가 짧다. 그럼에도 불구하고 이 세 사례는 창립 후 1년 내지 10년 정도 사이에 첫 해외진출을 시작했다. 이들은 현재 모두 한 나라 이상에 해외 판매법인이 있는데, ㈜해피콜은 100% 국내생산하며, 해브앤비㈜는 자사공장 없이 100% 하청생산을 하고, ㈜한경희생활과학은 중국에 생산법인이 있다. 그러므로 스테이지 모델stage model 에서 주장하는 형태와 매우 유사하다. 즉, 국내에서 발판을 쌓은 후 해외로 수출하다가 판매법인, 생산법인을 설립해 더 직접적으로 해외시장을 관리하는 단계를 거친 것이다. 스테이지 모델과 다른 점은 세 사례가 선택한 첫 진출국이 심리적 거리가 가까운 나라가 아니라 전략적으로 중요한 나라인 중국, 미국이라는 것이다. 즉, 시장성이 큰 나라부터 진출한 것이다. 해브앤비㈜의 경우 대만에 첫 진출을 하고 몇몇 아시아 국가를 섭렵한 후 미국, 영국, 중국으로 연이어 진출한다. 중국과 미국은 거대한 소비자시장을 형성하고 있기에 전 세계 제품들이 몰려드는 곳이다. 따라서 자본과 마케팅력이 특출나지 않는 한국의 중소기업 브랜드들이 이 거대시장에서 무난히 진출하고 성공할 수 있었던 데에는 그 비결이 있을 것이

123

다. PART 2에서는 바로 그 비결이 무엇인지 자세히 살펴본다.

세 사례를 분석할 때 주목해야 할 점은 세 사례가 모두 제품군이 다르다는 것이다. 즉, ㈜한경희생활과학과 ㈜해피콜이 판매하는 스팀청소기와 프라이팬은 이미지보다는 실제 성능이 중요한 기능성 제품이다. 따라서 그 기능에 대한 신뢰가 중요하기에, 기능을 증명할 수 있는 인증, 특허 등이 중요하고, 기능을 직접 보여줄 수 있는 유통 판매처가 중요하다. 반면 해브앤비㈜는 화장품을 취급하기에 이미지가 매우 중요하다. 의류나 화장품의 경우 소비자가 기능의 차이를 쉽게 판별할 수 없기에, 이미지가 품질을 판단하는 데 중요한 역할을 한다. 해브앤비㈜는 자가공장 하나 없이 제품 차별력으로 전 세계적인 화장품 전문 체인인 세포라Sephora 미국과 중국에 당당히 입성한다. 이 세 사례는 각자 제품에 맞는 제품·가격·유통채널·프로모션 전략을 매우 잘 선택한 것에 주목해야 할 것이다. 또 주목해야 할 점은 세 사례들이 택한 전략이 선진국미국에 진출할 때와 개발도상국에 진출할 때 다소 다르다는 것이다. 왜냐하면 개발도상국에서는 메이드 인 코리아가 프리미엄으로 작용하지만, 선진국에서는 그 프리미엄 없이 제품으로만 승부를 걸어야 한다. 선진국 소비자일수록 수많은 제품에 노출되어 있고, 이미 사용해본 경험이 많기에 구매 시 여러 요소 즉, 디자인, 가격, 품질 등에 더 깐깐하기 마련이다. 그러므로 제품력이 훨씬 더 좋아야 한다. PART 2의 세 사례는 이러한 나라 특성에 매우 현명하게 대처해가면서 판매시장을 적극적으로 공략한다. 이런 점들에 주목한다면 세 사례로부터 더 많은 통찰력을 얻을 수 있을 것이다.

	해브앤비㈜	㈜한경희생활과학	㈜해피콜
주요 수출품목	BB크림	스팀청소기	프라이팬
창립 연도	2004년	1999년	1999년
첫 수출해	2005년	2008년	2001년/2009년*
첫 수출까지 걸린 햇수	1년	9년	3년/10년
첫 진출국	대만	미국	미국/일본
총 해외진출국 수	15개국	10개국	35개국
해외 판매법인	미국, 중국	미국	중국, 인도네시아, 태국, 미국, 대만 순으로 설립
해외 생산법인	없음	중국	없음(100% 국내생산)
해외판매 브랜드명	Dr. Jart+	Haan	Happy Call
현지 유통	화장품 전문 유통체인(Sephora), 멀티드럭스토어 (Boots)	홈쇼핑, 대형마트, Amazon.com	홈쇼핑, 대형마트, 백화점

*2001년 미국에 첫 진출하지만 2009년 일본의 홈쇼핑에서 판매되면서 본격적으로 진출함

125

해브앤비㈜는 젊은 생각으로 새로운 휴먼 세상을 만들어
인류의 삶을 풍요롭게 합니다

— 해브앤비㈜의 경영 철학 중 —

전 세계적으로 유명한 화장품 전문 유통체인인 세포라Sephora에 최
초로 입점된 한국 화장품 브랜드가 있다. 바로 한국의 중소기업 해브
앤비㈜ HAVE & BE 의 '닥터자르트'Dr. Jart+이다. 2004년에 설립된 해브
앤비㈜는 2011년 세포라 미국 체인에 두 가지의 닥터자르트 BB크림
을 소개해, 현재 BB크림 판매율 1위를 차지 하고 있다. 이러한 큰 인
기는 로레알L'Oréal, 스매쉬박스Smashbox, 크리니크Clinique, 제인 아이리
데일Jane Iredale, 스틸라Stila, 디올Dior과 같은 세계 유수의 화장품 기업
들로 하여금 비슷한 제품을 생산하게 할 정도였다[1]. 화장품산업은

미국을 비롯한 유럽의 선진국들에 의해 주도되는 이미지 중심의 산업으로, 한국의 중소 규모의 화장품기업이, 미국과 같은 선진국에 진출하는 것은 상당히 힘든 일이다. 창업한 지 불과 10여 년 정도밖에 안 된 중소기업이 2011, 2012년에 연달아 세계 화장품 유통의 양대 산맥인 세포라와 영국의 최대 드럭스토어 부츠Boots에 각각 입점하고, 현재 15개국으로 수출하는 일은 대단한 일이 아닐 수 없다[2]. 이러한 성과는 자체 제조공장 없이 외주생산outsourcing 만으로, 마케팅에 집중해 얻은 결과이기에 더욱더 빛난다. 해브앤비㈜의 닥터자르트는 2014년 파워브랜드 코스메슈티컬cosmaceutical 화장품 부분에 선정되었다[3]. 설립한 지 10여 년밖에 되지 않은 중소기업이 어떻게 진입 장벽이 높은 선진국에 진출해 승승장구하게 되었는지 그 과정과 성공요인을 살펴보자. 이를 위해 미디어 자료를 비롯한 각종 자료, 해브앤비㈜의 이진욱 대표, 김지원 과장과의 인터뷰를 토대로 분석했다.

기업 소개

해브앤비㈜는 2004년 화장품 제조업을 목적으로 설립된 코스메틱 브랜드 전문 경영기업이다. 주요 브랜드는 2005년 론칭한 닥터자르트와 2011년 론칭한 남성브랜드 '디티알티'DTRT가 있다(〈표 1〉 참조). 주력상품은 BB크림이며, 2013년 기준 137명의 근로자가 근무하고 있다. 현재 세포라 미국, 중국 체인과 영국의 부츠 등 15개국 수출을 통해 매출액의 50%를 거두고 있다. 국내외에 공장을 보유하지 않고 제조 부분은 모두 외주생산하고 마케팅에 집중해 국내 소매판매액retail sales의 20% 이상을 브랜드 홍보에 재투자하고 있는 브랜드 경영 중심 기업이다. 미국과 중국에 현지 판매법인이 설립되어 있다(〈표 2〉 참조).

▼ 표 1 해브앤비㈜ 브랜드 포트폴리오

브랜드명	설명
닥터자르트 **Dr.Jart+**	Dr.Jart+는 피부과 전문 브랜드로서 피부과 전문의 이니셜 J와 ART의 조합으로 이성과 감성이라는 상반된 의미가 만나 '치유의 예술적 경지'라는 표현을 의미
DTRT **DT RT**	DTRT는 Do The Right Thing의 약자로 '똑바로 살아라!'라는 의미의 FOR MAN 브랜드로서 자신의 이미지, 외모, 생각과 행동, 깊은 생각과 결심, 그리고 실행, 자신을 사랑하고 타인을 위하고 세계를 생각하는 남성상을 담은 브랜드

출처: 조사자료에 의해 저자 편집

▼ 표 2 해브앤비㈜ 회사 개요

업종	화장품 제조판매	설립일	2004년 12월 24일
직원 수 (2013년)	137명	첫 진출 국가/ 시기	대만/2005년
매출액 (2013년)	235억	진출 국가 수	미국, 캐나다, 말레이시아, 싱가포르, 일본, 태국, 대만, 홍콩, 러시아, 베트남 등 15개국
현지법인 설립	미국(2011), 중국(2013)	공장	100% 국내 외주생산
R&D 비중	2011(2.84%) 2012(1.71%) 기업 부설 연구소 인정(2009)	주력상품	BB크림
특허 및 인증 보유	미국 FDA 승인(2009) ISO 2001, 14001 인증(2009) 중국 위생허가 등록(2011)	자사 브랜드	닥터자르트, DTRT
수상 내역	이노비즈 인정(2009) 수출유망중소기업 선정(2010) 벤처기업대상 지식경제부(현 산업통상자원부) 장관 표창(2010) 백만 불 수출의 탑(2010) 중소기업청장상 수상(2011) 글로벌 강소기업 선정(2012) 3백만 불 수출의 탑 수상(2012) 천만 불 수출의 탑 수상(2013) 취업하고 싶은 기업 선정(2013) 등 다수의 수상 경력 있음	수출 비중	50%

출처: 인터뷰, 조사자료에 의해 저자 편집

국내 및 해외 코스메슈티컬시장 현황

코스메슈티컬cosmeceutical은 화장품cosmetic과 의약품pharmaceutical의 합성어로, 제약사나 피부과에서 연구·개발에 참여한 화장품을 말한다[4]. 더마코스메틱dermacosmetic 혹은 더마톨로지컬dermatological 브랜드로 불리기도 한다. 2000년대 초반부터 활성화된 국내 코스메슈티컬 시장은 매년 15% 이상의 성장세를 보이며 2014년 연 매출 5천억 원의 규모로 확대되었으며, 전체 화장품시장의 4% 수준이다[5]. 특히 화장품의 원료 및 효능에 대한 소비자들의 관심이 높아지면서 코스메슈티컬시장의 성장세에 힘을 싣고 있다. 실제 제약회사들은 앞다퉈 관련 제품을 출시하고 유통망을 넓히는 등 시장 지배력 확대에 나섰다. 정부의 약가인하 정책으로 매출에 타격을 입으면서, 제약회사들이 매출과 수익성 증대를 위해 비급여 분야인 화장품시장으로 눈을 돌리게 된 것이다. 그러나 국내 코스메슈티컬시장의 규모가 작은 데다, 해외 브랜드가 강세를 보이고 있어 국내 브랜드의 성장속도는 아직 더딘 상황이다[4].

세계 코스메슈티컬시장에 대해 살펴보면 2013년의 경우 세계 화장품산업이 3.8% 성장한 것에 비해 코스메슈티컬 부문은 4.8% 성장했다[6]. 2014년 전 세계 코스메슈디컬시장 규모는 약 379억 달러에 이르며 연평균 8.62%의 성장률을 보이고 있어 그 규모가 2019년에는 약 573억 달러에 이를 것으로 예상된다. 이러한 빠른 성장세는 소비자들이 웰니스wellness, 웰빙, 행복, 건강의 합성어에 대한 관심 증가 때문으로 해석된다[7]. 코스메슈티컬시장을 리드하고 있는 국가는 미국, 영국,

프랑스, 독일, 이탈리아, 스페인, 일본 등 선진국 7개국이며[8], 서유럽이 시장 전체의 60%를 차지하고 있다[6]. 국내외 화장품시장에서 코스메슈티컬 분야는 아직 작은 점유율을 보이고 있지만 점유율에 비해 성장률이 두드러지게 높다. 주로 선진국이 주도해가고 있는 코스메슈티컬 분야에서 해브앤비㈜는 BB크림을 중심으로 세계시장 점유율을 높여가고 있으며, BB크림 이외 수분 증발을 막아주는 세라마이딘 ceramidin 크림 등을 연이어 히트시키고 있다.

해브앤비㈜의 역사

해브앤비㈜는 2004년 설립되어 성공적인 해외진출을 통해 성장하고 있는 기업으로 그 역사를 창업기, 국내 성장기 및 해외 확장 준비기, 해외시장 본격 진출기의 3단계로 나누어 설명하고자 한다.

창업기(2004~2007): 피부과 전문의들과 제품을 론칭

이진욱 대표는 건축학을 전공한 후 건축현장에서 근무하다가 건축산업이 포화됨을 느끼고 세상을 더 알아보고 싶다는 꿈을 실현하기 위해 글로벌 비즈니스를 해야겠다고 마음먹는다. 그때 지인인 의사가 병원에서 판매되는 화장품이 있다는 것을 소개시켜줬는데, 독일에서 들여온 블레미쉬 밤blemish balm 이라는 화장품이었다. 이 제품은 레이저 치료를 받고 피부가 민감할 때 자극을 주지 않으면서 흉터를 가리는 제품으로 병원에 유통되었다. 이러한 제품에 관심을 갖게 되면서 한국인 피부에 맞게 기능을 개선해서 병원에 유통될 수 있는 화장품을 개발하기 위해 2004년 12월, 회사를 설립한다. 그 당시 경기가 좋지 않고 시장 상황도 좋지 않았지만 화장품을 가지고 세계시장으로 진출하겠다는 꿈을 실현하고자 '더 마스터'라는 브랜드를 개발해 병원을 통해 유통하게 된다. 2005년에는 바이어를 통해 대만의 병원으로 첫 수출을 이룬다. 그 후 병원 화장품으로 자리를 잡게 되지만 시장이 너무 작다는 것을 인지하고, 일반 대중을 위한 제품을 개발하면서 2005년 12월에 '닥터자르트'를 론칭한다. 닥터자르트는 피부과 전문의의 자문으로 만들어지는 전문 코스메슈티컬 브랜드로 피부과 치료 후 피부 보호를 목적으로 개발된 BB크림이 대표적인 상품이다[3].

국내 성장기 및 해외 확장 준비기(2008~2009)

두 번째 단계는 국내 성장기 및 해외 확장 준비기로 2008년 닥터자르트의 롯데면세점 입점을 시작으로 국내시장을 확장한다. 2008년에 해브앤비㈜로 회사명을 바꾸고 2009년, 신라면세점과 롯데백화점에 입점하면서 국내시장에서 입지를 다진다. 사업 시작부터 해외진출을 목적에 두고 있었으며, 국내시장은 해외진출을 위한 발판으로 국내 백화점을 비롯한 주요 유통업체에 전략적인 진출을 한다. 즉, 해외 바이어들의 첫 질문이 한국에서의 위치였기에, 한국에서 위상을 보여주기 위해 면세점과 백화점 입점을 택했던 것이다.

백화점 진입 장벽이 높지만 그곳에 들어가서 유통을 해야 비슷한 정도가 되더라고요. 해외로 진출하기 위해 백화점에 들어간 것이고, 이왕이면 우리 브랜드가 멋있게 보여지면 좋을 것 같아서 백화점에서도 열심히 했어요.

이진욱 대표 인터뷰 중

화장품은 해외진출 시 국가별로 수입을 위한 까다로운 인증을 요구하는데, 자체공장이 없었던 해브앤비㈜는 제조공장들이 투자를 하게끔 설득해 인증을 받을 수 있도록 공장 설비를 변경하도록 요구했다. 이러한 노력으로 해브앤비㈜는 미국진출을 위해 2009년 미국 FDA 승인을 받으면서 그 발판을 마련한다. 또한 같은 해 LA 한인마켓을 중심으로 테스트 마케팅을 실시하기도 한다.

해외시장 본격 진출기(2010~현재): 본격적으로 해외 유통채널로 진출

해브앤비㈜는 2단계에서 해외진출을 위한 발판을 만들고 2010년부터 본격적으로 해외진출을 도모한다. 2010년에 일본 나리타, 후쿠오카 공항 면세점에 입점하고, 같은 해 수출 유망 중소기업으로 선정되면서 백만 불 수출의 탑을 수상했다. 2011년에는 미국에 판매법인을 세우고 전 세계적인 럭셔리 재벌 루이비통 모에헤네시LVMH의 계열사인 화장품 전문 유통업체 세포라 미국체인에 입점하게 되면서 미국진출을 본격화했다. 닥터자르트의 2011년 미국진출은 한국 화장품으로서는

▲ 사진 1 미국 세포라에 입점되어 있는 닥터자르트

▼ 사진 2 영국 부츠에 입점되어 있는 닥터자르트

출처: 해브앤비㈜ 제공

아모레퍼시픽에 이어 두 번째이나, 세포라 입점은 한국 화장품으로서는 최초였다. 현재 세포라에서 닥터자르트는 BB크림 부분에서 1위를 차지하고 있다〈사진 1〉. 미국진출에 이어 2012년에는 영국의 유명 드럭스토어인 부츠에 입점하게 된다〈사진 2〉. 부츠는 160년 전통을 가진 영국의 대표 멀티 드럭스토어로 세계 25개국 3천 개 매장과 17만 개의 제약 도매 체인점을 보유한 글로벌 유통 기업이며[9], 닥터자르트는 부츠 온라인 사이트에서도 판매되고 있다. 2013년는 미국 제이씨페니JCPenny 4백 개 매장에 론칭하고 미국의 고급 백화점인 헨리벤델Henry Bendel에 단독 매장을 오픈했다. 2013년에는 중국 판매법인을 설립하고, 상해 세포라 스토어에 입점해, BB크림 존에서 단독 브랜드 존을 차지하고 있다. 중국 세포라에도 한국 브랜드로는 아모레퍼시픽과 닥터자르트만이 입점해 있어, 한국의 화장품 대기업인 아모레퍼시픽과 나란히 어깨를 겨루고 있다[10]. 해외진출이 본격화되면서 해브앤비㈜는 2012년 3백만 불 수출의 탑 수상 이후, 1년 만에 천만 불을 달성하게 된다[11].

해브앤비㈜의 해외진출 현황 및 유통경로

2004년도에 설립된 해브앤비㈜는 현재 15개국에 수출하고 있다. 2005년 대만진출을 시작으로, 홍콩, 말레이시아, 싱가포르, 태국, 인도네시아, 일본 등 아시아권에 집중하다가 2011년부터 미국, 2012년 영국, 2013년 중국으로 그 시장을 확대해나가고 있다. 해브앤비㈜의 주요 진출 국가와 년도 및 주요 판매처는 〈표 3〉에 제시되어 있다.

국가	진출 연도	주요 판매처	비고
대만	2005년 2009년	병원 Lux Asia	2005년 진출 당시 '더 마스터' 브랜드로 병원을 중심으로 유통
홍콩	2007년	사사(화장품 전문 유통채널)	
말레이시아	2007년	사사(화장품 전문 유통채널)	
싱가포르	2007년	Lux Asia	
태국	2009년	백화점	
인도네시아	2009년	백화점	
일본	2010년	면세점 Variety Shop (Dermo 브랜드 전문 유통채널)	
미국	2011년	세포라, 뉴욕 헨리벤델 백화점(2013)	미국 용기 제조업체를 통해 세포라 컨택 미국법인 설립
영국	2012년	부츠	
중국	2013년	세포라	미국 세포라를 통해 중국진출 중국법인 설립

출처: 인터뷰, 조사자료에 의해 저자 편집

135

해브앤비㈜의 해외진출 성공요인

해브앤비㈜의 해외시장 진출은 크게 네 가지 성공요인을 바탕으로 분석할 수 있다. 1) 집중적인 마케팅 활동, 2) CEO의 선진국시장 진출 의지에 의한 세계 유명 유통업체 진출, 3) 확고한 브랜드 정체성 확립, 4) 탁월한 상품기획 능력 및 제품 차별화 전략이 바로 그것이다.

집중적인 마케팅 활동

해브앤비㈜는 100% 외주생산을 실시하고 있으며, 마케팅에 집중

하는 기업이다. 사실상 자본과 인력이 부족한 중소기업이 해외의 선진시장에서 브랜드를 알리기 위해 마케팅에 투자하는 것은 결코 쉬운 일이 아니다. 그렇지만 해브앤비㈜는 제조와 판매를 분리하고 소매판매액의 20% 이상을 마케팅 비용에 투자하는, 마케팅 집중 기업으로, 테크놀로지 리더십을 갖기보다는 제품별로 기술력이 뛰어난 제조업체에 외주를 주고 마케팅에 집중하는 전략을 펼치고 있다. 이러한 해브앤비㈜의 마케팅 집중 투자는 강력한 글로벌 브랜딩을 위한 것이다. 해브앤비㈜는 마케팅 활동을 위해 국가별로 마케팅 에이전시와 계약하고, 본사는 필요한 자료를 제공하거나 거래하는 유통업체의 에이전시를 통해 마케팅을 진행하기도 한다. 더불어 소셜미디어를 활용한 전략, 뉴욕 패션위크 후원, 팝업스토어 오픈 및 미디어 행사, 신제품 홍보를 위한 포스터 캠페인 광고 등 활발한 마케팅 활동을 펼치고 있다.

해브앤비㈜는 대중들이 많이 쓰는 페이스북, 텀블러, 트위터, 인스타그램 등을 운영하며 소비자와 직접 소통할 수 있는 활발한 SNS 마케팅을 펼치고 있다. 또한 뉴욕 패션위크를 공식 후원하고 있다. 2012 F/W 뉴욕 패션위크에서 세계적인 디자이너 '리차드 채'와 '제이 멘델'의 패션쇼에 공식 협찬을 진행했으며, 이후 프리미엄 BB크림과 워터퓨즈 BB크림은 미국 보그, 인스타일 등 주요 매거진에 소개되고, 미국 NBC 인기 프로그램에 주목할 만한 제품으로 소개되기도 했다[12]. 또 2014 F/W 뉴욕 패션위크, 2015 뉴욕 메르세데스 벤츠 Mercedes-Benz 패션위크를 공식 후원하면서 일명 '모델 크림'으로 널리 알려졌다〈사진 3〉[13].

▲ 사진 3 2015 뉴욕 메르세데츠 벤츠 패션위크도 공식 후원
출처: 미국 닥터자르트 홈페이지us.drjart.com

   또한 2014년 11월에는 뉴욕 팝업스토어 오픈 및 론칭 10주년 이벤
트를 실시하게 된다. 뉴욕 소호 멀버리 스트릿에 위치한 오픈하우스 갤
러리에 한국 브랜드 최초로 팝업 샵pop-up shop을 오픈했으며〈사진 4〉,
수많은 유명인사와 뉴욕 현지의 오피니언 리더들이 방문했다. 주류 미
디어 에디터들이 참석한 가운데 신제품 브랜드를 소개하는 프레스 라
운딩도 펼쳤으며, 영향력 있는 블로거들과 유명인들을 초대한 파티 등
을 열어[14], 미디어를 활용한 적극적인 홍보 전략을 펼치고 있다.
   더 나아가 미국에서 론칭한 세라마이딘 라인을 홍보하기 위해 뉴

출처: 미국 닥터자르트 홈페이지us.drjart.com

욕 시내에 약 6백 개의 포스터 캠페인 광고를 진행했다[15]. 이렇게 중
소기업으로서 세계시장에서 활발한 마케팅 전략을 펼칠 수 있는 것
은 미국과 중국의 현지법인 설립 덕분이다. 해외 현지법인의 역할은
현지 유통 입점 노력과 더불어 입점 후 지속적인 영업 관리, 유통처를
대상으로 브랜드 교육 외 각종 교육, 적극적인 마케팅 활동을 담당하
는 것이다.

CEO의 선진국시장 진출 의지에 의한 세계 유명 유통업체 진출

해브앤비㈜ CEO의 적극적인 선진국시장 진출의 의지가 해외진출 성공에 중요한 역할을 했다. 이진욱 대표는 자사 브랜드에 대해 기업 설립 당시부터 국내시장을 타겟으로 만들어진 브랜드가 아니라 해외시장을 타겟으로 만들어진 브랜드라고 설명한다.

글로벌시대이니 세계적인 사업을 해야겠다고 생각했죠. 개인적으로 세상을 아는 게 꿈이거든요. 세상 사람들은 어떻게 살고, 어떻게 생겼는지 등등…… 결국 꿈을 실현하려면 사업을 해야겠더라고요.

이진욱 대표 인터뷰 중

139

일반적으로 중소기업의 해외진출 시 지리적으로 가까운 중국을 비롯한 동남아시아 지역으로의 수출을 위해 노력한다. 그렇지만 해브앤비㈜의 이진욱 대표는 선진시장인 미국시장을 공략하기 위해 차곡차곡 준비했다. 미국 또한 최종 목표지가 아니라 세계시장으로 뻗어나가기 위해 교두보로 선택한 시장이다. 미국과 같은 선진시장에서의 성공이 세계시장의 중심에 서는 데 도움이 될 것이라 생각하고 미국시장 진출을 위해 부단히 노력했다. 이를 위해 국내시장에서 백화점 위주로 유통구조를 형성하고 차근차근 한국에서의 브랜드 인지도를 높여 미국시장에 진출하게 된다. 또한 미국진출을 위해 미국시장을 조사하며 이 과정을 통해 미국시장 점유율 1위의 세포라에 대해 인지하게 되고,

세포라 입점에 집중한다. 이러한 CEO의 의지로 2011년 미국에 판매법인을 설립하고 미국 유명 화장품 유통체인인 세포라에 입점하게 된다.

또한 경영진의 글로벌 지향 마인드는 글로벌 브랜딩에 큰 역할을 담당했으며, 이러한 브랜딩 전략으로 인해 제품 자체를 글로벌시장에서 경쟁할 수 있도록 브랜딩을 하게 된다. 김지원 과장은 이것이 해외 유명 유통업체에 입점하게 된 요인이라고 설명한다.

> 개발 단계는 조그만 국내 중소기업이지만 한국시장을 타겟으로 개발된 브랜드가 아니에요. 글로벌을 지향하겠다는 의지가 담겨서 개발된 브랜드이다 보니, 제품 자체의 모양, 이미지들이 한국 브랜드 같지 않은 느낌이어서 글로벌시장에서 경쟁력 있다고 판단했어요. 또 회사 경영진의 경영 철학이 브랜딩을 중시하기 때문에 국내 연예인을 활용한 한류를 이용하지 않죠. 브랜드 색깔과 이미지를 갖고 브랜딩을 하다 보니 그런 점이 차별화되어서 국내 화장품회사들이 가지 못한 다른 유통망으로 진출할 수 있었던 것 같아요.
>
> 김지원 과장 인터뷰 중

이처럼 선진시장으로 진출하기 위한 CEO의 적극적인 의지와 브랜딩에 대한 정확한 이해는 해외 유명 유통업체에 입점하는 계기가 되었으며, 이는 닥터자르트가 세계시장에서 우뚝 설 수 있게 된 원인이 되었다.

확고한 브랜드 정체성 확립

코스메슈티컬 화장품의 대표적인 예가 된 해브앤비㈜는 레이저 치료 후 흉터를 감추는 목적으로 병원에서 유통되는 화장품 브랜드 '더 마스터'를 론칭한다. 이 브랜드를 국내와 대만에서 병원을 중심으로 유통하게 된다. 그러나 병원 유통시장의 한계를 느끼고 대중으로 다가갈 수 있는 브랜드 개발에 힘써 닥터자르트를 론칭한다. 병원에서 쓰이는 기능성 화장품제품을 일반 대중에게 판매할 수 있는 제품으로 소비자층을 넓혀 새로운 제품을 론칭하게 되는데, 기존의 기능에 주름, 미백, 자외선 차단 기능까지 더해진 브랜드를 론칭해 코스메슈티컬 브랜드로서 확고하게 자리 잡게 된다. 닥터자르트는 제품을 개발할 때 피부과 전문의로 구성된 자문단의 의견을 반영해 제품을 개발한다. 닥터자르트가 코스메슈티컬 브랜드라는 정체성을 확실히 보여주는 예는 브랜드 네이밍 과정에서도 잘 나타난다. 닥터자르트의 브랜드 네이밍 과정을 살펴보면 닥터 조인 아트Doctor Join Art를 나타내는 Dr.Jart+가 된다. 닥터자르트 브랜드 네임에 대해 이진욱 대표는 다음과 같이 설명한다.

처음에는 의사선생님 이니셜을 딴 뒤에 피부를 아트화한다고 해서 'J+Art'였어요. 그러다 브랜드 개발을 하면서 '닥터 조인 아트'로 만들었어요. 닥터는 상품 쪽이고, 아트는 저희가 하는 행위들을 아트화시켜서 브랜드의 방향성을 만들었죠.

이진욱 대표 인터뷰 중

더불어 닥터자르트의 로고는 국내 최고의 네이밍 회사에 부탁해 만들게 되는데, 이진욱 대표는 자본이 부족했지만 브랜드 네이밍과 로고의 중요성을 간파하고 빚을 내면서까지 투자를 아끼지 않았다. 이를 통해 닥트자르트라는 브랜드가 탄생했으며 "내 피부 주치의"not medicine it's derma cosmetics라는 슬로건이 만들어졌다. 이러한 일련의 과정을 통해 닥터자르트는 코스메슈티컬 화장품이라는 브랜드 정체성을 확실하게 보여줌으로써 해외시장에서도 일관된 정체성을 보여주고자 노력한다. 또한 해브앤비㈜는 닥터자르트의 BB크림이 코스메슈티컬 브랜드에서 개발된 BB크림이라는 독창성을 강조했다. 현재 해외 유명 브랜드들이 한국의 BB크림을 모방해 출시하면서 경쟁을 피할 수 없게 되었다. 그렇지만 해브앤비㈜는 해외 유명 브랜드들처럼 BB크림을 색조 브랜드에서 출시하지 않고 스킨케어와 메이크업제품의 중간 정도로 포지셔닝해 피부 타입별로 기능을 강조하고 피부의 결점을 감출 수 있는 본연의 기능에 충실한 점을 강조해 경쟁 브랜드들과 차별화를 꾀한다. 이에 대해 이진욱 대표는 다음과 같이 설명한다.

대부분 글로벌 기업들이 BB크림을 출시할 때 색조 브랜드에서 하죠. 해외시장에서 저희가 차별을 두는 마케팅 소구점은 오리지널리티, 즉 독창성이에요. BB크림이 약간 스킨케어와 베이스 메이크업 사이 정도의 제품인데, 저희는 더마톨로지컬 브랜드에서 개발된 유일한 BB크림이기 때문에 개인의 피부 타입, 고민별로 구분되어 있어서 기능성이 좀 더 강조되어 있어요. 베이스 본연의

역할에 커버력 등 문제점들을 해결해줄 수 있는 기능이 들어가
있는 게 차별점이죠.

이진욱 대표 인터뷰 중

탁월한 상품기획 능력 및 제품 차별화 전략

해브앤비㈜는 브랜딩뿐 아니라 소비자가 원하는 제품을 공급하기
위해 끊임없이 노력했다. 비록 제조공장을 가지고 있지 않지만 기획하
는 단계부터 철저한 트렌드 및 시장조사를 바탕으로 소비자가 원하
는 상품을 기획했다. 마케팅 부서에서 트렌드 조사를 한 후 상품기획
팀에서 소비자가 원하는 상품의 컨셉을 잡고, 상품개발팀에서는 기획
했던 대로 상품이 생산되도록 지속적인 테스트를 통해 상품화하는
과정을 거친다. 즉, 상품기획팀에서 컨셉이 나오면 상품개발팀에서는
외부 공장 연구소와 최종 상품이 나올 때까지 테스트를 한다.

143

상품기획을 위해 트렌드 조사는 마케팅부에서 하고, 트렌드에
따른 소비자 니즈가 이렇기 때문에 이런 상품을 만들어야겠다는
것이 상품기획팀에 이어지고 그 뒤에 개발팀에서 컨셉을 잡고 최
종 상품으로 나오기까지 공장 연구소와 이야기해요. 기획 의도를
이야기하고, 공장에서 상품이 만들어지면 우리 의도와 맞는지 테
스트를 계속하면서 최종적으로 화장품이 나오게 되죠.

이진욱 대표 인터뷰 중

또한 해브앤비㈜는 기획했던 대로 상품을 생산해내기 위해 까다롭게 공장을 선정했다. 공장을 선택할 때 자신의 상품 컨셉에 맞게 생산해줄 수 있는 최고의 공장을 찾아 제품을 생산한다. 그렇기 때문에 하나의 공장에서 모든 제품을 생산하기보다는 같은 라인의 상품이라도 그 상품을 가장 잘 생산할 수 있는 최적의 공장을 찾았다. 이 대표는 이러한 과정을 통해 최고의 상품을 생산한다고 말한다.

> 화장품 라인이 있더라도 제품마다 다 다를 수 있어요. 화장품에는 뚜껑도 있고, 병도 있고, 펌프, 박스 등 내용물 모든 게 각각 다르다는 거죠. 그래서 하나하나 다 구매해요. 귀찮아서 한꺼번에 하는 게 아니라 최고로 잘 하는, 컨셉에 맞는 바이어를 찾은 뒤 제품들을 살펴보고 검증이 된 공장 위주로 하죠. 기술력이 정말 뛰어난 공장을 계속 컨택하면서 가능한 공장을 선택하기 때문에 한 라인이라고 해도 공장이 다를 수 있어요. 우리가 원하는 최적의 포뮬라를 가진 제품을 생산하기 위해 노력하죠. (이것이) 이 시대에 맞는 경쟁력이라고 저는 생각해요.
>
> 이진욱 대표 인터뷰 중

이와 더불어 제품을 차별화하기 위해 해외시장 조사 시 화장품 이외에 가구, 옷 등에서 영감을 얻어 제품에 접목시키고자 노력한다. 즉, 브랜드 정체성은 유지하면서도 새로운 요소들을 도입해 경쟁 브랜드와 차별화하려는 것이다. 제품은 모두 국내생산이지만 제품의 컨셉과 디자인은 뉴욕의 디자인회사와 협업을 통해 만들어낸다.

> 해외시장 조사를 나갈 때도 화장품만 보지 않아요. 가구도 보고 옷도 보고, 다른 데서 영감을 얻으려고 해요. 저희 브랜드는 애초에 피부고민을 해결해주려는 게 기본이기 때문에 그 부분을 모토로 가져가고 더불어 재미있는 요소들, 아트적인 팩트를 가미하려고 하다 보니 독특한 것들을 접목시키곤 해요.
>
> 김지원 과장 인터뷰 중

앞으로의 비전

145

이진욱 대표는 닥터자르트의 BB크림을 세계 1위로 만들고자 하는 원대한 포부를 가지고 있다. 철저히 소비자 중심의 브랜드를 만들어 소비자들에게 믿음을 주어 기쁘고 재미있고 기분 좋은, 이러한 새로운 가치 창출을 할 수 있는 브랜드를 만들고자 한다.

최근 한류의 인기와 더불어 국내 화장품 기업들은 해외진출에 많은 노력을 들인다. 이에 국내 중소기업 화장품업체들은 마케팅에 한류 스타를 대거 기용하는 등 한류 붐을 적극 활용하고 있다. 하지만 해브앤비㈜는 이와는 상반된 접근을 시도했다. 한류를 동원해 한국의 이미지를 부각시키기보다는 탁월한 제품력을 바탕으로 현지 패션쇼와 SNS를 이용한 글로벌 브랜딩에 초점을 두었다. 일단 브랜드명부터 '닥터'Dr를 넣어서 기존의 색조 위주의 화장품보다는 전문성에 소구점을 두고, 한국 이미지를 부각시키지 않았다. 그렇기에 실제 미국 세포라에서 닥터자르트를 한국 브랜드라고 인지하는 소비자는 많지 않다. 이러한 전략이 전 세계적인 코스메슈티컬 브랜드로서 성장하기 위한 장기적인 관점에서 더 적합할지 모르겠다. 국내에서 성장해 해외로 나가는 전형적인 경우와 달리 글로벌시장을 애초부터 목표로 삼았기에 가능한 전략일 것이다.

BB크림은 한국의 혁신제품 중 하나이다. 이 제품은 한 제품에 메이크업 베이스, 파운데이션뿐 아니라 주름, 미백, 자외선 차단 등 여러 기능이 포함된 것으로, 원래 독일에서 시작된 개념이지만 까다로운 한국 소비자를 거쳐 당당히 더 발전된 BB크림으로 발돋움했다. 즉, 까다로운 우리 소비자를 만족시키기 위해, 기존 제품과는 다른 차별성을 가짐으로써 글로벌 소비자를 사로잡은 것이다. 이러한 혁신성에 초점을 두고, 글로벌 브랜드로서의 정체성을 확립하고 10여 년 만에 유수의 화장품 전문 체인에 입점해 글로벌 브랜드로 성장한 닥터자르트에 찬사를 보낸다.

BB크림 하나로 당당하게 세계시장에 도전한 해브앤비㈜. 작은 중소기업도, 국가 및 브랜드 이미지가 중요한 화장품 분야에서도, 차별화된 제품과 마케팅으로 글로벌시장에서 승부할 수 있다는 것을 해브앤비㈜가 엄연히 보여주었다. 앞으로 인증이 까다로운 유럽, 시장성이 무궁무진한 남미, 아프리카로의 선전이 주목된다.

㈜한경희생활과학: 자사 브랜드로 미국의 스팀청소기시장을 공략하다

HAAN
한경희생활과학

인류를 행복하게 하는
세계 최고의 생활과학 기업

− ㈜한경희생활과학 경영 철학 중 −

　걸레질은 온돌 마룻바닥이 일반화된 한국 주부들에게 가장 소모적인 집안일 중 하나였다. 평범한 주부였던 한경희 대표가 본인이 겪었던 골칫거리에서 착안, 스팀청소기를 발명해 '㈜한경희생활과학'이라는 벤처기업을 일궈낸 이야기는 이미 많은 매체를 통해 다뤄졌다. 주부의 필요와 눈높이에 맞춘 스팀청소기, 스팀다리미 등 가사노동에 혁신적 변화를 일으킨 새로운 제품들로 대기업들이 장악한 국내 생활가전시장에 소형 생활가전의 새 지평을 연 ㈜한경희생활과학. 한 주부의 번뜩이는 아이디어에서 출발한 회사는 현재 매출의 30％가 10여 개국

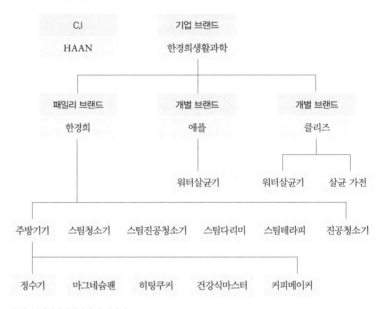

▼ 그림 1 ㈜한경희생활과학의 브랜드 확장 체계

출처: ㈜한경희생활과학 홈페이지

해외시장 수출을 통해 이뤄지는 글로벌 기업으로 성장하고 있다.

　㈜한경희생활과학의 해외진출 성공사례는 미국과 같이 소비자들이 이미 좋은 품질의 다양한 브랜드 가전에 노출되어 있는 시장에서, 중소기업으로서 열악한 브랜드 인지도를 딛고 시장 입지를 넓혀나갔다는 점에서 특별하다. 생활 방식이 다르고 해외 유명 가전업체들이 즐비한 미국에서, ㈜한경희생활과학이 승부수를 걸었던 성공전략은 무엇일까? 이 파트에서는 ㈜한경희생활과학의 경영전략과 해외진출 사례를 각종 시장분석 자료 및 한경희 대표, 황인석 과장, 이세영 대리와의 인터뷰를 바탕으로 분석해본다.

기업 소개

1999년 설립된 ㈜한경희생활과학은 스팀청소기와 스팀다리미를 주력상품으로, 침구/진공청소기, 주방기기 등 다양한 제품군으로 그 영역을 확대하고 있다[1]. 〈그림 1〉은 ㈜한경희생활과학의 브랜드 확장 체계를 보여준다. 2007년부터 스팀가전 제품 및 주방가전 제품에 대해 브랜드 'HAAN'을 사용하고 있으며, 2009년에는 살균수제조기와 같은 건강가전 제품의 브랜드로 '클리즈'Cleez를 론칭했다. 음식물 처리기 브랜드인 '애플' 또한 보유하고 있다. 처음 ㈜한경희생활과학은 홈쇼핑을 통해 국내시장에 진출했는데, 현재에는 전국에 50여 개 대리점을 보유하고 있으며 최근 홈쇼핑 채널을 통한 판매 비중을 줄이고 대리점 및 렌탈사업을 중심으로 유통망을 재정비하고 있다[2].

㈜한경희생활과학의 2013년 기준 국내매출액은 656억 원, 순이익이 24억 원으로 집계되며[3], 2014년 1월 기준 총 120명의 인력이 일하고 있다. 대다수 제품은 한국과 중국공장에서 생산되는데, 중국의 경우 법인을 두어 제품생산을 관리하고 있다. 현재 미국, 중국 등 10개국에 진출해 있으며, 해외매출 비중이 총 매출의 30%에 달한다. ㈜한경희생활과학의 2012년도 국내 스팀청소기시장 점유율은 70%[4], 스팀다리미시장 점유율은 60%로[5] 국내 1위를 차지했다. 신기술과 신제품개발을 위해 총직원의 20%가 넘는 25명의 직원이 기술개발팀에서 근무하고 있으며, 총 매출액의 4.9%가량이 R&D에 투자된다. 이러한 집중적인 R&D 투자 결과로 총 130여 개의 특허를 보유하고 있다. 제품 디자인 개발을 위해 디자인실을 두고 있으며 외주로 디자

인 개발을 하기도 한다. 총 매출액의 1%가량이 마케팅 비용으로 사용되고 있으며 총 4명의 마케팅 전문인력을 두고 있다.

㈜한경희생활과학의 역사

㈜한경희생활과학의 출발은 한경희 대표가 어느날 김이 나는 뜨거운 걸레로 방바닥을 걸레질하다 스팀청소기에 대한 아이디어를 떠올린 데에서였다. 한 대표는 이 아이디어를 제품화하고자 1999년에 개인 회사를 설립했고, 이것이 ㈜한경희생활과학의 시작이었다. ㈜한경희생활과학의 발전과정을 창립 이후부터 세 단계에 걸쳐 분석해본다(〈그림 2〉 참조).

▼ 그림 2 ㈜한경희생활과학의 주요 연혁

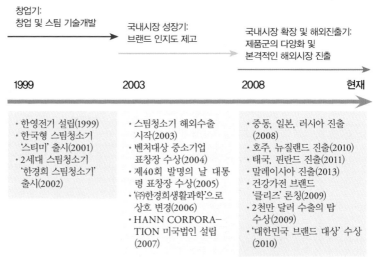

창업기: 창업 및 스팀 기술개발	국내시장 성장기: 브랜드 인지도 제고	국내시장 확장 및 해외진출기: 제품군의 다양화 및 본격적인 해외시장 진출	
1999	2003	2008	현재

• 한영전기 설립(1999)
• 한국형 스팀청소기
  '스티미' 출시(2001)
• 2세대 스팀청소기
  '한경희 스팀청소기'
  출시(2002)
	• 스팀청소기 해외수출
	  시작(2003)
	• 벤처대상 중소기업
	  표창장 수상(2004)
	• 제40회 발명의 날 대통
	  령 표창장 수상(2005)
	• '㈜한경희생활과학'으로
	  상호 변경(2006)
	• HANN CORPORA-
	  TION 미국법인 설립
	  (2007)
		• 중동, 일본, 러시아 진출
		  (2008)
		• 호주, 뉴질랜드 진출(2010)
		• 태국, 핀란드 진출(2011)
		• 말레이시아 진출(2013)
		• 건강가전 브랜드
		  '클리즈' 론칭(2009)
		• 2천만 달러 수출의 탑
		  수상(2009)
		• '대한민국 브랜드 대상' 수상
		  (2010)	

출처: 조사자료를 토대로 저자 편집

창업기(1999~2002): 창업 및 스팀 기술개발

한경희 대표는 1999년 9월 자본금 3억 원으로 '한영전기'를 설립하고 스팀청소기 개발에 착수했다. 2001년 5월에 국내 최초 한국형 스팀청소기를 출시했지만, 이 1세대 스팀청소기는 출시를 앞둔 상황에서 물이 새는 결함이 발견돼 한 대표는 이미 생산된 3천 대를 모두 폐기 처분토록 했다. 개발팀과 한 대표는 마침내 제품의 결함을 해결하고 그해 8월, '스티미'를 출시하지만 판로 개척의 어려움을 겪어 어렵게 얻은 홈쇼핑 판매의 기회를 제대로 활용하지 못하는 상황을 맞았다[6]. 당시 시연을 위해 준비한 재료가 딱딱하게 굳은 것을 모르고 잘 닦이지 않는 청소기를 그대로 방송해 '스티미' 코너는 10분 만에 방송을 종료했고 이미 판매된 제품까지 반품되는 아픔을 맛봤다. 하지만 한 대표는 이에 굴하지 않고 제품개발에 매진했고, 주부 소비자들이 선호하는 가볍고 세련된 색상과 디자인의 스팀청소기를 다시 내놨다. 완벽을 기하기 위해 소비자들을 일대일로 만나 그들의 의견을 들었고, 소비자의 입장에서 제품의 문제점을 보완했다. 마침내 "개발자의 이름을 걸고 출시한 제품이라면 소비자들이 더욱 신뢰할 수 있겠다"는 한 대표의 신념을 반영해 2002년 12월, '한경희 스팀청소기'라는 이름을 단 2세대 한국형 스팀청소기를 출시한다[6].

국내시장 성장기(2003~2007): 브랜드 인지도 제고

'한경희 스팀청소기'는 홈쇼핑에서 주부 소비자들로부터 폭발적인 인기를 누리며 마침내 소형 생활가전시장에서 '한경희' 브랜드의 입지를 굳혔다. 한 사회학자는 한경희스팀청소기를 "입식 부엌 이후

로 우리나라 남녀평등에 가장 기여한 아이디어 제품"으로 평가했고
[7], '걸레질'이라는 주부 가사노동 방식을 개선한 혁신제품으로 인정
되었다. 이에 ㈜한경희생활과학은 2004년 벤처대상 중소기업 표창
및 2005년 제40회 발명의 날 대통령 표창을 수상했으며, 2006년에
는 기술혁신형 중소기업INNOBIZ으로 선정됐다. 2006년 한경희 대
표는 상호를 '㈜한경희생활과학'이라 변경하고, 2007년에는 브랜드
이름을 'HAAN'으로 바꿨다. 또한 2007년 미국과 중국에 'HAAN
CORPORATION'이라는 법인을 설립해 해외진출을 위한 발판을
마련했다.

국내시장 확장 및 해외진출기(2008~현재):
제품군의 다양화 및 본격적인 해외시장 진출

스팀청소기 성공 이후 ㈜한경희생활과학은 스탠드형 스팀다리미,
살균수 제조기, 친환경 마그네슘팬, 광파오븐, 미네랄정수기, 자세교정
책걸상시스템 '백 솔루션', 보온히팅쿠커 등 제품군을 다양화해 국내
사업을 확장한다. 2008년 12월에 스팀청소기가 지식경제부현 산업통상
자원부에서 '차세대 일류 상품'으로 선정됐고, 2009년 6월에는 건강가
전 브랜드인 클리즈를 론칭했다. 해외사업에서는 2008년 본격적으로
미국과 중국을 비롯한 해외시장에 진출, 2009년 한국무역협회KITA
주최 2천만 불 수출의 탑을 수상한다. ㈜한경희생활과학은 특히 미국
시장에서 미국의 홈쇼핑 1위 업체인 QVC 납품에 성공, 2010년에는
QVC로부터 라이징 스타상을 수상하며 미국시장에서 브랜드 인지
도를 제고했다. 2012년 3월에는 시카고 국제가정용품 박람회, 5월에

는 2012 베이비엑스포에 참가하며 꾸준히 시장 인지도를 높였다. 이렇듯 국내외 시장에서 한경희 대표의 성공적인 브랜드 경영을 인정받아 2008년 한국무역협회는 한 대표를 '보증브랜드 사업' 홍보대사로 위촉했고, 2010년에는 중소기업 최초로 지식경제부^{현 산업통상자원부} 주관 대한민국 브랜드 대상을 수상했다. 또한 2014년에는 미국의 하우스웨어 디자인 어워드에서 청소기-자동스팀 파워액션 부문에서 올해 최고의 제품상을 수상했다. 현재 전 세계적으로 10개국^{미국, 중국, 중동,} ^{일본, 러시아, 호주, 뉴질랜드, 태국, 핀란드, 말레이시아}에 ㈜한경희생활과학 제품들이 진출해 있다.

한경희 대표의 기업가적 역량 및 경영 신조

한경희 대표는 1986년 이화여대 불문학과를 졸업, 스위스 국제올림픽위원회IOC 본부 사무원으로 근무하다 1988년 유학길에 올랐다. 미국에서 캘리포니아주립대 대학원 경영학 MBA 과정을 밟고 호텔리어로 근무하다가 귀국 후 교육인적자원부 교육행정사무관으로 근무하는 등, 매우 다양한 경력을 갖춘 엘리트다. 대한민국의 대표적인 여성 기업가로서 그 역량을 인정받아, 2008년 월스트리트저널은 한 대표를 '주목해야 할 여성 기업인 50인'으로 선정했다. 이후 2012년 포브스아시아 선정 '아시아 파워 여성 기업인', 2012년에 데일리 비스트 뉴스위크 '세계를 움직이는 여성 150인'으로 선정됐고, 2014년도에는 그녀의 여성 근로복지 향상을 위한 공로를 인정받아 미국 백악관 주최 행사인 'The White House Summit on Working Families'에 초청

▲ 사진 1 한경희 대표
출처: ㈜한경희생활과학

되기도 했다[8].

㈜한경희생활과학을 성공을 이끈 한 대표의 경영전략으로는 크게 아이디어 경영과 고객 감동 경영을 꼽을 수 있다.

아이디어 경영

한경희 대표 본인이 주부로서 가사활동을 하다 떠올린 아이디어에서 사업이 시작되었듯, ㈜한경희생활과학은 여전히 아이디어 제품개발에 중점을 두고 있다. 이에 한 대표는 새로운 아이디어 창출을 위한 직원들의 창의력 제고를 위해 '아이디어 경영제도'를 도입했다[5]. 이 제도는 직원의 창조적이고 혁신적인 아이디어 제안을 독려하기 위해 여러 가지 인센티브를 제공하는 것으로, '1억 원 성과 포상제도', 2천만 원 상금의 '프로젝트 팀' 제도, 천만 원 상금의 'Think Time' 제도, 그리고 매출의 1%를 지급하는 '직원 가족 아이디어 공모전' 등이 시행되고 있다[5]. 또한 자율적이고 혁신적인 조직문화 형성을 위해 직함을 따로 붙이지 않고 "○○ 님"이라는 호칭을 사용하도록 했으며, 직원들의 삶의 질을 높이기 위해 8시에 출근하고 5시에는 반드시 퇴근하는 8-5제 및 수요일에는 무조건 야근을 금지하는 제도를 시행하고 있다[5].

고객 감동 경영

한경희 대표는 주부 고객의 니즈를 정확히 파악하기 위해 주부 모니터 제도인 'the HAAN'을 시행해 제품에 대한 컨셉 고안부터 개발과 출시까지 주부 모니터들의 의견을 적극 반영하고 있다[6]. 또한 소비자의 불만족을 해결하기 위해 48시간 쾌속 A/S 실시, 직접 찾아가는 서비스의 개념으로 '무상 점검 캠페인' 등을 실시하고 있다[6]. ㈜한경희생활과학은 이러한 고객 감동 경영을 통해 시장진입 초기에 소비자들의 신뢰를 빠르게 구축할 수 있었다.

㈜한경희생활과학의 해외진출 전략 분석

앞서 살펴본 바와 같이 ㈜한경희생활과학은 1999년 창업과 더불어 개발한 스팀 기술로 스팀청소기라는 신제품 시장을 개척해 일찌감치 국내시장에서 성장을 이뤘다. 뒤이어 해외진출은 국내 성공 이후 2007년 말, 미국과 중국에 법인을 설립한 것을 시작으로 〈그림 2〉에서 보는 바와 같이 2008년부터 본격적인 자사 브랜드 제품으로 10여 개국 시장에 진출했다. A/S 제공의 어려움으로 중동과 같은 지역에는 OEM/ODM 위주의 수출을 하고 있으나, OEM/ODM 수출의 한계를 파악하고 있는 한 대표는 'HAAN'이라는 브랜드 이름 아래 자사 브랜드 수출에 중점을 두고 있다. 이 섹션에서는 ㈜한경희생활과학의 해외진출 전략, 특히 미국시장 진출 전략에 대해 자세히 분석해보고자 한다.

'HAAN'의 미국시장 진출 전략

한경희 대표는 자사 브랜드로 해외진출하는 데에 미국시장이 무엇보다 중요하다고 봤으며, 이를 "미국이 워낙 큰 시장이고, 미국에서 자리를 잡으면 전 세계 어디든지 갈 수 있는 가능성이 생기기 때문에 초점을 맞췄다"고 말한다. ㈜한경희생활과학의 미국진출을 위한 전략은 다음과 같은 세 가지로 요약될 수 있다. 1) 철저한 현지화 전략, 2) 홈쇼핑 및 온라인 중심의 유통채널 구축, 3) 적극적인 바이어 대상 마케팅 활동이 그것이다.

철저한 현지화 전략(localization strategy)

㈜한경희생활과학이 자사 브랜드인 스팀청소기 제품으로 미국에 성공적으로 진출할 수 있었던 전략 중 하나는 투철한 현지화 전략이었다[9]. 카펫을 주로 사용하는 미국인들의 경우 카펫으로 인한 비염, 알레르기 등의 문제를 늘 고민하고 있었다. 이를 해결하고자 카펫에서도 스팀청소기를 사용해 살균이 가능하도록 만든 '살균 트레이'를 개발해 미국인들의 생활에 적합화한 제품을 출시했다. 또 최근의 웰빙트렌드에 따라 건강에 민감해진 미국 소비자들이 알레르기 문제를 유발하는 카펫 대신 마룻바닥을 선호하고[6], 이에 따라 진드기와 살균에 효과적인 스팀청소기에 대한 미국 소비자들의 수요가 증가할 것임을 눈여겨보았다. ㈜한경희생활과학은 이러한 현지 생활 방식의 트렌드를 분석해 다양한 기종의 제품을 좋은 품질에 최대한 저렴한 가격으로 선보이려 노력했다. 철저한 시장조사와 현지화 전략은 미국시장에서 호응을 이끌어낸 가장 큰 요인이었다. ㈜한경희생활과학은 제

품의 현지화뿐만 아니라 마케팅 또한 현지법인을 통해 현지화를 이뤄냈다. 여기서 한 대표는 현지법인과의 긴밀한 커뮤니케이션으로 미국시장 업무를 총괄하고 있으며, 한국 본사는 마케팅과 프로모션에 활용가능한 영상 등 제품에 관한 자료들을 공급하는 역할을 하고 있다. 하지만 현지법인은 독립된 업체로서 현지인을 등용해 미국시장에 알맞은 홍보 및 유통채널을 구축하는 데 힘쓰고 있다.

홈쇼핑 및 온라인 중심의 유통채널 구축
(distribution channel strategy)

홈쇼핑은 방송 시연을 통해 제품의 필요성, 품질 및 사용 방법 등에 대해 알림으로써 제품과 기업에 대한 신뢰도를 보다 용이하게 제고할 수 있는 유통채널이다. 미국시장에서 브랜드 인지도가 전혀 없던 ㈜한경희생활과학은 이러한 홍보기능과 유통기능을 겸비한 홈쇼핑을 유통채널로 선택, QVC라는 미국의 대형 홈쇼핑 채널을 통해 첫 진출을 시도했다. ㈜한경희생활과학은 미국법인을 통해 QVC 바이어와 직접 거래했으며 새로운 제품을 시도하기를 선호하는 QVC에게 ㈜한경희생활과학의 스팀청소기는 매력적인 제품이었다. 프로듀서, 카메라 감독, 쇼호스트 섭외 등 홈쇼핑 방송을 위한 작업은 현지 QVC와 거래를 하는 전문 판매대리인을 통해 이루어졌다.

㈜한경희생활과학은 한 시간 동안 주어진 QVC의 첫 론칭 방송에서 준비된 수량을 모두 판매하고 가장 인기 있는 제품들만 방송이 가능한 'Today's Special' 프로그램에 참가해 하루 동안 몇 만 대의 스팀청소기를 판매, 50억 원의 매출을 올리며 미국시장에 성공적으로 안

착했으며[6] 이에 힘입어 월마트의 온라인 스토어, 아마존, 타겟닷컴 등 미국의 주요 온라인 스토어에도 입점했다. 오프라인 스토어는 입점을 원하는 기업의 브랜드에 대해 높은 소비자 인지도를 요구하지만, 온라인 스토어는 고객 상품평 등 품질을 중요시하기 때문에 비록 브랜드 인지도가 낮더라도 품질이 좋은 제품을 판매했던 ㈜한경희생활과학이 더 유리했던 것이다.

적극적인 바이어 대상 마케팅 활동(marketing strategy)

㈜한경희생활과학은 미국의 업계 바이어들에게 자사 브랜드를 알리기 위한 적극적인 바이어 대상 마케팅을 펼치고 있다. 바이어들이 보는 잡지에 집중적으로 광고를 내는 한편, 미국의 시카고 전시회, 중국의 캔톤페어Canton Fair 등 주요 국제 전시회에도 적극적으로 참여해 신생회사로서 전시회에서 바이어들에게 브랜드를 알리고, 깊은 인상을 남기고자 노력하고 있다. 한경희 대표는 2010년 시카고 전시회 경험을 다음과 같이 말한다.

> 우리 같은 카테고리는 시카고 전시가 중요해요. 그래서 전시 부스를 남들이 시도하지 않았던 2층짜리 집을 지어서 전시를 했어요. 그런 것들이 큰 효과가 있었죠. 신생회사임에도 불구하고 지속적으로 전시를 하는 것이 바이어들에게 훨씬 편하게 접근했던 것 같아요.
>
> 한경희 대표 인터뷰 중

시카고 전시회의 경우 메이저 브랜드들이 선을 보이는 대형 부스가 따로 있는데, ㈜한경희생활과학은 2010년도부터 '영업력'을 발휘해 이 대형 부스의 좋은 자리에 들어가 다른 브랜드들은 시도하지 않았던 2층짜리 집을 지어 브랜드를 전시함으로써 바이어들의 주의를 끌려고 노력했다. 신생회사이지만 국제 주요 전시회의 메이저 부스에서 지속적으로 브랜드를 전시한 것은 바이어들에게 신뢰감을 주는 좋은 계기가 되었다. 또한 관계 유지를 위해 신제품 출시 시 카탈로그 및 신제품을 보내기도 하고, 성탄절과 같은 명절에 선물을 보내고 전시회에서 바이어들을 접대하는 등 관계 마케팅을 적극적으로 펼치고 있다.

㈜한경희생활과학은 소비자들을 대상으로도 비용 대비 효과가 높은 마케팅 활동을 펼치고 있다. 온라인의 경우 검색엔진 최적화 마케팅search engine optimization을 통해 온라인 상에 노출이 잘 되도록 했고, 구매자들에게 이메일을 보내는 등의 일대일One-to-One 마케팅도 병행하고 있다. TV 광고를 위해 정보 제공과 광고를 결합한 형태인 인포머셜informercial을 시도했으나, 수백 억씩 광고비를 들여 인포머셜을 제작하는 타기업들에 비해 그 효율이 떨어져, 대신 미국 내 1위 홈쇼핑 채널을 통해 판매와 광고를 병행하는 전략으로 우회했다.

오프라인 마케팅 활동에 있어서는 코스트코Costco와 같은 매장에서 시연을 통해 소비자들에게 직접 제품의 성능을 홍보하는 방식의 로드쇼를 진행하기도 한다. 또한 미국 드라마나 버라이어티 프로그램에 소품을 협찬하는 간접 광고PPL를 통해 TV 시청자들에게 제품을 노출, 인지도를 제고하고자 다양한 시도를 했으며 라디오 상품 협찬이나 홍보PR를 통한 간접 광고 역시 활용되고 있다[6]. 미국시장에서

159

의 성공적인 안착은 다른 국가들로 시장을 확장하는 데 있어서 큰 도움이 될 것으로 기대된다. 미국 구글 사이트에 '스팀청소기'를 검색하면 바로 ㈜한경희생활과학 제품을 찾아볼 수 있다. 제품에 대한 미국 소비자들의 상품평 역시 높기 때문에 다른 해외 바이어들도 훨씬 용이하게 ㈜한경희생활과학을 접하고, 나아가 해외수출을 확대하는 데에도 이득이 될 것으로 보인다.

㈜한경희생활과학의 당면 과제와 앞으로의 비전

미국 스팀청소기시장은 경쟁이 치열한 분야이다. ㈜한경희생활과학보다 조금 일찍 스팀청소기를 선보여 저가로 판매하는 샤크Shark 사가 막대한 마케팅을 무기로 미국 소비자들 간에 높은 브랜드 인지도를 보유하고 있고, 비셀Bissell 이나 후버Hoover 와 같은 전통적인 진공청소 기업체도 후발주자로 시장에 진입하고 있다[6]. 이들에 비해 ㈜한경희생활과학은 온라인, 홈쇼핑 등 현지법인을 통한 마케팅 활동을 활발히 하고 있지만 여전히 경쟁사들의 거대자본을 바탕으로 한 마케팅에는 역부족이다. 이러한 상황에서 시장 점유율을 높이기 위해서는 오프라인의 빅박스 스토어보다는 다양한 채널을 통해 소비자들에게 제품을 판매할 기회를 얻는 것이 중요했다. 그러나 경쟁사 대비 브랜드 인지도가 낮았던 ㈜한경희생활과학이 대형 오프라인 스토어에 입점하는 데는 어려움이 적지 않았다. 한경희 대표는 이 어려움을 다음과 같이 밝힌다.

지금 대체로 온라인 쪽으로는 다 들어가 있는데 오프라인 매장에는 많이 못 들어가 있어요. QVC는 방송 중에 제품, 기업에 대한 신뢰도를 높여서 소비자들이 믿고 구입하지만, 일반 빅박스 스토어 같은 경우에는 미국 브랜드가 아니다 보니 소비자에게 잘 알려져 있지 않았고, 광고를 하지 않으면서 소비자에게 알려지기가 쉽지 않아서 사실상 오프라인에 들어가는 과정에 시간이 많이 걸리죠.

한경희 대표 인터뷰 중

최근 해외시장에서 ㈜한경희생활과학을 모방한 중국의 복제품이 늘어나는 것 또한 좌시할 수 없는 상황이다. ㈜한경희생활과학 제품이 여전히 디자인면에서는 중국 제품보다 2~3년 앞서고 있으나, 전시회 참여 시 중국업체가 신제품을 바로 베끼거나 중국의 OEM 업체가 복제품을 출시하는 경우가 잦아 이를 막기 위한 소송에 많은 비용이 드는 어려움이 있다[10].

현재 다양한 제품을 선보이며 시장을 확장해나가고 있는 ㈜한경희생활과학은 "인류를 행복하게 하는 세계 최고의 생활과학기업"으로서 도약하는 것을 향후 비전으로 삼고 있다. 또한 미국뿐만 아니라, 중국과 일본을 비롯한 다른 국가로의 해외진출에도 박차를 가하며 글로벌 종합 생활가전기업으로의 성장을 목표로 매진하고 있다.

㈜해피콜: 홈쇼핑 '대박' 상품에서 글로벌 특허 브랜드로

CREATIVE KITCHENWARE
HAPPYCALL

'주부를 위한 행복한 발명'
㈜해피콜의 기업 비전이자 존재의 의의, 그 자체입니다

— ㈜해피콜 경영 철학 중 —

생선구이를 즐겨 먹는 아시아인들의 부엌에서, 기름 튀는 프라이팬에 생선을 굽기란 여간 고역이 아니었다. 뒤집을 때마다 생선비늘이 팬 바닥에 늘어붙기 일쑤였고, 아무리 손재주 좋은 주부라도 뜨겁게 튀는 기름은 막을 도리가 없었다. 그러던 주부들의 눈에 TV 홈쇼핑 방송의 한 '메이드 인 코리아' 프라이팬 상품이 들어왔다. 팬 두 개를 맞붙인 기막힌 모양의 양면 팬은 기름이 전혀 튀지 않는 데다가 늘어붙지 않고 생선을 뒤집을 수 있게 해주었다. 이 기막힌 프라이팬은 주방용품을 판매하던 한 한국인 사업가가 만든 국내 브랜드 '㈜해피콜'

Happy Call 이다. ㈜해피콜은 국내 홈쇼핑 업계에 '전설'적인 판매기록을 달성한 뒤 해외 전파를 타고 생선구이와 튀김요리에 진력이 난 일본, 중국, 인도네시아, 인도 등 아시아 주부들의 부엌을 강타했다.

PART 2의 마지막 사례로는 소규모 제조업체로 출발해 프라이팬 하나만으로 미국과 아시아 등 해외시장을 접수한 ㈜해피콜의 이야기를 다룬다. 홈쇼핑 방송 한 시간 만에 2억 원어치 판매기록 달성, 특허 및 실용신안 출원만 백여 건, 사업 10여 년 만에 35개국 해외진출이라는 기록을 작성해온, 작지만 힘센, 부엌의 국가대표 ㈜해피콜의 성장과정과 해외진출 사례 및 성공요인을 시장자료 분석 및 관계자들과의 인터뷰를 토대로 살펴보자.

기업 소개

㈜해피콜은 1999년 설립되어 프라이팬을 주력상품으로 생산하는 주방용품기업이다. 현재 경남 김해에 국내 본사 및 생산공장을 두고 있다. 홈쇼핑을 발판으로 성공한 기업답게 회사명 ㈜해피콜은 "행복한 전화를 달라"는 의미에서 출발했다[1]. 2013년 기준 매출액은 약 1,270억 규모이며 해외 인력 포함 5백여 명의 직원을 고용하고 있다 (《표 1》 참조)[2]. 주요 상품군으로는 회사의 트레이드 마크 격인 양면 압력팬을 비롯해 다이아몬드 프라이팬, 직화오븐기, 아르마이드 세라믹 냄비 등이 있다. 기업명과 동명인 '해피콜'이 대표 브랜드이며, 이외에 '셰펠'Chefel 이 있으나 국내 및 아시아 시장에서 해피콜 브랜드의 인지도와 선호도가 압도적이다.

㈜해피콜을 이끌고온 것은 단연 독특한 특허기술과 성공적인 해외 시장 진출이다. ㈜해피콜은 창립 당시부터 "우수한 기술력의 국내 주방용품을 만들어보자"는 취지로 출발했으며, 현재까지도 전체 매출의 약 10~20%가 R&D 센터에 투자되고 있다. 대표상품인 양면압력팬을 비롯해 다이아몬드 프라이팬 가공기술 등이 특허 출원되어 있으며, 전체 인증 보유 건만 국내외 포함 특허 58건, 실용신안 62건, 의장 및 상표 160여 건에 달한다[1]. 특히 압력구이 장치로 4개국한국, 미국, 일본, 중국에서 특허를 획득했다.

㈜해피콜의 해외시장 진출은 불과 설립 2년 후인 2001년 미국 첫 제품 수출로부터 시작해 현재 미국, 중국, 일본, 인도네시아 및 태국 시장을 중심으로 해외 35개국에 진출해 있으며 글로벌 온라인 유통망인 아마존 공식사이트에도 양면팬과 다이아몬드팬 제품이 판매 중이다. 독일 프랑크푸르트에서 열리는 세계 최대 권위의 키친웨어 전시회인 암비엔테Ambiente와 북미 최대 주방용품 전시회인 IHHS International Home and Houseware Show에 참가해 한국 주방용품의 품질과 혁신성을 전 세계에 알리며 세계 주방업체들로부터 관심과 구매문의 및 협력 제안을 받았다. 특히 암비엔테의 메인 전시회에는 평균 10년 정도를 기다려야 하는데, ㈜해피콜은 2년 만에 입성해 품질의 우수성을 다시 한 번 입증시켰다〈사진 1〉. 2013년에는 암비엔테의 공식 잡지인 탑페어Top Fair의 표지모델에 한국업체로는 최초로 선정되었다〈사진 2〉[3]. 이는 세계적인 명품 브랜드만 허용되어왔던 것이기에 더욱 큰 홍보효과를 누릴 수 있었다.

㈜해피콜은 현지 시장에서의 보다 원활한 마케팅을 위해 5개국미

국, 중국, 대만, 태국, 인도네시아에 현지법인을 설립했고, 이들 국가가 해외사업의 주요 거점이 되고 있다. 2013년 기준 전체 매출의 약 30%가량을 해외사업에서 거뒀다.

▼ 표 1 ㈜해피콜 개요

업종	주방용품(프라이팬)	설립일	1999년(2000년 사업명 변경)
직원 수 (2013년)	500명(해외인력 포함)	첫 진출 국가/시기	미국/2001년
매출액 (2013년)	1,270억($122 million) (국내매출 약 70%, 해외매출 약 30%)	진출 국가 수	미국, 중국, 일본, 인도네시아, 태국, 대만, 싱가포르, 베트남, 미국, 멕시코, 브라질, 남아프리카공화국, 캐나다, 필리핀, 말레이시아 등 35개국
현지법인 설립	5개국(미국, 중국, 대만, 태국, 인도네시아)	공장	자체공장인 김해의 총 두 공장에서 100% 국내생산 (1공장 1제품 시스템)
R&D 비중/ 인원/ 외주 여부 (디자인 포함)	매출의 10~20%/ R&D 센터 기술개발 인력 10명 (디자인 개발은 주로 외주)	주력상품	① 양면 압력팬 ② 다이아몬드 코팅 프라이팬 ③ 직화오븐기 ④ 아르마이드 세라믹 냄비 ⑤ IH 진공냄비
특허 및 인증 보유	특허 58건 실용신안 62건 의장 89건 상표 73건	자사 브랜드/ OEM	모두 자사 브랜드(해피콜) 처음부터 OEM 전혀 하지 않음
비고	• 2004년 홈쇼핑 최단 기간 최다 판매 부분 한국 기네스북에 실린 '양면 압력팬' • GS홈쇼핑, 현대홈쇼핑, CJ홈쇼핑 2009~2010년 주방용품 부문 1위 • 2012년 GS홈쇼핑 글로벌 히트상품 1위 • 2013년 한국업체로는 최초로 세계적인 명품 브랜드에만 허용돼왔던 암비엔테 공식 매거진 '탑페어' 표지모델로 선정	자회사	㈜클렘본, ㈜TR켐텍, ㈜현대가전

출처: 인터뷰, 조사자료에 의해 저자 편집

165

▲ 사진 1 독일 프랑크푸르트에서 열리는 세계적인 주방용품 전시회 암비엔테에 참가한 모습

국내 및 해외 주방용품시장 현황

　2014년 기준 국내 주방용품시장은 약 4조 원 규모이며 이 중 프라이팬시장이 약 7천억 원 정도를 차지한다[4]. 프라이팬은 제품 특성상 회전율이 높아 시장성이 크지만, 해피콜이 론칭될 당시 대표 브랜드가 없어 소수의 수입 브랜드만이 눈에 띄던 상태였다. 현재 국내 주방용품시장에서 해피콜의 위상은 가히 독보적이다. 온라인 유통업체 인터파크의 집계에 따르면 해피콜은 국내 중견 브랜드인 키친아트, 해외 유명 브랜드인 테팔Tefal, 휘슬러Fissler 등을 제치고 국내 프라이팬시장 점유율 1위35%를 기록하고 있다[5]. 프라이팬시장은 타 제품군에 비해 코팅 기술력이 소비자 선호도를 좌우하기에, 현재 세라믹, 불소 공법 등 코팅 프라이팬이 시장의 95% 이상을 차지하고 있으며 해피콜 역시 독자 기술인 다이아몬드 공법이 시장 점유에 가

▲ 사진 2 탑페어 표지에 실린 ㈜해피콜과 관련 기사
출처: ㈜해피콜 제공

장 크게 기여했다[4]. 국내 냄비류 시장에서도 ㈜해피콜의 제품은 네오플램, 키친아트, 풍년, 휘슬러 등과 함께 점유율 상위 5개 브랜드에 올라 있다.

해외시장에서는 특히 아시아권에서 ㈜해피콜 제품의 시장 선호도가 크다. 중국과 베트남 주방용품시장에서는 한국제품이 수출 1위를 점유하고 있으며, 해피콜이 그 주요 브랜드 중 하나를 담당하고 있다[6, 7]. 이들 시장에서 해피콜 등 한국 주방용품은 우수한 기술력과 품질, 서양 브랜드에 비해 합리적인 가격대의 이미지를 갖고 있으며, 특히 먹거리에 관심이 많은 소비자들에게 조리과정을 직접 시연할 수 있는 홈쇼핑을 통한 마케팅이 큰 인기를 끌고 있다. 일본과 미국시장에서도 한국 주방용품은 수출 상위권에 포함되어 있으나, '메이드 인 코리아'로서의 프리미엄 이미지를 기반한 경쟁 우위는 중국 및 동남아 시장에서 더 강세이다〈사진 3, 4, 5〉[8, 9].

▲ 사진 4 대만의 Zhongxin에 위치한 까르푸 매장

▲ 사진 5 싱가포르 이세탄 백화점의 ㈜해피콜 매장

출처: ㈜해피콜 제공

㈜해피콜의 역사

㈜해피콜은 국내 홈쇼핑 채널을 기반으로 성장한 브랜드이다. 따라서 일본에서의 최초 해외법인 설립, 그리고 홈쇼핑을 넘어 오프라인 유통으로의 진출은 ㈜해피콜의 역사에 있어 가장 큰 두 분기점이었다. 이를 기준으로 ㈜해피콜의 발전과정을 3단계로 나누어 짚어본다.

국내시장 도입기(1999~2002)

㈜해피콜의 모태는 ㈜에이스홈쇼핑에서 출발했다. 창립자인 이현삼 회장은 주방용품 유통사업 경험을 기반으로 1999년 ㈜에이스홈쇼핑을 설립, 2000년 ㈜해피콜로 상호를 바꾸고 국내 기술력으로 생산된 고품질 프라이팬을 선보였다[10]. 당시 시장에 이렇다 할 국산 주방용품 브랜드가 없다는 판단하에 이 회장은 전 재산 10억 원을 투자해 기름이 튀지 않고 재료를 손쉽게 뒤집을 수 있는 양면팬 기술개발에 매달렸다. 마침내 팬 두 개를 뒤집어 겹친 모양의 쌍둥이 프라이팬, 일명 양면팬을 개발하는 데 성공했으나, 독특한 기술을 알리고자 문을 두드린 홈쇼핑 업체들로부터 국산 주방용품은 마진이 적다는 이유로 여러 번 퇴짜를 맞았다. "국산 주방용품을 살린다는 생각으로 제발 외면하지 말아달라"는 이 회장의 간곡한 호소 끝에 마침내 허가받은 농수산홈쇼핑 방송에서, ㈜해피콜의 양면팬은 첫 방송 한 시간 만에 2억 원어치 판매라는 기염을 토했다. 이에 농수산홈쇼핑은 ㈜해피콜을 매주 1회 정기 편성했고, 입소문을 타고 타 홈쇼핑 업체들과 미국 바이어에게까지 러브콜이 쏟아졌다[11]. 이를 토대로 ㈜해피콜

은 2002년 메이저 업체인 CJ홈쇼핑에 방영, 같은 시기 미국2001년, 이란2002년, 중국2002년에도 양면팬이 수출되기 시작했다.

해외시장 도입기/국내시장 성장기(2003~2007)

수입업체들로부터 얻은 호응을 발판으로 2003년 ㈜해피콜은 일본에 첫 해외지사를 설립한다. 선풍적인 인기를 불러일으킨 양면팬은 일본 홈쇼핑에서도 인기리에 방영, 이는 해외진출의 시발점이자 국내 시장에서의 본격적인 성장기가 되어 2003년 한국디자인진흥원으로부터 우수 산업디자인 상품으로 선정됐다. 같은 해 ㈜해피콜은 국내 대기업인 GS홈쇼핑과 현대홈쇼핑에서도 방영됐고, 2004년에는 동남아시아 지역 사업전개를 위한 에이전트와의 계약 체결과 함께 해외시장에 국내 기술력을 소개한 공로를 인정받아 수출 백만 불 표창도 받았다. 2006년 ㈜해피콜은 양면팬 이후 신제품 기술개발의 거점이 될 자사 부설 R&D 연구소를 개소한다[12].

해외시장 성장기/국내시장 성숙기(2008~현재)

2008년 ㈜해피콜은 양면팬 이후 현재 회사 매출의 대부분을 담당하고 있는 특허기술, 다이아몬드 코팅 프라이팬을 론칭한다. 어떠한 마찰에도 견고함을 유지하는 다이아몬드의 결정구조에서 아이디어를 얻은 이 기술은, 고온에서 팬을 5중 코팅 처리해 긁힘, 부식에 매우 강하고 열전도율이 뛰어난 프라이팬으로 만들어냈다. 신기술개발로 다각화된 제품군을 가지고, ㈜해피콜은 출발점이었던 홈쇼핑 채널에서 대형마트 등 오프라인 채널로 유통경로를 확장해가기 시작한다. 이마

▲ 사진 6 브라질 전시회에서 시연을 통해 호황을 이룬 ㈜해피콜

출처: ㈜해피콜 제공

트 등 주요 마트에 ㈜해피콜의 단독 진열대가 마련되고, 2010년 중국
상하이 해외지사 설립과 함께 아르마이드 세라믹 냄비 라인도 론칭됐
다. 이 시기 ㈜해피콜은 성공적인 해외진출 사례로 인정받아 천만 불
수출의 탑을 수상했고, 더 나아가 2011년과 2012년에는 각각 태국과
미국에 해외지사를 설립했다. 이어 2012년에는 멕시코, 2013년에는
브라질 진출을 통해 남미에까지 수출시장을 확대했다〈사진 6〉.

㈜해피콜의 해외진출 현황 및 유통경로

㈜해피콜은 현재 35개국에 진출해 있으며, 현지법인이 설립 돼 있는 중국, 인도네시아, 태국, 미국, 대만 5개국을 중심으로 해외사업을 펼치고 있다. ㈜해피콜 제품의 첫 해외수출은 2001년 미국이었으나, 본격적인 해외사업 전개는 2003년 일본지사 설립이 기폭제였다. 일본수출사업의 경우 당시 정부 산하 중소기업유통센터의 직수출 지원을 받아, 일본 최대 홈쇼핑사인 QVC 홈쇼핑과 계약을 체결, 방송 16일 간 46억 원의 매출을 냈다[13]. 동남아시장 진출에는 국내 및 한국계 홈쇼핑 업체들과의 공조의 힘이 컸다. 중국에서는 시장 점유율이 높은 국내기업인 CJ오쇼핑을 매개로 2013년 제품별 매출 6위를 기록했으며, 태국진출에는 GS샵의 지원을 받아 현지법인을 설립하고, 2012년 GS샵 글로벌 히트상품 1위를 기록했다[14, 15]. 인도네시아의 경우 한국계 사업가가 창립한 레젤Lejel 홈쇼핑이 진출 당시 현지 홈쇼핑 업계 중 선두였다[16]. 인도네시아에서의 한류 바람을 타고 ㈜해피콜의 제품 역시 한국제품으로서 프리미

173

엄 이미지를 형성, 레젤 홈쇼핑 주방용품 판매 2위에 해당하는 매출을 거뒀다(〈표 2〉 참조).

▼ 표 2 ㈜해피콜의 주요 진출 국가 및 유통경로

국가	진출 연도	주요 판매처	비고
국내	–	홈쇼핑(GS, CJ, 현대), 대형마트(이마트, 롯데마트, 홈플러스, 하나로마트)	2001년: 농수산홈쇼핑 방송 2003년: GS 및 현대홈쇼핑 방송 2009년: 이마트(대형마트) 진출
미국	2001년 수출/ 2012년 법인 설립하면서 본격 진출	백화점(Bloomingdales, Macy's) 아마존	· 홈쇼핑은 현재 준비중 · 가격은 한국과 비슷함
이란	2002년 수출	마트	–
중국	2002년 수출/ 2010년 법인 설립	홈쇼핑(CJ오쇼핑)	· 2013년 CJ오쇼핑 판매 순위 6위
일본	2002년 수출	홈쇼핑(QVC, TBS)	· 중소기업유통센터의 도움으로 진출
인도	2010년	홈쇼핑(Homeshop 18)	· 2010년 9월 인도 홈쇼핑에서 다이아몬드 프라이팬 매진 기록 · 관세, 물류비용 때문에 한국보다 15% 이상 높은 가격임에도 인도인의 취향에 맞게 접근함으로써 초기 수입물량 전량 판매에 성공
베트남	2010년 수출	홈쇼핑(SCJTV)	–
태국	2011년 법인 설립	홈쇼핑(트루 GS), 로빈슨 백화점, 온라인	· GS샵의 지원으로 태국법인 설립함. · 2012년 GS샵 글로벌 히트상품 1위 (태국)
인도네시아	2012년 법인 설립	홈쇼핑(Lejel)	· 주방용품 2위 · 한류로 인해 가격에 프리미엄이 붙음 · 레젤에서 한국제품 중 ㈜해피콜의 제품이 가장 장기적(2~3년)으로 판매되고 있음 · 홈쇼핑 의존이 높음
대만	2012년 법인 설립	홈쇼핑(富邦 Momo) 대형마트(까르푸)	–
싱가포르	2012년 수출	백화점(이세탄, 타케시마야) 대형마트	· 싱가포르 생활용품 베스트셀러 10개 품목 중 ㈜해피콜의 제품이 5개를 차지
멕시코	2012년 수출	백화점	–
브라질	2013년 수출	홈쇼핑	· 남미는 높은 세금으로 인해 가격이 비쌈 · 메이드 인 코리아 작용하지 않음

출처: 인터뷰, 조사자료에 의해 저자 편집

㈜해피콜은 다음 타겟으로 2014년부터 러시아, 프랑스, 영국 등 향후 유럽시장 진출을 목표로 하고 있으며, 프랑스와는 이미 계약이 진행된 상태이다. 국제시장에서 주목받고 있는 중동과 아프리카시장, 남아프리카공화국과 이란 등지에도 이미 제품이 수출되고 있다.

㈜해피콜의 해외진출 유통경로는 크게 홈쇼핑 경로와 비#홈쇼핑 경로로 나눌 수 있다. 사업 초기 홈쇼핑을 통해 국내시장에서 브랜드의 입지를 다진 만큼, 해외사업에서도 홈쇼핑은 주방용품의 기능성을 가장 효과적으로 시연할 수 있는 매체이자 한국 홈쇼핑 기업 및 한국계 현지 홈쇼핑 업체와의 공조를 이끌어낼 수 있는 매력적인 경로였다. 앞서 언급했듯 일본, 대만, 인도, 인도네시아 등으로의 진출에서 현지 메이저 홈쇼핑 채널과, 중국과 태국에서는 현지에 진출해 있는 국내 홈쇼핑 기업들과 협력했다. 싱가포르, 멕시코, 태국시장에서는 비홈쇼핑 경로인 현지 백화점을 통해 수출이 이뤄졌다.

㈜해피콜의 해외진출 성공요인

㈜해피콜의 해외시장 진출은 크게 여섯 가지의 성공요인을 바탕으로 분석될 수 있다. 1) 우수한 제품개발, 2) 품질관리, 3) 전략적 유통경로, 4) 고객중심 마케팅, 5) 원칙에 충실한 브랜드 관리, 그리고 6) 창업주의 확고한 신념이다.

우수한 제품개발(R&D investment)
㈜해피콜이 중소기업으로서 홈쇼핑 매출을 장악하고 해외진출까

지 성공할 수 있었던 가장 큰 원동력은 다름 아닌 독자적인 제품 기술이었다. 사업의 출발점이었던 양면 프라이팬은 양면이 겹친 형태인 붕어빵 기계의 틀에서 아이디어를 얻은 것으로, 두 면을 접착시키면서도 고열에도 녹지 않는 실리콘을 찾아 완성하는 데에만 대략 10년의 연구기간이 걸렸다. 현재 ㈜해피콜만의 양면 디자인은 국내뿐 아니라 미국, 일본, 중국 등에서도 현지 특허에 등록된 상태이다[17]. 양면팬 이후로도 다이아몬드 코팅 프라이팬, 아라마이드 냄비 등 꾸준히 차별화된 기능을 가진 제품을 선보임으로써 소비자들의 브랜드에 대한 신뢰도를 높여왔다. 현재에도 ㈜해피콜은 전체 매출액의 15% 정도를 기술개발을 위한 R&D 영역에 투자하고 있으며, 자체 R&D 센터 이외에도 대학기관 등과의 공동연구를 통해 독자적인 제품 기술개발에 힘쓰고 있다[12]. 이러한 기술개발 노력을 인정받아 2000년 대한민국 특허기술대전 금상과 2002년 국제발명전시회 금상을 수상했으며, ㈜해피콜의 트레이드 마크인 양면 프라이팬은 현재까지도 다수의 마케팅자료에서 성공적인 디자인 경영 사례로 다루어지고 있다[18].

독자적인 제품 기술에 더해 ㈜해피콜은 일류 수입 브랜드들과 경쟁할 수 있는 수준의 제품 디자인에도 투자하고 있다. ㈜해피콜의 주방용품 디자인은 지난 2010년부터 세계적인 영국 디자인업체 탄제린 Tangerine에 외주를 의뢰, 개발 및 생산되고 있다〈사진 7〉. 다시 말해 제품개발에 있어 ㈜해피콜의 전략은 기술에 있어서는 독자적인 발명과 특허 출원을 통한 기술 확보, 디자인에 있어서는 과감히 유명 해외업체에 의뢰함으로써 각자의 경쟁 우위를 살리는 선택과 집중의 원칙을 따르고 있다.

▲ 사진 7 영국 디자인업체와 협력한 ㈜해피콜의 IH 진공냄비

출처: ㈜해피콜 제공

품질관리(product quality management)

㈜해피콜은 대다수의 제조업체들과는 달리 철저한 'No OEM' 정책을 고수한다. 즉, ㈜해피콜의 제품은 전량 '메이드 인 코리아'라는 말이다. ㈜해피콜은 설립 당시부터 현재까지 김해에 위치한 총 2개의 공장에서 각기 다른 제품군인 양면팬, 직화오븐기, 다이아몬드 코팅 프라이팬, 아라마이드 세라믹 냄비를 생산하는 '1공장 1제품생산' 원칙을 고집하고 있다[18]. 이러한 원칙의 주된 이유는 다름 아닌 품질관리이다. 오직 저렴한 생산비만을 좇은 해외 OEM 생산으로 발생할 수 있는 품질 저하를 막고, 해당 공장에서는 전문화된 한 제품군만을 생산하도록 해 일관된 제품 품질 유지와 생산공장의 전문성을 높인 다는 취지이다. 매체 인터뷰에서 이현삼 회장은 국내생산을 고집하는 이유를 다음과 같이 설명했다.

우리 손으로 최상의 품질을 유지하고 싶은 게 첫 번째 이유이고, 5백여 명 회사 가족들과 함께 성장해 지역사회, 나아가 국가번영에 이바지해야겠다는 책임의식이 두 번째 이유에요. 한 공장에서 여러 품목을 생산할 경우 발생할 수 있는 품질 저하를 막기 위해 '1공장 1제품생산'을 원칙으로 해요. 현재 미국, 캐나다 등 세계 19개국에 수출하고 있는데, 제품 전량을 본사가 있는 김해공장에서 국내에 판매하는 제품과 동일하게 생산, 수출하고 있어요.

이현삼 회장 신문기사 인터뷰 중

해외로 공장을 옮겨 원가를 20% 낮추는 것보다 국내에서 생산해서 20% 더 받는 게 나아요.

이현삼 회장 신문기사 인터뷰 중

전략적 유통경로(distribution channel strategy)

㈜해피콜의 사업전략을 설명함에 있어 가장 꾸준히 등장했던 단어는 바로 홈쇼핑이었다. ㈜해피콜은 주방용품의 특성상 기능성과 품질에 대한 소비자의 신뢰감이 곧 브랜드 충성도 및 구매를 좌우한다고 판단, 사업 초기부터 프라이팬의 기능을 그 자리에서 직접 시연해 보여줄 수 있는 홈쇼핑 채널을 주요 타겟으로 설정했다. 도달력이 높은 방송이라는 매체를 통해 해외 소비자들에게 닿을 수 있었고, 몇 번의 방송 판매 성공은 곧 입소문으로 이어져 추가적인 방송 기회 및 온라인, 오프라인 등으로 유통경로를 확대할 수 있었다. 특히 일본시장 진

출 시 QVC 채널 등을 통한 홈쇼핑 집중 전략이 큰 성과를 거뒀는데, 그 자리에서 직접 제품의 차별화된 기능을 시연했던 점이 일본 주부들에게 크게 어필한 사례로 기록되어 양면팬은 이를 계기로 일본의 이토요카도, 세이유, 도큐한 WM, 올림픽 등 주요 양판점들에 입점하게 됐다[20].

오프라인 유통채널 선택에 있어서도 ㈜해피콜은 선택과 집중 전략을 고수했다. 이마트 등 대형마트 입점 시 여타 브랜드들과의 차별성 및 브랜드의 독자적인 기술을 강조하기 위해 유명 수입 브랜드들처럼 단독 코너 입점이 아닐 시에는 입점을 서두르지 않았다[18]. 이외에도 유통 파트너 선정 시 파트너의 객관적인 역량 분석에 초점을 두고 인맥 등 네트워크에 의존하지 않는 것에 목표를 둬, 유통경로 선택에 있어 보다 신중함을 기했다. ㈜해피콜의 서일양 부장은 인터뷰에서 유통 파트너 선정을 사업의 가장 어려운 점 중 하나로 꼽았다.

초기에 보면 에이전트에 의존하는 형태의 수출을 많이 하는데, 그렇게 하다 보니까 제품을 조금만 (생산)하다가 안 해버리거나 더 많이 팔 수 있는데 자본력이 부족해서 문제가 생기죠. 예를 들면, 자본력이 한 10억이다, 그러면 한 10억 원어치를 수입해요. 그러고는 이게 다 팔릴 때까지 돈이 회전이 안 되잖아요, 그러면 또 기다려요. 사실 실제 시장은 훨씬 더 큰데 이런 에이전트들이 중간에 있음으로 해서 성장이 상당히 제한된 부분이 많거든요. 그래서 저희가 작년부터 이제 작은 에이전트들과의 거래를 좀 줄이고 각 나라에서 오래 같이할 수 있는, 파트너십을 갖고 갈 수 있는 업체들을 찾게 된 거죠. 2012년도부터 전시회를 통해서 많은 업체들을 만났는데, 저희는 일단 OEM 생산을 안 하고 무조건 판매하는 데 목적을 두지 않기 때문에 screening을 상당히 많이 하는 편이에요. 그래서 전시회에서 만나서 명함을 받고 회사 규모 또는 전략 계획을 가지고 있는 회사인지 아닌지를 1단계 screening하고 2단계 직접 방문도 해본 후 이제 확실하다는 생각이 들면 한국에 초대해서 공장도 보여주고 같이 판매 계획도 세우고, 이 과정이 끝나면 시작을 하는 거죠.

서일양 **부장** 인터뷰 중

고객중심 마케팅(customer-oriented marketing strategy)

주방용품은 생활필수품이기 때문에 무엇보다 소비자의 사용 경험, 실생활에서의 니즈, 그리고 불만 및 건의사항이 제품을 마케팅하는 데 있어 가장 큰 지침이 된다. ㈜해피콜은 이러한 점을 고려, 제품개발에 있어 고객의 목소리를 듣는 데에 중점을 두었다. 수년 간 주부 소비자들 간의 품평회를 통해 니즈를 파악하고, 새로운 제품군을 늘리기보다는 기존 제품들의 품질 향상과 보완에 힘썼다[21]. 또한 중소업체로서 무엇보다 소비자조사 데이터베이스가 부족하다고 판단, 이를 보완하는 공조 노력을 게을리하지 않았다. ㈜해피콜은 부산대와 경남중소기업청 등의 개발 지원을 받았고, 현대홈쇼핑으로부터도 시장조사 협력을 받았다[22]. 제조업체이기 때문에 소비자의 불편사항이

나 요구사항에 대한 목소리를 직접 듣는 데에 한계가 있었고, 이러한 부분에서 소비자와 직접 접촉하는 현대홈쇼핑의 소비자조사 데이터는 ㈜해피콜의 제품 보완과 개발 완성도를 높이는 데 기여했다.

해외시장 진출에 있어서도 ㈜해피콜은 현지 소비자들의 선호도와 실생활에서의 니즈를 파악하는 데 중점을 두었다. 예를 들어, 튀김 요리가 많은 중국과 태국시장에서는 기름이 튀지 않고 튀김을 조리할 수 있는 양면팬에 주력했다. 홈쇼핑 방영에 있어서도 현지를 고려해 태국에서는 외출이 어려운 집중 우기 시즌에, 인도네시아에서는 외출이 금지된 라마단 기간에 ㈜해피콜 제품을 집중 방송해 도달율을 높였다[23]. 인도에서는 현지인들의 주식 중 하나인 난화덕에 구워먹는 인도식 빵을 ㈜해피콜 제품을 이용해 손쉽게 조리하는 것을 시연해 국내보다 높은 프리미엄 가격에도 불구하고 수출제품 전량을 판매하는 성공을 거뒀다[24]. 특히 회장이자 창업주인 이현삼 대표가 직접 홈쇼핑 방송에 출연해 요리 시연을 보인 것은 해외 소비자들에도 깊은 인상을 남겼다.

원칙에 충실한 브랜드 관리(brand management)

가장 확실한 브랜드 관리는 제품력이다. 아무리 광고와 프로모션을 해도 제품이 따라주지 않는다면 성공하기 어려울 것이다. 해외시장에서 해피콜 브랜드는 우수한 기술력과 고품질의 '메이드 인 코리아'로 자리 잡아 중국 및 동남아시아 소비자들에게 신뢰할 수 있는 프리미엄 브랜드의 이미지를 구축하고 있다[12]. 인도네시아에서는 현지 유명 연예인을 기용한 광고 등을 통해 지속적으로 프리미엄 브랜드임을 인식시켜 최근 늘어나고 있는 중국산 카피제품들 속에서도 탁월한 기술력으로 현지 소비자들의 브랜드 충성도를 유지하고 있다[16].

㈜해피콜은 회사명이 곧 브랜드, 브랜드가 곧 회사 그 자체이다. 창업 당시부터 OEM 없이 해피콜이라는 자사 브랜드 하나에 집중한 것도 브랜드의 일관성과 인지도 향상에 기여했다.

브랜드 관리에 있어 또 하나의 중요한 요소는 가격정책 관리이다. 이현삼 회장은 '가격이 곧 제품의 생명'이라고 믿는다. 이 때문에 제품의 품질에 맞는 가격대를 유지, 정찰제가 확립되어 있는 홈쇼핑과 대형마트 등을 중심으로 사업을 전개하며 세일을 하지 않는 '가격정찰제' 전략을 고수하고 있다[1].

홈쇼핑에서도 ㈜해피콜은 프로모션에 전혀 응하지 않는 것으로 유명하다. 많은 상품들이 홈쇼핑을 통해 박리다매의 형식을 취한다. 즉, 여러 개 묶어서 싸게 파는 형식이 많다. 그러나 ㈜해피콜 제품은 어디에서 사든 절대 싸게 살 수 없는 특징을 가진다. 이는 품질에 대한 자부심이 없으면 불가능한 것이며, 결국 소비자는 싸게 살 수 없는 제품을 더 신뢰하게 된다. 이러한 품질에 대한 정직성과 소비자의 신뢰는 브랜드 이미지 형성에 주효한다. 특히 해외시장 진출에 있어서는 더욱 프리미엄 가격대를 유지해 제품의 우수한 기술성과 고품질을 알리며, 이러한 맥락으로 국내시장에서는 해외시장에서의 3분의 1 가격에 제품들이 판매되고 있다[25].

창업주의 확고한 신념

앞서 언급된 ㈜해피콜의 성공전략은 모두 공통적으로 창업주인 이현삼 회장의 경영 철학으로부터 비롯된 것이었다. 부산에서 주방용품 노점상을 운영하던 것에서부터 현재 해외 35개국에 진출한 기업으로까지, 이 회장을 이끌어온 강한 신념은 '메이드 인 코리아의 최우수 주방용품 브랜드를 만들겠다'는 것이었다.

㈜해피콜 창업 당시 국내 주방용품 업계는 몇 개의 수입 브랜드만이 과점 형태로 인지도를 갖고 있었고, 이 회장은 품질만 좋다면 국산제품, 국내생산으로도 경쟁력 있는 최상의 브랜드를 만들 수 있다고 믿었다. 이에 오로지 품질과 기술로 승부하기 위해 끊임없이 연구개발에 투자해왔고, 이 회장은 손수 10여 년간 생선굽기로 프라이팬 성능을 시험해 스스로를 '생선박사'라고 부르기도 했다. 이처럼 ㈜해피콜은 단순히 제조업체가 아닌 발명가로서 고객에게 우수한 제품을 공급하고 나아가 국가산업에 공헌하기를 목표로 했다. 품질관리를 위한 철저한 국내생산 역시, '메이드 인 코리아'에 대한 고집 외에도 국내 생산라인을 활성화하고 일자리를 창출하는 등의 사회공헌에 뜻을 두었다.

지금도 ㈜해피콜의 공식 홈페이지에는 이러한 이 회장의 경영 철학이 뚜렷하게 명시되어 있다. "재료 원가가 상승해도 오직 최상급 알루미늄으로, 국내기술로, 국내생산으로, '메이드 인 코리아' 브랜드로, 그 품질에 걸맞는 합당한 가격으로 고객의 사랑에 보답하겠습니다." 이러한 이 회장의 고집스런 신념에 한국 주부들이, 나아가 바다 건너 미국 및 아시아의 소비자들은 구매와 호응으로 응답했다.

앞으로의 비전

㈜해피콜의 해외진출사업은 현재진행형이다. 앞서 언급한 국가들 외에도 유럽시장 진출을 목표로 독일의 암비엔테, 미국의 IHHS 전시회를 비롯 홍콩 등지에서 개최되는 세계 주방용품 박람회에 참여해 수출기반 확보와 글로벌 브랜드로서의 인지도 향상을 꾀하고 있다[1]. 크게는 향후 5년 이내 약 70개국으로 수출을 확대하고 현 매출로부터 50% 이상을 증대시키는 것을 목표로 하고 있다[26].

늘어나는 해외 주문량 생산과 다음 세대 신제품개발을 위한 공장 신축 계획 또한 진행 중이다. 더불어 비전기제품에만 주력하고 있는 현 제품군에서 더 나아가, 전기 주방용품에까지 제품군을 확대한다는 구상이다.

이러한 계획과 관련해 ㈜해피콜의 향후 과제는 현재까지 쌓아온 인지도와 인정받은 기술력에 더해, 어떻게 진출시장 및 제품군을 확장해나갈 것인가이다. 예를 들어, 향후 계획된 유럽 등의 시장에서 현지 식생활에 맞춰 어떤 제품군을 주력상품으로 접근할지, 프라이팬 이후 확대된 제품군으로는 어떤 아이템이 최적일지에 대한 고민이 과제로 남아 있다.

주방에서의 가장 흔한 불편함을 개선하는 것으로부터 출발해 독특한 기술력과 홈쇼핑 '대박' 행진을 발판으로 해외시장에 진출한 후, 처음 이현삼 회장이 목표했던 대로 국가대표격 국산 주방용품 브랜드로서 자리매김한 ㈜해피콜. ㈜해피콜의 해외진출 사례는 우리 기업들에

게 '선택과 집중'의 일관된 브랜드 전략을 통해, 소규모 제조업체에서
도 글로벌 특허 브랜드로 성장할 수 있다는 가능성과 기회를 시사하
고 있다.

성공해서 돌아오는,
금의환향형

해외시장에서 먼저 성공을 이루고
국내시장에 진입하다

PART 3 에서는

국내시장에서 거절당하자
해외에서 먼저 판매를 시작해
성공적인 안착을 기반으로,
국내시장에 당당히 금의환향한
㈜디카팩과 ㈜제닉,
두 사례를 다룬다.

㈜디카팩과 ㈜제닉은 각각 2005년, 2001년에 창립되어 창립한 지 2년 이내에 해외시장에 진출한 전형적인 본 글로벌 born global 이다(〈표 3-1〉 참조). 본 글로벌은 앞서 논의한 스테이지 모델 stage model 의 한계를 지적할 때 많이 거론된다. 즉, 국내시장에서 경험을 쌓은 후 서서히 해외시장에 진출한다는 스테이지 모델과 반대되는 중소기업 사례가 많이 있다는 게, 스테이지 모델 반박 논리이다. 본 글로벌은 주로 테크놀로지나 지식 집약적 분야에서 두드러지는데, ㈜디카팩과 ㈜제닉은 하이텍 high-tech 은 아니지만 각자 특유의 기술로 세계시장에 승부수를 건 경우이다.

두 사례는 공통적으로 국내시장에서 거의 새로운 제품군을 시작한다. ㈜디카팩의 디지털 제품 방수팩은 국산은 존재하지 않았고, 해외제품 몇 개가 독점하고 있던 분야에 새로운 장을 열었다. ㈜제닉 또한 국내에 페이셜 팩 facial pack 은 많이 있었지만 하이드로겔 hydrogel 이라는 특수 물질을 페이셜 팩에 접목시켜 기존 팩과는 질적으로 향상된 새로운 제품을 개발해, 페이셜 팩 분야에서 새로운 장을 연 경우이다. 그러나 새로운 제품군이기에 처음에는 국내시장에서 거절되기도 한다. 대기업 제품도 아니고, 브랜드도 알려진 것이 아니고, 제품 성능 또한 입증된 것이 아니었기 때문이다. 그러나 ㈜디카팩과 ㈜제닉의 창업주는 이에 굴하지 않고 해외시장부터 공략한 후 이를 기반으로 국내에서 거절된 이듬해 ㈜디카팩, 4년 후 ㈜제닉에 국내에 당당히 입성한다. 현재는 두 브랜드 모두 디지털 방수팩과 페이셜 팩 분야에서 국내시장 점유율 1위이다. 그중 ㈜디카팩은 90%나 되며, ㈜제닉의 경우도 일본의 고가 브랜드인 SK II보다 국내 유수브랜드인 설화수보다 시장 점유율이 높다. 이는 각 제품군에서 새로운 장을 연 독보적인 존재이기 때문일 것이다. 현재 두 브랜드는 선진국의 대형마트인 월마트 Walmart, 타겟Target, 코스트코Costco, CVS 등에서 각각 한국과 같은 브랜드명을 걸고 판매 중이니 자랑스럽지 않을 수 없다.

이에 더 나아가 두 사례는 해외 유수업체에 주문자상표부착OEM 을 제공한다. 우리에게 OEM은 브랜드력 없고 제품력 없고 단지 생산 능력만 있는 경우를 의미하는 것이 대부분이다. 그러나 이 두 사례는 해외 유수업체들이 먼저 접근해 그들을 위한 제품을 만들어달라고 한다. 이에 ㈜디카팩은 '메이드 바이 디카팩'Made by DiCAPac을 표시한다는 조건으로 오히려 자사 브랜드보다 더 고가에 판매하며, 더 나아가 독일, 러시아의 유통업체와 공동 브랜딩을 실시한다. 이는 ㈜디카팩과 유통업체명이 동시에 제품에 표기되는 것을 의미한다. 공동 브랜딩은 두 브랜드가 함께 있을때, 단독으로 있을 때보다 시너지 효과가 생길 때 주로 실시하기에, 해외시장에서 ㈜디카팩의 브랜드 파워를 미루어 짐작할 수 있다. 독특한 기술을 보유하고 있으면 해외 유수업체들이 먼저 접근해 OEM으로도 자사 브랜드 수출 못지않은 수익을 낼 수 있다는 것을 보여준다.

자사 브랜드 개발로 해외에 수출하는 것은 모든 대한민국 중소기업의 꿈이다. 해외 대형 유통업체에서 당당히 한국과 같은 브랜드로 판매되고 있는 것 또한 선망의 대상이다. 우리 중소기업이 주문을 더 많이 받으려고 해외 바이어에게 접근하는 게 아닌, 오히려 해외 유명 브랜드들이 우리 중소기업체에 제품을 만들어달라고 하는 경우는 대한민국에 거의 없었다. 대한민국 중소기업이 그만큼 한 발짝 더 나아가고 있는 좋은 예이다. 이제 그 비결을 살펴보자.

▼ 표 3-1 금의환향형 사례 요약

	㈜디카팩	㈜제닉
주요 수출품목	카메라 방수팩	하이드로겔 마스크팩
창립 연도	2005년	2001년
첫 수출해	2005년	2003년
첫 수출까지 걸린 햇수	0년	2년
첫 진출국	태국	미국*
국내 금의환향한 해	2006 (국내 거절 1년 후)	2005년 (국내 거절 4년 후)
총 해외진출국 수	58개국	6개국
해외 판매법인	중국	미국
해외 생산법인	자가공장에서100% 국내생산	중국
해외 판매 브랜드명	DiCAPac	CEL–DERMA, LASANTE, PURETREE
현지 유통	대형마트, Amazon.com	대형마트, 홈쇼핑, 편의점

*2005년에 철수하지만 2010년부터 재전개

㈜디카팩: 해외에서 먼저 알아본 첨단 디지털기기 방수팩

최고의 기술력과 최선의 노력으로
최상의 제품을 제공한다

- ㈜디카팩 경영 철학 중 -

㈜디카팩은 전 세계 60여 개국의 포토그래퍼가 선택한 가장 안전한 방수팩 브랜드이다〈사진 1〉. 독창적인 기술로 수심 10미터에 들어가도 안전하며 일본 공업규격 JIS IPX8의 최고 등급을 획득해 그 안정성도 이미 인정받았다[1]. ㈜디카팩은 2005년 4월 법인 설립 이후 6월 첫 제품을 국내에 출시했으나, '대박'을 기대한 것과는 달리 국내 시장의 반응은 싸늘했다. 판로를 찾으려고 애쓰던 중 그해 10월 '중소기업 우수상품 박람회'에 참가했고, 여기서 만난 태국의 한 바이어가 물을 뿌리며 축복을 기원하는 태국의 물 축제 때 잘 팔릴 것 같다며

3천 개를 주문했다. 마침내 ㈜디카팩은 태국과 러시아 등에 수출한 다음에야, 처음 거절당했던 바로 그 국내 대형 워터파크에 당당히 '금 의환향'하게 된다. 오늘날 ㈜디카팩의 제품은 해외 60여 개국에 수출돼 4천여 개 매장에서 팔리고 있다. 지난해 8월 하와이 ABC마트와 제휴해 연간 백만 달러어치를 수출하게 된 것을 계기로, ㈜디카팩 사무실에는 전 세계 섬 휴양지들을 공략하기 위한 대형 세계지도가 걸려 있다[2].

세계 최고의 핸드폰, 카메라 방수케이스 기업으로 성장하게 된 ㈜디카팩의 해외진출 과정과 성공요인을 살펴본다. 각종 보도자료 및 ㈜디카팩의 전영수 대표와 조세연 차장과의 인터뷰를 토대로 성장과정과 해외진출 성공요인을 짚어본다.

▼ 사진 1 ㈜디카팩의 스마트폰 방수케이스
출처: ㈜디카팩 웹페이지 e-catalogue

기업 소개

㈜디카팩은 2005년 전영수 대표에 의해 설립된 각종 디지털기기 방수케이스 전문업체로, 현재 강원도 원주에 본사 및 생산공장, 미국 캘리포니아에 현지법인, 독일 쉬발바흐Schwalbach에 물류창고를 두고 있다. ㈜디카팩은 2005년 디지털카메라 방수케이스 개발에 성공, 6월 디지털카메라용 방수케이스 출시를 시작으로 디지털카메라, 캠코더, 핸드폰뿐만 아니라 DSLR카메라 형태 중 하나인 SLR(Single Lens Reflex)의 디지털 방식의 카메라 등 다양한 디지털 전자제품이 수심 10미터까지의 물속에서도 완전 방수가 되는 외장 제품들을 생산하고 있다(〈표 1〉 참조)[3]. 기업명과 동명인 '디카팩'DiCAPac이 그의 단일 브랜드며, 2005년 창립 때부터 디카팩 브랜드로 해외수출이 이뤄지고 있다.

㈜디카팩의 2013년 기준 매출액은 약 56~58억 규모로, 독보적인 기술력을 바탕으로 최근 5년간 매년 130%의 매출 신장을 기록하고 있다(〈그림 1〉 참조)[4]. 2013년 12월 기준 고용인원은 약 43여 명으로 집계된다. 국내시장 점유율은 약 90%로 업계 선두를 달리고 있으며, 세계시장에서도 방수팩 분야 1위로서 무려 전 세계 시장의 약 30%를 점유하고 있다[2]. ㈜디카팩은 해외매출 비중이 총 매출의 약 55%를 차지하고 있으며, 2014년 기준 창립 이후 누적 수출액은 1,300만 달러 약 137억 원에 이른다. 2005년 설립한 해에 태국을 시작으로 해외시장에 진출한 뒤, 2014년 세계 58개국 4천여 개 매장에서 판매되고 있으며 아시아 14개국, 유럽 18개국, 아프리카 2개국, 오세아니아 2개국, 아메리카 12개국 등 5개 대륙에 수출하고 있다. 2015년 해외 공급망은

더 확장될 계획이다. ㈜디카팩은 대부분의 제품을 자사 브랜드로 국내 유통업체(인터파크, 옥션, 11번가, G마켓, 신세계몰, CJ몰, GS shop, AK몰, 텐바이텐, 바보사랑, 필름나라, 이마트, 하이마트, 코스트코, 캐리비안베이, 오션월드)와 해외 대형 유통업체(ADORAMA, Amazon.com, B&H, hama, e-BAY, Best Buy, ABC stores, Costco)를 통해 판매하고 있다〈사진 2〉.

▼ 표 1 ㈜디카팩 회사 개요

업종	핸드폰, 카메라 등 방수케이스	설립일	2005년
직원 수 (2013년)	43명 (2013년 신용조사 보고서 기준)	첫 진출 국가/시기	태국/2005년
매출액 (2013년)	56~58억 ($5.5 million) (국내매출 약 45%, 해외매출 약 55%)	진출 국가 수	60개국 (아시아 14개국, 유럽 30개국, 아프리카 2개국, 오세아니아 2개국, 아메리카 12개국 등)
시장 점유율	국내시장 점유율: 90%(1위) 세계시장 점유율: 30%(1위)	주력상품	• 스마트폰 방수케이스 • 태블릿 PC 방수케이스 • DSLR 카메라 방수케이스
현지법인 설립	미국지사	공장	자가공장에서 100% 국내생산
R&D 비중/ 인원/ 외주 여부 (디자인 포함)	매출의 7%/ R&D 센터 기술 개발 인력 6명	특허 및 인증 보유	• 일본 방수테스트 JIS IPX8 규격 획득(최고 등급) • 품질경영시스템 ISO 9001 • 특허 30건
자사 브랜드 또는 OEM	자사 브랜드: 디카팩 Co-brand: 2010년~현재 OEM: '메이드 바이 디카팩' 표시 조건으로 2012년~현재	비고	• 2007. 12. 백만 불 수출의 탑 수상[내수 7억, 수출(US$1,500,000) 40개국 수출] • 2008. 11. KOTRA 수출기업상 수상 • 2009. 10. 무역협회장상 수상 • 2008. 12. 강원도지사상 수상, 벤처기업 등록, 수출유망 중소기업 선정 • 2010. 6. 기술혁신형 중소기업 확인 • 2014. 12. 제51회 무역의 날 3백만 불 수출의 탑 수상

출처: 인터뷰, 조사자료에 의해 저자 편집

195

(단위: 백만 원)

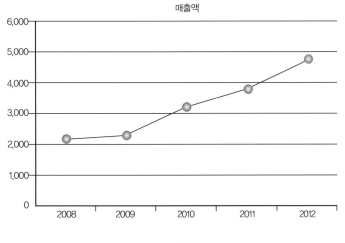

매출액

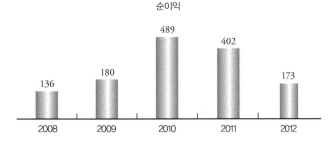

순이익

출처: 한국기업데이터(2013), ㈜디카팩 신용조사보고서를 바탕으로 저자 편집

㈜디카팩은 "최고의 기술력과 최선의 노력으로 최상의 제품을 제공한다"는 경영 이념 아래 창립 때부터 지속적으로 기술력에 상당한 규모의 투자를 해왔다.

현재까지도 매출의 약 7%가 R&D 센터에 투자되고 있으며, 기술개발 인력은 6명으로 전체 고용인원의 약 14%를 차지하고 있다. 이러한 기술개발 노력의 결과, 대한민국 IP68 KS C IES 60629 규격에 의해 전기기기

▼ 사진 2 ㈜디카팩의 해외 유통업체 판매 디스플레이

Walmart

출처: ㈜디카팩 웹페이지 e-catalogue

외곽의 방진 보호(IP6) 및 방수 보호(IP8) 최고 등급, 일본 방수테스트 JIS IPX8 규격최고 등급 획득, 품질경영시스템 ISO 9001 인증에 더해 약 30여 건의 국내외 특허를 보유하고 있다.

㈜디카팩의 역사

㈜디카팩은 국내보다 해외에서 먼저 기술력을 인정받은 뒤 브랜드 명성을 얻어 국내로 들어온 본 글로벌born global 기업이다. 이 장에서는 ㈜디카팩의 발전과정을 해외 도입기, 시장 확장기, 성공기 3단계로 나누어 살펴본다.

해외 도입기(2005~2006): 자사 브랜드로 본 글로벌 기업 창업

㈜디카팩의 전영수 대표는 동아대학교 토목공학과를 졸업한 뒤 건설회사에서 일하다, 2002년 토목 설계·시공회사인 유원엔지니어링을 설립했다[2]. 초기 성공적인 사업 성과와는 달리 경기불황으로 시달리다 사업개발팀을 신설하고 새 사업 아이템을 찾기 시작했다. 토목회사 운영 당시 현장 촬영에 나갔다 급작스런 폭우로 디지털카메라를 못 쓰게 되었던 경험을 계기로 방수케이스를 개발하기로 마음먹었다. 당시 방수케이스시장을 선도하고 있던 영국의 아쿠아팩과 독일의 이와마린팩은 단순 보관용 방수케이스제품으로, 방수만 될 뿐 방수팩 본체와 카메라렌즈를 연결하는 경통이 없어 선명한 사진을 찍는 데 한계가 있었으며 방수 카메라는 생활 방수 수준의 기능만 하는 정도였다[5]. 이에 전영수 대표는 물과 먼지 등으로부터 첨단 디지털기기를 보호함과 동시에 실제로 물속에서 선명한 촬영이 가능한 방수케이스를 해외업체들보다 저렴하게 내놓으면 승산이 있을 것으로 보았고, 본격적으로 방수케이스 제조에 나섰다. 1년 5개월간의 시행착오 끝에 디지털카메라 방수케이스 개발에 성공, 2005년 4월 법

인을 설립한 후 6월 첫 제품을 국내에 출시했다. 그러나 전 대표는 첫 출시 당시 국내 바이어의 싸늘한 반응에 해외로 눈을 돌리게 되었다고 한다.

　　제가 제일 처음 공략하고자 했던 곳은 물건이 단시간에 가장 많이 팔릴 수 있는 워터파크를 생각했어요. 제품을 개발하자마자 국내 대형 워터파트에 가서 우리 제품을 써달라고 했더니 "당신의 제품은 검증되지 않았기 때문에 쓰기가 곤란합니다. 고가의 장비가 들어가는 데 혹시라도 방수가 되지 않고 문제가 생긴다면 어떻게 책임지겠습니까?"라고 하더군요. 제가 "100% 책임 지겠습니다"라고 했지만 결국 거절당했죠. 그리고 지난 이야기지만 이게 국산이라서 믿을 수가 없다며 자기네들은 영국 것을 쓴다고 하더라고요. 그래서 제가 그럼 먼저 수출을 하고 오겠노라, 해서 수출을 시작하게 된 거죠. 그래서 수출을 하게 되니까 거기서 반응이 오기 시작했죠.

전영수 대표 인터뷰 중

199

㈜디카팩은 판로를 찾으려고 애쓰던 2005년 10월, 강원도의 지원으로 대한민국 중소기업 우수상품 박람회에 참가하게 되는데, 이곳에서 해외진출의 결정적 계기가 된 태국 바이어를 만나게 된다. 태국에는 매년 3월 말에서 4월 초까지 '송크란'이라는 '물' 축제가 열리는데, 물을 상대방에게 뿌려 축복을 준다는 의미로 열리는 축제였다. 이

축제에 판매할 목적으로 태국 바이어는 11월에 3천 개의 방수케이스 제품을 주문하는데 이것이 ㈜디카팩의 첫 해외수출이었다. 이듬해 2006년에는 원주시가 주최하는 시장개척단에 참가해 러시아에 제품 수출을 시작하게 되었고, 2006년 6월 수출유망 중소기업으로 지정됐다. 특히 2006년에는 2005년 제품개발 당시 인지도의 이유로 거절당했던 국내 워터파크에도 마침내 당당히 입점했다. 법인 설립 2년 만이자 첫 수출 1년 만인 그해 12월, ㈜디카팩은 세계 18개국 수출 US\$600,000, 내수판매 7억 원을 달성하며 성공적으로 해외에 진출한 중소기업 반열에 올랐다.

시장 확장기(2007~2009)

㈜디카팩은 수입업체로부터의 호응과 성공적인 해외진출을 발판으로, 2007년 현지 바이어가 설립한 미국 캘리포니아 현지법인인 디카팩USA를 단독으로 인수했다. 이 현지법인을 통해 보다 본격적으로 하와이를 비롯한 미국 전역, 중남미시장 진출의 물꼬를 텄다. 2007년 12월에는 해외진출 시장이 40여 개국으로 늘어났고, 수출액 US\$1,500,000을 달성하며 백만 불 수출의 탑을 수상했다. 2008년에는 일본 Daisaku sho사 독점계약 및 US\$500,000 수출계약 체결과 함께 그 공로를 인정받아 대한무역투자진흥공사KOTRA 수출기업상을 수상, 이 밖에도 강원도지사상 수상, 벤처기업 등록, 수출유망 중소기업 재선정, 2009년 무역협회장상 등을 받으며 본격적인 국내외사업 확대에 나섰다.

성공기(2010~현재): 2009년 이전보다 현저히 증가한 매출액

㈜디카팩은 대한민국 IP68 KS C IES 60629 규격에 의해 전기기기 외곽의 방진 보호(IP6) 및 방수 보호(IP8) 최고 등급과 일본 방수테스트 JIS IPX8 규격최고 등급, 품질경영시스템 ISO 9001 인증 등을 획득하며 그 기술력을 인정받아 2010년 중소기업청으로부터 기술혁신형 중소기업INNOBIZ 으로 선정된다. 또한 현저하게 증가한 수출 성과로 2012년 글로벌 강소기업으로도 선정됐다. ㈜디카팩은 해외뿐 아니라 국내 대형 유통점에도 입점해 국내외 시장 점유율을 선도했고, 코스트코 코리아, 이마트, 롯데마트 등 국내 메이저 유통업체 입점 및 글로벌 온/오프라인 유통망을 통한 성공적인 판매를 인정받았으며 안정적인 수출 증가로 제51회 무역의 날 3백만 불 수출의 탑을 수상했다.

201

㈜디카팩의 독특한 브랜딩 전략

대개의 한국 중소기업들은 초기 주문자상표부착OEM 을 통해 해외에 진출, 업체 인지도를 높이고 사업기반을 다진 이후에야 자사 브랜드 수출을 시작한다. 이와 달리 ㈜디카팩은 창업 시부터 특허와 제품 기술력을 기반으로 자사 브랜드 수출을 고집했고, 브랜드 인지도가 형성된 후 현지 바이어 브랜드와 디카팩을 함께 표기하는 공동 브랜딩을 허용했으며, 이후 해외 바이어들에게 OEM 생산을 허가하는 독특한 전략을 구사하고 있다(《그림 2》 참조). OEM 생산보다 별도의 마케팅과 노력이 더 필요한 자사 브랜드 수출을 고집한 이유를 전영수 대표는 다음과 같이 설명한다.

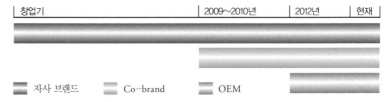

▼ 그림 2 ㈜디카팩의 시기별 해외진출 브랜딩 전략

창업기		2009~2010년	2012년	현재

■ 자사 브랜드　　■ Co-brand　　■ OEM

- 자사 브랜드: 디카팩 브랜드로 처음부터 현재까지 판매
- Co-brand(유통업체와 디카팩 브랜드 공동 표기): 4~5년 전부터 시작
- 설명서에 '메이드 바이 디카팩' 표시 조건으로 OEM 공급: 2012년부터 시작

출처: 조사자료에 의해 저자 편집

제가 고집했어요. 방수팩은 '디카팩'이라는 닉네임이 붙을 때까지는 OEM을 하지 않겠다고요. 그 이후에 내가 OEM을 해주겠다고 해서 최근 들어서 OEM을 해주기 시작했어요. 왜냐하면 쉽게 OEM을 해버리면 방수팩을 ㈜디카팩에서 만들었는지 어디서 만들었는지 모르게 되니까요.

전영수 대표 인터뷰 중

이러한 CEO의 의지를 반영해, ㈜디카팩은 장기적인 브랜드 성장을 위해 단기적인 매출액 증가보다는 고유 브랜드를 부착한 방수케이스로 해외에 진출하는 것을 선택하는, 독특한 브랜딩 전략을 추구해 왔다.

㈜디카팩은 브랜드 인지도가 어느 정도 생긴 2009년부터는 바이어가 자사 브랜드유통회사 브랜드를 부착하기 원할 때 그의 브랜드와 디카팩 브랜드를 제품에 함께 표기한다는Co-brand 조건으로 독일의 하

▲ 사진 3 일본의 엘레컴에 OEM으로 제공되는 ㈜디카팩

출처: ㈜디카팩 제공

마Hama, 러시아의 플라마Flama에 제품을 판매하고 있다. 이는 전영수 대표의 디카팩 브랜드에 대한 애착과 디카팩의 브랜드 파워가 해외에서 인정받고 있기에 가능한 일이다. OEM 생산으로는 2012년에 엘르Elle 수영복, 독일카메라 롤라이Rollei사, 일본의 엘레컴Elecom 등의 요청으로 방수케이스를 생산, 수출하고 있다〈사진 3〉. OEM은 주로 전시회오프라인 혹은 온라인 도매사이트 알리바바Alibaba를 통해 주문 요청을 받으며, 설명서에 '메이드 바이 디카팩', '메이드 인 코리아'를 표시할 것을 조건으로 한다. ㈜디카팩의 경우 바이어와 계약시 OEM 제품과 자사 브랜드 제품을 종류, 가격, 판매 등에 있어 차별을 둔다. OEM은 주로 모바일 방수케이스를 대상으로 하며 ㈜디카팩의 특허 기술과 노하우의 정수인 카메라 방수케이스는 잘 하지 않는다. 뿐만 아니라 ㈜디카팩의 제품보다 소비자에게 개당 US$ 1~5 정도 비싸게 판매된다. 또한 ㈜디카팩의 자사 브랜드로 판매를 하고 있지 않는 곳에 한해서만 판매하는 조건으로 OEM 계약이 이뤄진다.

㈜디카팩의 해외진출 성공요인

　㈜디카팩은 창립한 해2005년에 태국 바이어로부터 3천 개 주문 계약을 맺은 것을 시작으로 지금까지 아시아 14개국일본, 홍콩, 중국, 태국, 이스라엘, 오멘, 러시아, 필리핀, 말레이시아, 싱가포르, 인도네시아 외, 유럽 30개국영국, 프랑스, 스위스, 이탈리아, 포르투갈, 스페인, 체코, 폴란드, 네덜란드, 노르웨이 외, 아메리카 10개국미국, 페루, 아르헨티나, 브라질 외, 오세아니아 2개국호주, 뉴질랜드, 아프리카 2개국이집트, 남아프리카공화국에 진출하며 매년 지속적인 해외매출 증가를 기록하고 있다〈사진 4, 5〉. ㈜디카팩의 해외진출 성공요인은 크게 여섯 가지로 분석된다. 1) 기술력 및 기술개발, 2) 경영자의 혁신성, 해외지향성, 적극성, 3) 철저한 품질관리 및 품질보증, 4) 정부지원

▶ 사진 4　㈜디카팩 홍콩 홍보
▶▶ 사진 5　브라질에서 판매되는 ㈜디카팩
출처: ㈜디카팩 제공

적극적 활용 및 전시회 참여, 5) 차별화된 마케팅 및 유통시장 개척, 그리고 6) 제품의 커스텀화가 바로 그것이다.

기술력 및 기술개발

㈜디카팩은 방수뿐만 아니라 고투과성 폴리카보네이트 렌즈로 선명한 화질 촬영이 가능한 방수케이스 개발로 30여 건의 특허를 획득했다. 또한 한국 최고 방수보호 등급인 IP68, 까다롭기로 유명한 일본 방수테스트 최고 등급인 JIS IPX8 규격을 획득했고, 이러한 기술력을 바탕으로 제품경쟁력을 키워 세계시장의 선도기업이 되었다.

㈜디카팩은 설립 당시부터 꾸준히 R&D에 매출액의 7% 정도를 투자하고, 계속해서 방수케이스에 적용될 수 있는 신기술개발에 인

력과 자금을 투자해 DSLR 등 다양하고 까다로운 디지털기기에 맞는 방수케이스를 선보여왔다. ㈜디카팩의 기술력이 입증된 대표적 사례로, 남태평양에서 선박 난포로 표류한 인도네시아 사업가 위자야 Wijaya 씨의 이야기가 있다. 위자야 씨는 9명 일행 중 ㈜디카팩 방수케이스를 장착한 자신의 스마트폰만이 9시간 넘게 제 기능을 다해 구조대에 표류된 위치를 전송, 극적인 구조를 가능케 했다. 이에 제품에 감동한 위자야 씨는 ㈜디카팩 수입 및 유통사업을 하고 싶어 했고, ㈜디카팩은 이 우연한 일화로 위자야 씨와 연간 30만 달러의 인도네시아 총판계약을 맺는 쾌거를 이루었다[3].

경영자의 혁신성, 해외지향성, 적극성

㈜디카팩의 창업자이자 경영자인 전영수 대표는 방수케이스를 전자제품에 한정하지 않고 다양한 분야로 확대하고자 방수케이스와 관련한 새로운 기술을 끊임없이 개발하는 데 노력하고 있다. 전 대표에 따르면 그가 기술적인 부분의 비전문가인 것이 오히려 전화위복이 되어, 기술적인 사고로는 생각지 못할 '소프트soft한 방수케이스에 하드hard한 카메라 렌즈를 연결하는 통을 부착'시키는 등의 혁신적인 아이디어로 제품에 접목할 수 있었다. 현재 ㈜디카팩은 60개국에 진출해 있음에도 불구하고 전 대표는 이제껏 진출하지 않은 나라를 세계지도에 표시해가며 향후 새로운 타겟 시장들을 그려나가고 있다. 전 대표는 특히 해외진출 시 적극적인 바이어 탐색과 미팅에 중점을 두는데, 그의 태도는 러시아진출 당시의 사례에서 잘 드러난다.

브랜드, 세계를 삼키다

눈이 많이 와서 시장개척단 미팅에 오기로 했던 바이어들이 한 명도 안 온 거예요. 그래서 제가 주머니를 뒤져보니까 2백 달러가 있더라고요. 통역원한테 그 돈을 주면서 우리가 오늘 만나기로 했던 바이어들한테 전부 전화를 걸어 한 군데라도 찾아와도 좋다고 하는 곳이 있으면 같이 가자고 했죠.

그렇게 찾아간 회사는 철문 세 개를 통과하고 나면 기관총을 들고 서 있는 직원도 보이더라고요. 겁도 좀 났지만 제가 원래 불도저 정신이 있어서 이내 곧 괜찮았어요. 그래서 맨날 들고 다니며 시연하는 물통을 들고 화장실에 가서 물을 담아 갔는데 매니저들이 물건을 내놓아보라고 하더라고요. 그래서 제가 사장님하고 잠깐 인사만 하고 당신들과 이야기한다고 하니까 사장을 보게 해주더군요. 사장이 나가서 사진 좀 찍어보자고 해서 밖으로 나가 눈 속에서 사진을 찍었죠. 눈 속에서도 사진이 찍히냐고 묻더라고요. 그래서 우리나라는 눈이 많이 안 와서 안 해봤지만 해보라고 했죠. 그렇게 눈 속에 넣고 한 30분 동안 이야기를 하다가 꺼내 촬영을 하고 메모리칩을 빼서 현상해보니까 사진이 엄청 선명하게 잘 나온 거예요. 그랬더니 "Very good"이라고 하면서 "내가 3천 개 주문하면 3만 불에 해줄 수 있냐"고 그러더라고요.

전영수 대표 인터뷰 중

철저한 품질관리 및 품질보증

㈜디카팩은 초기 베트남 생산공장 설립을 추진하려고 했으나 생산 원가 절감보다는 제품의 완성도 및 메이드 인 코리아의 가치를 살리는 것이 더 중요하다고 판단, 본사가 있는 강원도 원주에 기업 부설 공장을 설립했다. 현재까지 국내 공장을 통해 품질관리에 신중을 기하고 있으며, ㈜디카팩의 전 제품에 대해 100% 품질보증제를 실시하고 있다. 이 품질보증제는 전 세계 유일하게 불량제품만 처리해주는 것이 아닌, 불량제품에 들어 있는 카메라까지 보상을 해주는 파격적인 정책이다. 또한 불량품에 대해 타업체들과 달리 다른 제품으로의 교환이 아닌 현금으로 돌려주는 정책을 실시, 이러한 철저한 품질관리와 품질보증제는 바이어와 소비자들에게 제품에 대한 두터운 신뢰를 구축하는 데 큰 기여를 했다.

정부지원 적극적 활용 및 전시회 참여

㈜디카팩은 첫 번째 진출한 태국에는 '중소기업 우수상품 박람회'를 통해, 두 번째 진출한 러시아에는 원주시가 지원하는 '모스크바 시장개척단' 참가를 통해 해외진출을 이루었다[6]. ㈜디카팩은 창업 초기의 이러한 성과를 바탕으로 연 15~20회 해외 전시회와 정부 및 지방자치단체가 지원하는 시장개척단, 무역사절단, 중소기업 우수상품 박람회 등에 참여함으로써 바이어 탐색과 관리, 해외 판로 개척 등의 해외 마케팅 활동을 활발히 펼치고 있다.

1년에 30여 개에 이르는 적극적인 전시회 참여는 ㈜디카팩이 현재의 시장 점유율을 달성하는 데 큰 몫을 했다. 조세연 차장은 정부 및 지자체의 지원을 효과적으로 이용하는 것이 해외진출 시 전시회 참여, 시장 정보 및 바이어 탐색에 필요한 비용을 절감해준다고 언급한다.

> (전시회 참여 및 정보탐색 비용이) 많이 들죠. 제가 하는 업무 중 하나가 (정부/지자체) 지원 사항이 뭐가 있는지 전시회는 어디서 하는지 찾는 일이죠. 중소기업청, KOTRA, 한국무역협회, 지자체에서 하는 전시회와 무역사절단에 계속 가보려고 해요. 저희 제품하고 안 맞아서 안 된다 그래도 신청을 하고, 받아주면 가고, 이렇게 계속 해서 가는데, 3분의 1 정도는 지원으로 가고 나머지는 저희 스스로 가요. 그 비용만 2억 넘게 쓰죠, 1년에.
>
> 조세연 차장 인터뷰 중

차별화된 마케팅 및 유통시장 개척

㈜디카팩은 진출하고자 하는 시장이 있으면 우선 제품이 직접 판매되는 소매상부터 찾은 뒤, 그를 연결할 유통상을 찾는다. 예를 들어, 중국진출 때에는 방수케이스가 팔릴 수 있는 소매점을 먼저 찾은 후 이를 연결해줄 중간 수입상 혹은 유통업체를 찾기 시작했다. 커미션 비용이 맞지 않아 6여 년의 탐색을 거듭한 끝에, 최근 싱가포르 출신의 중국인과 상하이 소매점 판매를 위한 독점계약을 채결했다. 전영수 대표는 오프라인 활동뿐 아니라 온라인 매체의 적극적 활용이 이러한 시장개척에 큰 도움이 된다고 말한다.

물건만 팔아서 난 얼마 가져갈게 잘 팔아, 이게 아니에요. 인터넷이 원활하지 못한 섬나라들, 남아프리카, 남아메리카와 같은 대륙을 제외하고는 대부분 인터넷이 다 되기 때문에 온라인 마케터를 잘 활용하면 성공할 수 있죠. 온라인 중개 알리바바라든지 관광청의 상공회의소라든지, 조금의 단서라도 있다면 우리가 찾아가는 거죠.

전영수 대표 인터뷰 중

전 대표는 지금도 연 200여 일가량의 시간을 해외에서 보낼 정도로 적극적인 시장개척 활동에 나서고 있다. ㈜디카팩의 마케팅은 전시회에 설치되는 부스 선택에 있어서도 다른 업체들과는 차별적인 방식을 선택한다. 전영수 대표는 코너에 위치한 부스를 얻을 경우 20% 추가비용이 발생하긴 하지만, 참가객들이 그 코너 부스를 지나가는 데 3초가 걸린다는 점을 고려했을 때 기존의 일렬로 위치한 부스들보다 2배의 홍보효과가 있다고 보았다. 때문에 ㈜디카팩은 항상 코너 부스를 선택, 바이어들이 부스 안으로 들어가지 않더라도 직접 제품을 만지고 시연을 볼 수 있도록 해 바이어의 관심을 끄는 마케팅 전략을 택했다. 뿐만 아니라 해외 바이어들에게 다양한 지원 및 관리도 아끼지 않고 있다. 거래 기간이 오래된 바이어에게는 제품 독점권을 주거나 신제품이 출시될 경우 조건 없이 판매우선권을 줌으로써, 바이어들이 ㈜디카팩과 동반성장할 수 있는 장기적인 관계 구축에 힘썼다. 또한 바이어들이 전시회에 꾸준히 참여하도록 부스를 지원해 독려하고, 바이어의 제품 광고 및 홍보활동에도 제품을 아낌없이 지원하고 있다. ㈜디카팩의 해외고객 중 상대적으로 노하우와 마케팅 능력, 탄탄한 유통망을 구축한 선진국미국, 유럽 등들에게와는 달리, 인도네시아, 말레이시아, 싱가포르 등의 바이어들에게는 ㈜디카팩의 마케팅 노하우를 직접 교육시키기도 한다.

제품의 커스텀화(product customization)

제품의 커스텀화는 구매자의 요구와 취향에 맞게 제품의 디자인이나 색상, 기능, 크기 등 여러 속성을 일부 변경해 맞춤화된 제품을 제공하는 전략을 일컫는다. ㈜디카팩 방수팩제품의 경우, 변동할 수 없는 고유 기술의 핵심은 방수보호 재질의 케이스와 이 케이스에 접착된 고투과성 렌즈에 있기 때문에 이 부분을 제외한 케이스 색상에 있어서는 바이어의 요청에 따라 다양한 색상 변경이 가능하다. 또한 하와이수출의 경우에는 포장재를 하와이 현지 ABC 마트에 들어갈 수 있는 규격으로 제작, 맞춤화된 제품을 제공하고 있다. 이러한 커스텀 제작시스템이 가능한 것은 강원도 원주에 자체공장을 운영함으로써, 제품 일부를 고객에 맞게 유연하게 변경·제작할 수 있기 때문으로 풀이된다.

㈜디카팩의 당면 과제

㈜디카팩은 '고투과성 렌즈를 장착한 방수케이스'라는 특수한 제품으로 현지 대형 유통업체를 통해 적극적으로 해외로 진출, 중소기업

임에도 업계 세계시장 점유율 30%를 기록하며 세계시장의 선도적 위치로 올라섰다. 하지만 여느 선도기업들과 다르지 않게 ㈜디카팩에게도 그의 제품을 모방한 중국산 저가 생산업체들이 나타났고, 이들은 현재 30여 군데에 이른다. 국내에서 역시 업계의 모방과 견제가 심하다. 경쟁업체 중 한 군데는 ㈜디카팩의 외주회사로 출발해, 그의 특허를 도용해 별도의 업체를 만들기도 했다. 그러나 아직까지 이러한 제품 디자인 모방과 도용에 대한 법적인 제재는 용이하지 않은 실정이다. 다행히도 디지털기기, 특히 DSLR 방수케이스의 경우에는 방수팩 안에 들어가는 DSLR 제품 자체가 워낙 고가이다보니 소비자들이 모방품을 구매하는 경우는 드문 편이다. 또한 디카팩의 브랜드명이 업계에서 어느 정도 이름이 알려졌음에도 불구하고 여전히 신규 바이어를 찾는 것이 쉽지 않아, 자체적으로 끊임없이 새로운 타겟 시장을 발굴하고 해외 전시회에 참여하는 등 최선의 노력을 다하고 있다. 중소기업으로서 새로운 해외시장에 진출할 시 시장 정보를 획득하는 데에도 어려움이 있는데, 특히 대한무역투자진흥공사의 상주 지역이 아닌 경우 직접 인터넷을 뒤져가며 현지조사를 해야 하는 한계점에 봉착할 때가 있다.

앞으로의 비전

㈜디카팩의 대표상품인 디지털기기 방수케이스는 여름 휴가철 혹은 휴양지에서 수요가 높은 특수한 상품이지만, 비교적 대형 경쟁업체가 많지 않은 틈새시장niche market으로 꾸준히 수요가 있는 제품이

다. 그럼에도 전영수 대표는 여기에 그치지 않고, 방수와 관련된 분야뿐만 아니라 물과 관련된 제품개발로 시장을 확대하고자 끊임없이 노력하고 있다.

㈜디카팩은 2015년 10주년을 맞이하면서 새로운 제품 출시를 준비 중이다. 기존 방수케이스와 방수셀카봉을 접목해 어디서나 사용할 수 있도록 디카팩엑션Dicapac Action 과, 물가에서 신을 수 있는 아쿠아런Aquarun 으로 기존의 바이어들을 통한 안정된 시장을 형성하고 또 다른 시장으로 확대·진출하고자 한다. 나아가 다음 단계는 현재 독일과 일본 두 기업만이 독보적으로 기술을 보유하고 있던 방수지퍼이다. 현재는 수심 5미터에서까지 견디도록 하는 기술개발에 성공했다[1]. 이전까지 일본의 YKK, 독일 TIZIP 두 업체에서만 생산되는 방수지퍼는 아웃도어, 군사용, 잠수복에 많이 쓰이는 탓에 세계시장 규모가 4조 원에 달하는 시장잠재력이 큰 상품이다. 방수지퍼의 연간 수입 비용을 고려했을때, 전 대표는 제품이 출시된다면 수입 대체효과만 연간 4천억 원 이상 달할 것으로 예상되며, 향후 이 시장은 계속해서 더 커질 것이라 기대하고 있다.

213

방수제품의 시장은 무궁무진하다고 생각해요. 저희 회사는 지난 10년 동안 디카팩 브랜드를 만들면서 쌓은 기술과 제품 성능으로 인정받아 어떤 제품이든지 만들 수 있다는 자신감을 갖고 있죠. 특히 준비 중인 방수지퍼는 전 세계 시장 규모가 4조 원 정도 됩니다. 그럼 이 시장이 4조로만 있느냐, 아니죠. 중요한 것은 그 규모가 계속해서 커진다는 거예요. 처음에는 방수시장의 규모가 작았어요. 그런데 제가 전시회며 무역사절단이며 다니니까 짝퉁도 만들어지고, 기존의 아쿠아팩도 디카팩이 다니니까 나도 가야지 하며 따라오고, 이와마린도 따라오고 그러면서 시장이 자꾸 커져가는 거죠. 시장의 규모가 커지면서 자연스럽게 우리 제품을 찾는 곳도 많아졌어요. 그래서 제 생각은 시장을 키워가며 팔아야 한다는 거죠. 그래서 항상 새 제품이 나오면 시장을 키우려고 하고 있어요.

전영수 대표 인터뷰 중

214

또한 ㈜디카팩은 향후 계절에 따라 국내외 시장을 번갈아가며 전략적으로 공략해 비수기를 최소화하고 매출을 극대화한다는 계획이다. 여름철 워터파크 등 내수 수요가 많은 성수기에는 내수시장을 공략하고, 내수매출이 급격히 줄어드는 겨울철에는 계절적으로 여름인 국가, 혹은 1년 내내 휴양 시즌인 세이셸, 몰디브, 마다카스카르 등의 시장을 공략해 1년 4개월 내내 제품 판매를 가능하도록 해 내수와 해외매출의 균형을 맞춰가는 것이 목표이다.

창업 당시, 국내에서의 기대에 못미치는 반응을 뒤로하고 우연한 계기로 해외에 진출해 세계시장 1위로 우뚝 선 후 금의환향한 디지털 기기 방수제품 전문업체 ㈜디카팩. ㈜디카팩의 역방향적 해외진출기는 우리 중소기업들에게 독보적인 기술과 철저한 자사 브랜드 관리가 있다면, OEM 생산부터 시작되는 기존의 사업 공식을 깨고도 얼마든지 세계시장에서 성공할 수 있다는 가능성을 시사한다.

㈜제닉: 마스크팩의 신화, 미국이 먼저 알아본 꿈의 기술

'인간의 참다운 건강 증진과 아름다움의 유지'라는
기업 목표를 바탕으로
전 세계가 사랑하는 마스크를 개발하여
'건강한 아름다움'을 실현하다

– ㈜제닉 경영 철학 중 –

　　2007년, 국내 홈쇼핑 업계에 탤런트 하유미 씨가 모델이었던 '셀더마'Cel-Derma 마스크팩 바람이 불었다. 피부온도를 인식하는 순간 수용성 겔이 녹으며 기타 제품보다 몇 배의 영양분이 스며든다는 마법의 팩은, 단일품목 사상 최초로 홈쇼핑 매출 3,200억 원을 기록하며 국민 마스크팩으로 떠올랐다. 마스크팩 업계의 새 역사를 쓴 이 제품은 국내 대기업도, 해외 유명 브랜드도 아닌 중소기업 ㈜제닉의 작품으로 현재 특허받은 기술력을 인정받아 마스크팩 분야 국내 1위, 세계시장 점유율 1위로 올라섰다.

이 장에서는 10여 년 전 일인 기업으로 창업되어 미국에서 먼저 성공을 거둔 후 당당하게 국내에 금의환향한, 마스크팩의 신화 ㈜제닉의 이야기를 다룬다. 각종 미디어 자료, 국내외 통계 자료 및 ㈜제닉의 박재희 과장, 김성국 팀장과의 인터뷰를 바탕으로 해외진출기와 성공요인을 짚어본다.

기업 소개

㈜제닉은 2001년 설립된 화장품 연구개발 제조업체로, 마스크팩을 주력상품으로 기초화장품, 헤어 및 바디제품, 의약외품과 물 없이 감는 샴푸 등 다양한 라인의 화장품을 생산하고 있다(〈표 1〉 참조). 2013년 기준 국내 172명의 근로자가 근무하고 있으며, 매출액은 622억 원으로 집계된다. 10여 년 전인 2003년 미국으로 첫 해외진출을 했으며, 현재 자사 브랜드를 비롯해 OEM/ODM 방식으로 중국, 미

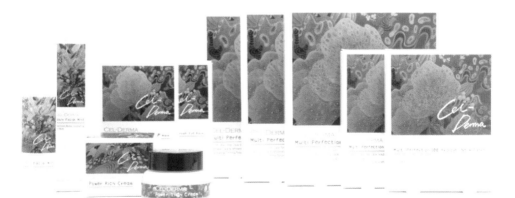

출처: ㈜제닉 제공

국, 홍콩, 대만, 일본, 유럽스위스, 독일, 영국에 진출해 있다. 서울 양재동에 ㈜제닉의 본사와 기업 부설 연구소를 두고 있으며, 국내 제1, 2 생산공장은 충남 논산에 위치해 있다. 이 밖에 중국 상하이에 판매법인과 생산법인이 설립되어 있다. 주력상품인 마스크팩은 국내시장 점유율 1위로, 시장 점유율 30%이상을 기록하고 있다. 지속적인 기술개발로 하이드로겔 특허에 더불어 국제 기준 의약품 제조 및 품질관리 기준인 CGMP, ISO 9001, 14001, 22716, OHSAS 18001, ECOCERT 등의 인증을 보유하고 있다.

▼ 표 1 ㈜제닉 개요

업종	화장품 및 의약품 연구개발	설립일	2001년
직원 수 (2013년)	한국 172명 중국 126명(생산 인력 80명)	첫 진출 국가/시기	미국/2003년
매출액 (2013년)	622억 원	진출 국가	중국, 미국, 홍콩, 대만, 일본, 유럽(미국, 스위스, 독일, 영국)
현지법인 설립 (중국)	㈜제닉 상하이 화장품 유한공사 ㈜제닉 상하이 상무 유한공사	공장	논산 1사업장/ 2사업장 · 중국 생산공장
R&D 비중/ 외주 여부	9억 9천만 원 (매출액 대비 1.6%) 외주가공 7.2%	주력상품	하이드로겔 마스크류 에센스 마스크류 기초류, 필름/코팩류
특허 및 인증 보유	온도 감응성 상태변화 하이드로겔 및 그 제조방법 특허, 국제 기준 의약품 제조 및 품질관리 기준인 CGMP, ISO 9001, 14001,22716, ECOCERT 인증, NET마크 인증, 소비자 불만 자율관리시스템 CCM 인증, 안전보건경영시스템 OHSAS 18001:2007, KT마크, 미백기능성 인증, 주름기능성 인증 등 특허는 해외등록 7개, 국내출원중 38개, 국내등록 29개, 디자인은 국내출원중 18개, 국내등록 73개(2014년 12월 기준)	자사 브랜드	셀더마 라쌍떼 퓨어트리

출처: 인터뷰, 조사자료에 의해 저자 편집

㈜제닉은 셀더마Cel-Derma, 라쌍떼Lasante, 퓨어트리라Puretree는 3개의 자사 브랜드를 가지고 있으며, 브랜드 라인업을 통해 브랜딩을 하고 있다. ㈜제닉의 브랜드 포트폴리오는 〈표 2〉와 같다.

▼ 표 2 ㈜제닉의 브랜드 포트폴리오

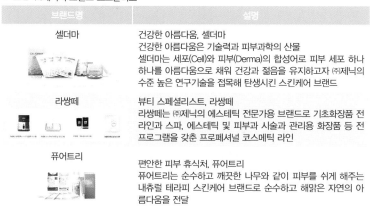

브랜드명	설명
셀더마	건강한 아름다움, 셀더마 건강한 아름다움은 기술력과 피부과학의 산물 셀더마는 세포(Cell)와 피부(Derma)의 합성어로 피부 세포 하나하나를 아름다움으로 채워 건강과 젊음을 유지하고자 ㈜제닉의 수준 높은 연구기술을 접목해 탄생시킨 스킨케어 브랜드
라쌍떼	뷰티 스페셜리스트, 라쌍떼 라쌍떼는 ㈜제닉의 에스테틱 전문가용 브랜드로 기초화장품 전 라인과 스파, 에스테틱 및 피부과 시술과 관리용 화장품 등 전 프로그램을 갖춘 프로페셔널 코스메틱 라인
퓨어트리	편안한 피부 휴식처, 퓨어트리 퓨어트리는 순수하고 깨끗한 나무와 같이 피부를 쉬게 해주는 내츄럴 테라피 스킨케어 브랜드로 순수하고 해맑은 자연의 아름다움을 전달

출처: ㈜제닉 홈페이지

국내 및 해외 마스크팩시장 현황

국내 마스크팩시장 규모는 지난 2002년 5백억 원대에서 2010년 1,993억 원, 2011년 2,391억 원, 2012년 2,411억 원, 2013년 2,500억 원 등 매년 성장을 거듭해 시장 규모만도 10년간 5배가량 커졌다(〈그림 1〉 참조)[1]. 마스크팩은 화장품업계에서 불황 없는 인기를 누려왔고, 향후에도 해외수출 중심으로 지속적으로 성장할 것으로 전망되고 있다. 이는 사회 전반에 피부관리에 대한 인식이 보편화되면서 집에서도 간편하게 사용할 수 있는 시트 마스크팩에 대한 수요가 증가

▼ 그림 1 국내 마스크팩시장 규모 추이

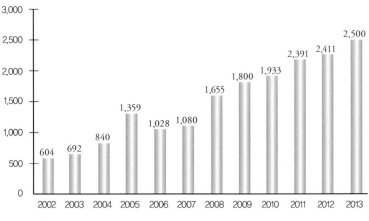

(단위: 억 원)

출처: COS'IN 뉴스 2014 [1]

하고, 남성들이 외모 관리에 관심을 갖게 되면서 수요층이 보다 넓어
졌기 때문으로 풀이된다[2].

㈜제닉이 특히 두각을 나타내는 부분은 하이드로겔 마스크팩 제
품으로, 이 제품은 피부온도에서 반응하는 유효성분이 녹으면서 피부
속으로 스며들게 하도록 하는 기술로 특허를 받은 제품이다. 〈표 3〉에
서와 같이 ㈜제닉의 '셀더마' 마스크팩은 현재 국내 하이드로겔 마스
크팩 시장 점유율 1위는 물론 세계시장에서도 80~90%의 독보적인
점유율을 차지하고 있다[3, 4].

해외시장 흐름을 살펴보면, 먼저 중국 화장품시장의 급성장이 눈
에 띈다. 중국은 2013년 화장품시장 세계 2위이며 마스크팩은 현지
시장 10%의 점유율을 차지한다[5]. 중국의 마스크팩시장은 연평균
21.9%의 성장률을 보이며, 2015년까지 3백억 위안약 5조 원 규모로 늘

(단위: %)

순위	브랜드	2012년	2013년
1	제닉	24	17
2	SK II	11	9
3	더페이스샵	3	8
4	이니스프리	4	7
5	설화수	5	7

출처: COS'IN 뉴스 2014 [4]

어날 전망이다[6]. 2014년 기준 중국의 10대 마스크팩 브랜드를 살펴보면 8개가 중국 브랜드이고, 한국 브랜드라네즈와 일본 브랜드SK II가 한 개씩 포함되어 있음을 알 수 있다[6]. 한국 마스크팩 브랜드의 진출이 현재는 부진한 편이나 중국시장 규모가 지속적으로 성장하고 있고, ㈜제닉 역시 근래 중국시장에 집중하고 있으므로 향후 중국의 성장이 기회로 작용할 것으로 기대된다. 실제 제닉의 마스크팩은 중국에서 매출이 2014년 3분기부터 이전 분기보다 5배가량 증가했는데, 이는 중국 현지 소비자들의 인지도 상승 뿐만아니라 현지 화장품기업들에게 OEM/ODM 공급이 시작되면서이다[7]. 중국 외 동남아시아에서도 마스크팩시장은 커지는 추세인데, 태국의 경우 주로 센트럴Central, 더몰The Mall, 빅씨Big C 등 대형 할인매장에 위치한 부츠Boots, 왓슨스Watsons와 같은 종합 드럭스토어에서 10대 청소년을 대상으로 판매가 많은 편이다. 태국에서는 한류의 영향에 힘입어 현재 마스크팩시장의 65% 이상을 한국제품들이 차지하고 있다[1].

221

㈜제닉의 역사

㈜제닉의 발전사는 설립 및 미국시장 진입기, 국내시장 재진입 및 집중 성장기, 유통채널 다변화와 해외시장 전환기의 3단계로 나누어 살펴볼 수 있다.

설립 및 미국시장 진입기(2001~2004)

㈜제닉의 창업자인 유현오 대표는 화학공학 박사로 한국과학기술원과 아이벡스 연구원으로 활동한 바 있다. 대학시절 호주로 배낭여행을 떠난 그는 강렬한 태양에 화상을 입었을 때 현지인들이 수건을 적셔 냉장고에 넣었다가 얼굴에 덮어주는 것을 보고, 얼굴에 붙이는 상처치료제를 만들겠다고 다짐했다. 그 후 일인 기업 ㈜제닉을 설립, 팩처럼 붙여 상처를 치료하는 '패치' 연구로 박사학위도 받게된다 [8]. 그러나 상처치료제는 의학품으로 분류되기 때문에 그에 맞는 설비, 실험, 제반 환경들을 갖추는 것이 상당히 어려운 일이었고 오랜 시간을 필요로 하는 임상실험 결과를 기다리는 것 또한 소모적인 일이었다. 이에 유 대표는 상처치료용으로 개발된 패치를 마스크팩이라는 미용제품으로 전환하는 역발상의 아이디어를 냈다. 이를 위해 천연 고분자를 이용한 신개념의 바이오 매트릭스Bio-Matrix를 개발했다[9]. 미용제품은 의학품보다는 제반 실험과정이 간단했지만 R&D부터 판로 개척까지 새 사업 분야를 만드는 일이 쉽지만은 않았다. 지푸라기라도 잡는 심정으로 고교 선배를 찾아간 유 대표는 운 좋게도 아이디어와 열정에 반한 그로부터 투자를 받게 된다. 이를 계기로 개발작업

에 착수해 기존 제형 마스크 대신 피부온도에 녹는 젤타입의 하이드로겔 마스크팩을 세계 최초로 개발하는 데 성공한다[10]. 하이드로겔은 직접 피부에 흡수되기 때문에, 기존 시장의 제품들보다 피부침투에 있어 강력한 기능성을 보였으며 팩을 하는 동안 액상이 흘러내리는 단점 또한 크게 개선했다.

그러나 국내시장에 첫 출시된 ㈜제닉의 하이드로겔 마스크팩은 브랜드 파워가 약한 중소기업 제품이라는 한계에 부딪힌다. 전혀 알려지지 않은 브랜드로 소비자들의 신뢰를 얻지 못해 유 대표가 직접 영업을 하러 다니다 문전박대를 당하기 일쑤였다. 박재희 과장은 첫 출시 때의 어려움을 다음과 같이 말한다.

> 대기업도 아니고 중소기업도 아니고…… 청년 한 사람이……
> 문전박대도 많이 당하고 진입 장벽이 많았죠. 혼자 영업하러 다니시다가 간신히 기회를 잡으면, 기술은 차별화된 것이라서 좋은데 선뜻 손은 안 가는 거죠. 신뢰가 없잖아요. 브랜드라는 게 중요하니까. 거기서 (유 대표는) 역발상으로 '국내시장이 안 되면 해외로 가봐야겠다'고 마음먹으신 거죠.
>
> 박재희 과장 인터뷰 중

유 대표의 두 번째 역발상은 "국내에서 안 통하면 해외로 가자"는 것이었다. 그리고 당시 중소기업청의 '미국 수출사절단'이라는 지원 프로그램을 통해 미국시장에 발을 들여놓았다. 거대한 미국시장에서

유 대표는 직접 밴을 빌려 미국 곳곳을 돌며 바이어들을 만났고, 무상 샘플을 아낌없이 지원해가며 하이드로겔 마스크팩에 대해 설명했다. 그러나 생소한 한국제품에 대한 바이어들의 반응은 싸늘했다. 유 대표는 제품에 대한 확신과 열정으로 포기하지 않고 바이어들을 설득, 마침내 하이드로겔 마스크팩에 대한 관심이 조금씩 보이기 시작했고 2003년 미국에 '유제닉'이라는 법인을 설립하게 된다. 1년간의 고군분투로 드디어 2003년 7월, 미국의 대형 유통체인인 타겟Target에 납품을 시작, 현지 소매시장에서만 연간 주문량 백만 달러, 10년간 최소 천만 달러어치의 수출계약을 성사시켰다.

한 미국 바이어는 수개월 동안 이 제품 테스트를 해본 결과 성공을 확신하고, 자사 예산으로 백만 달러 이상의 광고비를 투자하기도 했다[10]. 이후 ㈜제닉은 미국의 스파사이언스Spa Sciences Inc.와 OEM 공급계약을 체결, 월마트, C.V.S, 타겟 등 대형마트에 입점하며 마침내 국내에서도 그 기술력을 인정받아 2004년 12월, 과학기술부로부터 '경피투여 화장품용 수용성 하이드로겔 제조기술'이 KT마크를 수여받았다.

국내시장 재진입 및 집중 성장기(2005~2011)

㈜제닉의 국내시장 재진입은 미국에서 성공한 마스크팩에 대해 국내 업체들이 먼저 러브콜을 보내면서 이뤄졌다. 당시 시장조사를 위해 미국에 방문한 국내업체들은 ㈜제닉이 국내 브랜드 인지도가 낮음에도 불구하고 선진국인 미국에서 판매된다는 사실에 신뢰감을 표했고, 이들의 요청에 의해 국내시장에 재진입했다. 창업 시 싸늘했던

국내 반응과는 정반대의, 말 그대로 '금의환향'인 셈이었다.

국내에서 2005년 최은경 아나운서를 메인 모델로 '코엔자임 Q10 마스크'를, 2007년 배우 하유미 씨를 메인 모델로 '셀더마팩'을 홈쇼핑에 론칭한 ㈜제닉은 엄청난 성공을 거뒀다. 탤런트 하유미 씨가 모델이었던 '셀더마팩'은 2007년부터 현재까지 단일품목으로는 최초로 3,200억 이상의 매출을 달성, 홈쇼핑의 역사를 새로 썼다. ㈜제닉은 늘어나는 수요를 위해 2005년에 논산에 생산공장을 가동했으며, 이 공장의 생산 역량이 증대되면서 에이블씨엔씨Able-C&C에 OEM/ODM으로 상품을 공급하기 시작했다. ㈜제닉은 기록적인 매출과 함께 국내에서 여러 특허 및 수상도 받았다. 2005년 온도 감응성 상태 변화 하이드로겔 및 제조 특허, 수용성 하이드로겔 마스크로 과학기술부 '장영실상' 수상, 이듬해에는 ISO9001 인증과 대한화장품협회 CGMP 인증을 받았다. 이러한 성공을 바탕으로 2011년 8월 ㈜제닉은 코스닥에 상장, 매출 천억 원 이상을 기록하며 벤처천억클럽에 가입하게 된다.

유통채널 다변화와 해외시장 전환기(2012~현재)

㈜제닉은 2012년 광고비 절감을 위해 모델 하유미 씨와 계약을 종료한다[11]. 원래 브랜드명이 '셀더마'였고, 홈쇼핑 채널에서 부르기 쉽고 인지하기 편리하게 모델인 하유미 씨의 이름을 넣어 '하유미팩'이라 불려졌기 때문에, 하유미팩에 익숙해 있던 소비자들의 선호도가 감소해 홈쇼핑 매출이 줄어들기 시작했다[9]. 더 이상 홈쇼핑에만 의존할 수 없다고 판단한 ㈜제닉은 OEM/ODM 사업을 확장하고, 자

사 브랜드 유통채널의 다변화를 시도한다[12]. 중저가의 매스Mass 시장을 장악하고 있는 브랜드샵들이 마케팅과 유통망에만 집중하며 제조는 외주생산한다는 점에 착안해 OEM/ODM 수요가 커질 것이라고 봤다[13]. 이 결과 ㈜제닉의 OEM/ODM 생산 비중은 2012년 17.43%에서 2013년 34.23%로 2배가량 늘어났다[9].

㈜제닉은 2012년을 해외진출의 원년으로 선포하고 본격적인 해외시장 확장에도 나섰다. 2012년 6월 중국 상해에 100% 직접 투자로 생산법인인 '제닉 상하이 화장품 유한공사'와 판매법인인 '제닉 상하이 상무 유한 공사'를 설립, 현지 생산과 중국수출을 이원화해 생산과 판매의 균형을 유지하도록 했다[14]. 생산법인은 중국에서 화장품하이드로겔 마스크팩, 기초화장품, 시트 마스크을 직접 제조판매하며, 중국 내 화장품 브랜드샵에 OEM/ODM 물량을 공급한다〈사진 2〉. 판매법인은 주로 한국의 ㈜제닉으로부터 수입한 화장품을 홈쇼핑, 온라인, 오프라인 등의 채널을 통해 판매하는 역할을 하며 현지 생산법인에서 생산된 제품 역시 유통한다. ㈜제닉은 화장품에 대한 규제와 위생허가가 까다로운 중국을 공략하기 위해 현지법인으로 2013년 위생허가를 취득, 같은 해 4월 현지 생산허가를 받으며 얼마 되지 않은 중국사업에서 급속도로 매출 신장을 이루고 있다[7]. 2013년 9월 중국 생산법인에서는 국제우수화장품 제조 및 품질관리기준인 ISO 22716 인증을 획득함으로써 글로벌 화장품 회사에 납품할 수 있는 기본 요건을 강화하고 하이드로겔 제품 라인의 국제 경쟁력을 높였다[19].

▲ 사진 2 ㈜제닉의 중국 생산공장

출처: ㈜제닉 제공

227

㈜제닉의 해외진출 현황 및 유통경로

㈜제닉은 현재 〈표 4〉와 같이 미국, 일본, 홍콩, 대만, 중국, 유럽 등에 진출해 있다. 앞서 보았듯 국내 발판 없이 2003년 미국시장에서의 성공을 통해 2005년 국내시장에 재진입해 홈쇼핑에서 대성공을 거뒀으나, 이때 미국의 유통업체가 파산하게 되며 잠시 미국판매가 중단되었다. 이 일로 한동안 국내시장에 집중하며 생산설비를 늘려갔고 한층 넓어진 생산력으로 2010년, 미국시장에 재진출하기에 이른다. 현재 글로벌 온라인 유통망인 타오바오Taobao, 월마트 온라인에서도 셀더마와 퓨어트리가 검색 및 구매가 가능하다. 주로 중간상을 통해 판매를 하는데 미국 월마트 온라인몰은 미국 Joy Systems Inc.를

성공해서 돌아오는, 금의환향형

통해 입점해 2015년부터 판매를 시작했으며, 이를 바탕으로 차후 월마트 매장에서도 판매할 예정이다.

2012년에는 일본시장에 한국 브랜드 및 일본 현지 브랜드의 OEM 생산으로 진출했다. 같은 해 중국진출을 본격화하기 위해 중국 상하이에 생산법인과 판매법인을 설립했고[16], 국내 홈쇼핑에서의 성공 경험을 되살려 중국 동방 CJ홈쇼핑을 통해 중국시장으로의 성공적 진출을 한 뒤 중국 최대 드럭스토어인 매닝스Mannings에 입점 및 타오바오 티몰에서도 활발한 활동을 펼치고 있다〈사진 3〉. 2014년 ㈜제닉의 자사 브랜드들의 일본진출이 이뤄졌고[17], 같은 해 홍콩과 대만에도 암웨이Amway사를 통해 OEM 수출이 시작됐다.

표 4 ㈜제닉의 진출 국가 및 유통경로

국가	진출 연도	현지 유통업체	주요 판매처
미국	2003년 2010년(재진출)	스파사이언스 (Spa Sciences Inc.)	2003년: 월마트, 월그린, C.V.S, 타겟
		Joy Systems Inc.	월마트 온라인몰
일본	2012년(OEM) 2014년(자사 브랜드)	–	왓슨스(자사 브랜드) 편의점(OEM/ODM)
홍콩대만	2012년(OEM) 2014년(자사 브랜드)	–	암웨이(OEM/ODM) N/A(기존 OEM 고객: 자사 브랜드)
중국	2013년	제닉 상하이 화장품 유한공사, 제닉 상하이 상무 유한공사	• 동방 CJ홈쇼핑 2014년 7월까지 자사 브랜드, 7월 이후 CJ-SEP ODM • 중국 왓슨스 준비 중, 2014년 7월부터 매닝스(자사 및 ODM) • 화장품 유통체인 SASA(OEM)

출처: 인터뷰, 조사자료에 의해 저자 편집

㈜제닉의 해외진출 성공요인

국내보다 해외에서 먼저 인정받은 ㈜제닉의 주요 성공요인은 다섯 가지로 분석될 수 있다. 1) CEO의 역발상 아이디어, 2) 독보적 기술력 및 단일품목 집중 전략, 3) 지속적인 R&D 투자, 4) 효과적인 유통 채널 선택, 5) 현지법인을 통한 품질관리가 바로 그것이다.

CEO의 역발상 아이디어

앞서 보았듯 ㈜제닉의 성공에는 창업주인 유현오 대표의 두 번의 역발상이 빛을 발했다. 먼저 상처치료제를 목적으로 개발한 팩을 미용 마스크팩으로 전환했고[18], 국내시장에서 낮은 브랜드 인지도로 어려움을 겪자 오직 기술만으로 평가받을 수 있는 미국시장으로 발길

▲ 사진 3 중국 매닝스 제닉 셀더마팩 입점 모습
출처: ㈜제닉 제공

을 돌렸다. ㈜제닉 김성국 팀장은 이처럼 해외에서 국내로 거꾸로 진입한 과정을 다음과 같이 설명한다.

미국시장 자체가 제품만 좋으면 빨리 성장 할 수 있는 시장이 잖아요. 근데 한국은 브랜드도 없고, 판매실적도 없으니 실제 제품이 좋아도 문전박대를 많이 당했죠. 아무것도 없으니까요. 제품 기술도 하나 없고, 멋들어진 공장도 없고, 역사가 있는 것도 아니니까 사람들이 무시를 많이 한 거죠. 그래서 "미국에 가서 해보자" 해서 미국으로 갔죠. 그런데 그곳에서 성공하면서 미국에서 잘 팔리니까 한국에서도 좋은 제품으로 인식이 됐어요. 그런 기술이 많잖아요. 한국에서 개발했지만 한국에서 판매된 게 아니라 외국에서 오히려 잘 돼서 인정받는 경우요. 저희 제품도 그런 경우라 보시면 돼요. 한국에서 온 바이어들이 시장조사하러 왔다가 오히려 "이건 어디 제품이지?" 하고 봤는데, 알고 보니 한국에 이런 분이 했다, 그래서 역으로 제안해 한국에 와서 사업을 다시 시작하신 거죠.

김성국 팀장 인터뷰 중

독보적 기술력 및 단일품목 집중 전략

㈜제닉의 두 번째 성공요인은 독보적인 기술력과 오직 마스크팩에 사활을 건 집중 전략에 있다. 화장품은 이미지산업으로 꼽히지만 ㈜제닉은 이미지와 상관없이 독보적인 기술력으로 승부를 보고자 했

고, 당시 증정상품으로만 여겨지던 마스크팩이 하나의 독립적인 제품으로 인식되며 시장 규모도 커졌다. 이 흐름을 타고 ㈜제닉은 독보적 기술인 수용성 하이드로겔을 국내외 최초로 마스크팩 재료로 개발, 물을 분산 매체로 하는 수용성 겔로 팩의 영양과 유효성분이 피부 속까지 깊숙이 전달되도록 했다[9]. 온도 감응성 하이드로겔은 카라기난, 로커스트콩검, 한천 등의 천연 고분자의 가교를 이용한 하이드로겔로 국내특허는 물론 미국, 중국, 일본, 러시아에 특허 등록까지 완료한 상태이다특허 제10-0506543호/온도 감응성 상태변화 하이드로겔 조성물 및 그 제조방법[16]. 이러한 독보적 기술로 마스크팩시장 진입의 난이도를 높인 탓에, 타 경쟁업체의 진입이 어려워졌고 이는 다시 ㈜제닉에게 호조好調로 돌아왔다.

231

지금 마스크팩 회사로는 시설이나 기술을 많이 가지고 있는 회사가 없어요. 마스크팩 자체의 역사가 오래되지 않았거든요. ……에스티로더Estee Lauder도 화장품은 잘 만들지만 마스크팩 기술은 없어요. 그래서 오히려 저희한테 찾아와서 같이 한번 개발하자고 해서 협력으로 실제 마스크팩을 개발한 것도 있고요. 마스크팩 분야만큼은 저희가 세계에서 제일 기술이 좋아요. 그렇지 않고는 그 큰 회사가 (저희에게) 요청할 리가 없죠.

김성국 팀장 인터뷰 중

㈜제닉이 국내외 유수업체들에게 OEM 공급을 시작하게 된 것도

이러한 기술력이 인정받았음을 반증하는 일이다. 글로벌 기업인 에스티로더, 암웨이를 비롯해 국내 대/중견기업인 아모레퍼시픽, LG 생활건강, 더페이스샵, 미샤에도 OEM/ODM 공급이 이뤄지고 있다. 김성국 팀장은 독보적인 기술력이 ㈜제닉을 경쟁업체보다 우월한 입지에 놓일 수 있게 한 큰 힘이며, 카피제품의 공략에도 흔들림 없이 시장에서 입지를 지켜준 원동력이라 말한다.

> 바이어가 다른 공급처로 옮기고 싶어도 그들에게 없는 독보적인 기술을 저희가 가지고 있으면 옮길 수 없거든요. 대표적인 게 하이드로겔 기술력인데, 이것 같은 경우는 중국에도 카피제품이 있지만 기술력이 워낙 떨어져요. 형태만 유지할 뿐이지 사용하면 겔 자체가 깨진다든지, 제품으로서 아직까지 (완성이) 이뤄지지 않았거든요. 그런 기술개발 투자에서 저희는 연구소도 가지고 있고, 계속 개발을 하고 있어요.

김성국 팀장 인터뷰 중

지속적인 R&D 투자

㈜제닉이 위와 같은 독보적인 기술력을 보유하게 된 것은 설립 초기부터 부설 연구소를 설립해 끊임없이 기술개발에 매진한 결과이다 〈사진 4〉. 현재까지도 기업 부설 연구소에서 지속적으로 신기술을 기존 제품과 결합해, 투명 선크림, 에센스 시트 마스크, 물 없이 쓰는 샴푸 등 한 단계 진화된 상품들을 선보이고 있다. R&D 투자 이외에 화

장품 생산 설비에도 과감히 투자해 대량의 주문물량을 감당할 수 있는 능력을 확보함으로써 대량생산에 따른 원가경쟁력도 높였다.

효과적인 유통채널 선택

㈜제닉은 중소기업으로 자사의 마케팅 역량이 제한되어 있음을 인정하고, 국내사업에 있어 오프라인 브랜드샵 진출보다 저비용으로 제품 홍보가 가능한 홈쇼핑을 주요 유통채널로 선택했다. 마스크팩 단일상품으로 브랜드 매장을 구성하는 것이 어려운 ㈜제닉에게, 시연을 통해 제품의 홍보효과를 극대화시킬 수 있는 홈쇼핑은 더할 나위 없는 판로였다. 한국뿐 아니라 중국에 진출할 때도 홈쇼핑에 대한 기대는 이어졌다.

> 유통도 여러 가지가 있잖아요. 브랜드샵에 입점해서 브랜드샵을 설립하는 데도 있고 여러 가지가 있는데, 저희는 주로 홈쇼핑 채널을 통해서, 왜냐하면 중소기업이기 때문에 마케팅에 많은 비용이 투자될 수가 없어요. 브랜드샵만 차린다고 되는 것도 아니

고, (제품이) 알려져야 되니까요. 저희가 지금 셀더마라는 브랜드를 주로 홈쇼핑 채널에 유통했던 단 하나의 이유예요. 중소기업이었기 때문에…… 돈이 많이 들지 않으면서 계속 틀어주고 대신해서 홍보와 마케팅을 해주는 거잖아요. 중국도 같은 마케팅 전략으로 나가고 있어요.

박재희 과장 인터뷰 중

현지법인을 통한 품질관리

㈜제닉은 중국시장에 보다 적극적인 진출을 위해 자사 생산법인인 ㈜제닉 상하이 화장품 유한공사와 판매법인 ㈜제닉 상하이 상무 유한공사를 설립했다. 이들 현지법인을 통해 까다로운 중국의 화장품 수입 규제를 피했고, 중간 벤더나 유통업체 없이 현지 홈쇼핑사와 직접 거래함으로써 중간 마진을 없앴다. 하지만 현지법인 설립은 비용투자의 부담이 만만찮아 ㈜제닉은 이 부담을 극복하기 위해 상해에 생산공장을 임대, 2012년 중국 현지 고객사로부터 제품주문을 확보한 뒤 2백만 달러를 투자해 고효율 OEM/ODM 설비를 구축했다. 또한 '메이드 인 차이나' 화장품에 대한 중국 소비자들의 신뢰도가 낮음을 감안, 원자재의 80~90%를 한국에서 공수해와 품질신뢰도를 높이고 한국의 제조담당 직원들과 연구원들을 현지에 상주시켜 이를 관리하도록 했다. 김성국 팀장은 중국원료와 한국원료 간의 품질차이가 적지 않다고 말한다.

부자재나 원료들을 한국에서 가져가요. 그래서 현지에서 생산하고 있고 일부 박스라든지 중요하지 않은 것들만 현지에서 공급받고, 80, 90%는 한국에서 가져가요. 그렇기 때문에 품질이 한국과 똑같을 수 있어요. 생산에 어려움은 있지만 그나마 이렇게 했기 때문에 품질을 유지할 수 있는 거예요. 현지에서 제품을 다 하면 원료나 이런 것들은 편차가 심하기 때문에 품질유지가 어려워요.

김성국 팀장 인터뷰 중

앞으로의 비전

235

'셀더마팩'과 같은 ㈜제닉의 하이드로겔 마스크들은 기술력과 매출기록 면에서 마스크팩시장의 새 장을 열었다고 평가받는다. ㈜제닉은 이에 안주하지 않고, 향후 5년 이내 해외매출이 국내를 뛰어넘는 것을 목표로 하고 있다. 또한 OEM/ODM 생산보다는 셀더마 외 제2의 브랜드, 또는 수출용 자사 브랜드를 개발하는 데 중점을 두고 강력한 브랜드 개발로 후속주자 및 모방제품들의 추격을 따돌리겠다는 계획이다.

Part 4

질만큼 다양성도 중요한, 다품종 소량생산형

수직적 생산시스템 하에서
다품종 소량생산으로 차별을 꾀하다

PART 4 에서는

국내시장에서 중소기업 브랜드의
한계를 뼈저리게 깨달은 두 업체가
다품종 소량생산으로
총 매출의 40%(기린화장품, 에이스전자)
내지는 75%(드림콘)를 해외시장에서
일궈낸 ㈜드림콘, ㈜기린화장품,
에이스전자㈜를 다룬다.

이는 대부분 대기업이 선점하고 있는 컬러 콘택트렌즈 분야㈜드림콘, 헤어제품 분야 가운데 특히 염색약 분야㈜기린화장품, 가정용 전자제품 분야에이스전자㈜에서 이루었다는 점에서 매우 고무적이다.

세 사례는 각각 1997년에이스전자㈜, 1999년㈜기린화장품, 2007년㈜드림콘에 창립되어 그 후 2~3년 만에 해외시장 진출에 성공한다. 현재 중간상인 벤더 혹은 유통업체를 통해 주문자상표부착OEM 방식 또는 자사 브랜드를 수출하고 있으며, 해외에 생산 및 판매법인은 두지 않았다. 창립 직후 해외 여러 나라로 동시에 수출한다는 점은 테크놀로지 분야에서 볼 수 있는 전형적인 본 글로벌born global 형태와 유사하다. 그러나 컬러 콘택트렌즈, 염색약, 가정용 소형가전은 테크놀로지 분야가 아니다.

그럼에도 불구하고 본 글로벌과 같이 창립 초부터 해외수출을 시작한 이유는 국내시장에서 중소기업 브랜드 수용의 한계 때문이다. 세 사례의 창업주들은 한결같이 국내시장에서의 어려움이 해외시장 진출의 계기가 되었다고 한다. ㈜기린화장품의 경우 대기업이 80%를 선점하고, 상위 5개 브랜드가 54%를 차지할 뿐 아니라 가격경쟁, 복사품이 난무한 헤어제품 분야에서, ㈜드림콘 역시 치열한 경쟁구조와 안경점 등에 위탁판매를 통해 판매하는 구조적인 문제를 안고 있는 컬러 콘택트렌즈 분야에서, 브랜드 인지도가 낮은 중소기업으로 생존에 한계가 있음을 절감한다.

더군다나 이 세 분야는 해외진출 시 각 나라의 인증이 필요하다. 헤어염색약의 경우 각국마다 위생허가뿐 아니라 CGMP Current Good Manufacturing Practice: 우수 화장품 제조 및 품질관리 기준 설비를 갖춰야 하는 진입 장벽이 있다. 사람의 눈에 들어가는 콘택트렌즈 역시 각국마다 요구하는 인증에 통과되어야 한다. 소형가전도 마찬가지이다. 따라서 해외 여러 나라에 동시에 들어가는 데는 태생적인 한계가 있다. 인증을 받는 데 시간이 걸리기 때문이다.

그럼에도 불구하고 현재 ㈜드림콘의 경우 38국 122여 개 업체에, ㈜기린화장품은 미국, 유럽, 동남아시아, 중동 등 12개국에서 판매되고 있다. 특히 ㈜기린화장품은 첫 수출국이 미국이고, 비록 OEM이긴 하지만 1분 염색약으로 처음부터 대형 유통점인 월마트 Walmart 에서 판매되기 시작했다는 점, 전체 수출의 70%가 미국에서 이루어진다는 점이 두드러진다. 깐깐한 미국 소비자를 만족시킨 데는 그 무엇이 있음에 틀림없다.

그들의 비밀 중 하나는 우수한 품질 이외에 다품종 소량생산으로 여타 경쟁업체와 확실히 구분되는 차별점을 제공한다는 것이다. ㈜드림콘의 경우 현재 약 2천 개에 달하는 렌즈 모델을 보유하고 있으며 식약청에 등록된 모델만도 1,039개에 이른다. ㈜기린화장품 역시 충북 청원군 오송 생명과학단지 내 자가공장에서 첨단 생산시스템을 갖추고 해외 바이어가 원하는 대로 헤어컬러를 제공해준다.

이렇게 다품종 소량생산이 가능한 이유는 제품설계, 생산, 판매를 한 회사에서 하는 수직통합시스템vertically integrated system에 있다. 이 수직통합시스템은 생산을 직접 관리해야 한다는 점에서 효율성이 떨어진다고 보는 관점이 보편적이다. 생산을 관리한다는 것은 생산시설을 갖추어야 할 뿐 아니라 최첨단의 생산시설로 꾸준히 향상시켜야 하고, 생산량이 꾸준해야 하며, 생산 인력, 운송 등을 모두 관리해야 하므로 고비용 저효율이라고 보는 것이다. 따라서 생산은 외부에 맡기는 외주생산이 저비용 고효율 모델로 대두되었다.

그러나 ㈜드림콘은 제품의 개발, 생산, 판매가 모두 한 건물에서 이루어지며, ㈜기린화장품 역시 한동네에서 이루어진다. 심지어 ㈜드림콘의 경우 생산직원의 기숙사가 사무실, 공장, 연구실이 있는 건물의 바로 옆 건물에 위치해 있다.

이처럼 세 사례는 수직통합시스템의 장점을 백분 활용한다. 즉, 생산의 유연성뿐 아니라 부서 간 신속한 정보공유를 극대화해 복잡한 다품종 소량생산 시스템을 원활하게 하는 동력으로 이용한 것이다. 복사품이 난무한 중소기업에서 제품 기밀 유지가 뛰어나다는 부수적인 효과까지 얻고 있다. 인건비 때문에 국내생산은 사양길이라는 것은 우리 편견에 불과하다는 것을 여지없이 보여준다. 단점도 장점으로 활용하는 게 바로 능력이기 때문이다.

세 기업은 척박한 국내 환경의 단점을 수출이라는 장점으로 바꿨고, 국내생산의 문제를 다품종 소량생산 시스템으로 백분 활용했다. 더불어 100% 국내생산으로 일자리 창출에 공헌하고 있다. 이상에서 세 사례의 다품종 소량생산을 강조했지만, 세 기업의 해외진출 이면에는 이를 가능하게 한 요인들과 숨은 노력들이 많이 있다. 이를 자세히 살펴보자.

▼ 표 4-1 다품종 소량형 사례 요약

	㈜드림콘	㈜기린화장품	에이스전자㈜
주요 수출품목	컬러 콘택트렌즈	헤어제품	가정용 전기기기
창립 연도	2007년	1999년	1997년
첫 수출해	2008년	2002년	1999년
첫 수출까지 걸린 햇수	3년	3년	2년
첫 진출국	스페인	미국	일본
총 해외진출국 수	38개국	12개국	7개국
생산	자가공장에서 100% 국내생산	자가공장에서 100% 국내생산	자가공장에서 100% 국내생산
해외진출 브랜드	OEM/자사 브랜드	OEM/자사 브랜드	OEM/자사 브랜드

㈜드림콘: 혁신적인 컬러 콘택트렌즈로 글로벌 소비자를 사로잡다

최고의 품질을 통한 고객 감동 실현,
신제품개발을 통한 고객 가치 창출

– ㈜드림콘 경영 철학 중 –

콘택트렌즈는 전 세계인이 사용하는 생활용품 중 하나이지만, 그 사이에서 한국산 브랜드의 입지를 찾기는 쉽지 않다. 2007년 설립돼 컬러렌즈, 써클렌즈 등의 미용렌즈와 RGP 고도근시용 하드렌즈를 비롯한 다양한 콘택트렌즈제품을 생산하는 ㈜드림콘은 현재 38개국, 122여 개 업체에게 제품을 수출하는 명실상부 본 글로벌born global 기업으로 성장했다. 해외 유명 브랜드들이 이미 국내시장을 주도하고, 그 틈바구니에서 국내 중소업체들마저 치열한 경쟁을 벌이고 있는 콘택트렌즈사업에서 ㈜드림콘은 후발주자로서 내수 경쟁에서의 한계를 절감하고 일찌감치 수출에 눈을 돌려 초기부터 세계인증 획득을 위한 연구개발에 주력했다. 그 결과 미국 FDA, 일본 후생성 인증을 비롯해 러시아, 중국, 태국 등 5개국의 인증을 차례로 획득한 ㈜드림콘은 2009년 세계 최초로 항균성이 뛰어난 백금나노입자를 이용한 나노 콘택트렌즈의 원천기술을 개발하는 데 성공했다. 나아가 2010년에는 세계 최초 전 제품 7년 인증을 획득하고, 2012년 색소가 눈에 닿지 않는 플루시어 공법 개발에까지 성공해 수출 시작 5년 만에 5백만 불 수출의 탑을 수상했다. 기술력을 바탕으로 한 파죽지세의 행보로 2012년 대한무역투자진흥공사KOTRA 선정 최상급 글로벌 브랜드에게 주는 '블루 등급', 2013년에는 미국 FDA 승인을 획득했으며, 2014년 12월에는 산업통상자원부로부터 차세대 세계 일류 상품으로 선정되었다. 또한 해외수출 천만 불 달성을 눈앞에 두고 있다[1].

244

▼ 사진 3 ㈜드림콘 본사 전경
출처: ㈜드림콘 제공

이 장에서는 해외 유명 브랜드들을 중심으로 기술력 싸움이 치열한 콘택트렌즈시장에서 단기간에 성공적인 해외진출을 이뤄낸 ㈜드림콘의 해외진출 전략을 살펴본다. 이를 위해 김영규 대표, 이종미 부장과의 인터뷰, 각종 신문 및 보도자료 등을 토대로 ㈜드림콘의 회사전반과 그 발전 역사, 김영규 대표의 기업가 정신, 경영 신조와 함께 해외진출 동기 및 전략을 분석해본다.

기업 소개

㈜드림콘은 컬러렌즈, 써클렌즈, RGP 외에도 근시/난시 보정용 렌즈, 홍채 보정용 렌즈, One Day 렌즈 등 다양한 콘택트렌즈제품을 생산하고 있다(〈표 1〉 참조). 이러한 생산은 모두 국내 경남 양산공장에서 이루어지며, 〈표 2〉에서 보는 바와 같이 현재 총 14개의 자사 브랜드가 있다. ㈜드림콘은 현재 자사 직영점, 전국의 56개의 대리점, 다비치 안경체인, 오렌즈 등을 통해 제품을 판매하고 있다.

㈜드림콘의 2013년 기준 매출액은 915억 원, 순이익은 27억 원 규모로 집계되며(〈그림 1〉 참조) 2014년 1월 기준 총 75명사무직 18명이 고용되어 있다. 신기술과 신제품개발을 위해 부설 연구소R&D를 두고 있으며, 총 매출액의 5%가량이 R&D에 투자되고 있다[2, 3]. 총 사무직 직원의 30%가 넘는 6명의 직원이 이 연구소에서 근무하고, 이와 더불어 세계 인증 및 인허가를 담당하는 인력이 2명 있다[1]. 부설 연구소는 중장기적인 R&D 계획을 수립하는 연구기획 관리팀, 새로운 소재를 개발하는 신소재 개발팀, 소비자 기호에 맞는 새로운 렌즈 디

▼ 표 1 ㈜드림콘 개요

업종	콘택트렌즈	점포 수		대리점: 5개
직원 수	75명/사무직 18명 (2013년)	매출액		약 916억 원 (2013년)
제품	컬러렌즈, 써클렌즈, RPG, 근시/난시 보정용 렌즈, 홍채 보정용 렌즈, One Day 렌즈	생산공장		100% 국내생산
		R&D	연구개발 인력	6명(2014년)
수출액 비중	75%		매출액 비중	5 %(2014년)
인증 및 인허가 담당	2명			
해외수출 담당팀	5명		특허	6건(2014년)
해외시장 점유율	태국, 말레이시아 1위 (2013년)		해외인증	5건

출처: 인터뷰, 조사자료에 의해 저자 편집

▼ 표 2 ㈜드림콘 브랜드

근시/난시 보정	헤라
컬러	허쉬, 아띠, 오즈, 루나, 에띠앙, 뉴뷰티
써클	꿈에, 헤라, 뷰티, 아띠
홍채 보정	IRIS
RGP	Blue Thin, Optium, N Thin
One Day	Dream Beau

출처: 조사자료에 의해 저자 편집

▼ 그림 1 ㈜드림콘의 매출액 및 영업이익 추이

(단위: 천만 원)

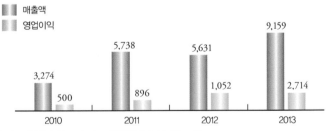

출처: 한국기업데이터(2013), 중소기업현황정보시스템(2014)

브랜드, 세계를 삼키다

자인을 연구하는 디자인 개발팀과 생산기술 및 장비 개발과 표준화에 힘쓰는 생산기술 개발팀 등 4개 팀으로 구성되어 있다[4]. 이러한 집중적인 R&D 투자의 결과로 ㈜드림콘은 총 6개의 특허와 5개의 해외인증을 보유하고 있으며, 앞서 언급했듯 세계 최초 전 제품 유효기간 7년을 승인받았다.

또한 ㈜드림콘의 제품은 아시아를 넘어 미국, 중동, 유럽 등 38여 개국에 수출되고 있으며, 현재 해외매출 비중이 총 매출의 75%에 달하는 명실공히 수출 중심 기업이다. 주요 수출국으로는 동남아시아와 서유럽이 꼽히며, 특히 동남아시아 지역에서 브랜드 선호도가 높아 태국 및 말레이시아시장에서 1위 브랜드로 자리매김했다[1]. 이러한 해외수출 업무를 담당하는 해외수출팀이 있으며, 총 사무직원의 25%가 넘는 5명의 인력이 투입되어 있다[1].

㈜드림콘의 역사

㈜드림콘의 역사는 크게 창업기, 기술개발기, 수출 성장기 등 세 과정으로 나누어 살펴볼 수 있다(〈그림 2〉 참조).

창업기(2003~2007): ㈜드림콘 설립

20여 년간 '태성정밀'이라는 콘택트렌즈 제조용 기계를 제작하는 회사를 이끌어오던 김영규 대표는 이 기계제작사업을 접고, 2003년 '㈜A & C Korea'라는 콘택트렌즈 생산업체를 설립한다. 이 ㈜A & C Korea는 2006년 콘택트렌즈 제조 장치에 관한 특허를 포함해 3건의

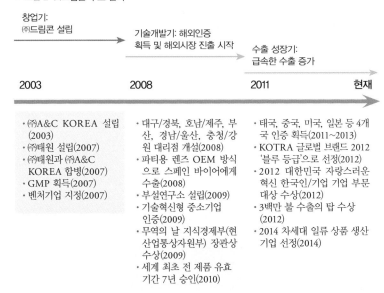

출처: 인터뷰, 조사자료에 의해 저자 편집

특허를 등록한다. 김영규 대표는 그 이듬해인 2007년 3월 '㈜태원'을 설립, 그해 4월 ㈜태원과 ㈜A & C Korea를 합병해 ㈜드림콘을 설립했다. 같은 해 5월에는 경상남도 양산시에 공장 건설을 완료하고, 그해 11월 ㈜드림콘은 벤처기업으로 등록된다.

기술개발기(2008~2010): 해외인증 획득 및 해외시장 진출 시작

㈜드림콘은 2008년부터 수출을 위한 해외인증 획득을 위해 기술개발에 박차를 가한다. 이를 위해 2009년에 부설 연구소를 설립, 중소기업청, 부산대와 '기술혁신 선도과제 협약'을 체결해 산학협력을 도모했다. 같은 해 기술혁신형 중소기업INNOBIZ 인증을 받고, 2010년에 세계

최초 전 제품 유효기간 7년 승인을 받았다. 이 시기 러시아 GOST-R 획득을 비롯해 총 5건의 인증과, 항균성이 탁월한 나노렌즈 특허 2건, ㈜드림콘을 비롯한 총 5건의 특허청 상표를 등록했다. 또한 실리콘 하이드로겔 렌즈 및 홍채 보정용 아이리스 렌즈 등 3건의 신제품 제조 허가 역시 이 시기에 이뤄졌다. ㈜드림콘은 마침내 2008년 2월 인터넷 사이트를 통해 스페인 바이어에게서 파티용 렌즈를 주문받음으로써 첫 주문자상표부착OEM 방식 수출을 시작하게 된다.

수출 성장기(2011~현재): 급속한 수출 증가

계속해서 기술개발과 품질관리에 매진한 ㈜드림콘은 2012년 색소가 눈에 닿지 않는 플루시어 공법을 개발해 태국, 중국, 미국, 일본 등 4개 국에서 인증을 획득했다. 이러한 기술인증에 힘입어 수출이 급속히 성장하게 되고, 2011년에 백만 불 수출의 탑, 2012년에 3백만 불 수출의 탑을 수상, 2013년에는 수출이 5백만 불 이상을 기록하며 현재 수출 천만 불 달성을 목전에 두고 있다[4]. 이러한 성공적인 해외수출력을 인정받아, 2012년 앞서 언급됐듯 한국무역협회KITA로부터 최고 수준의 글로벌화를 달성해낸 국내 브랜드에게 주는 '블루 등급'을 받았다.

CEO의 기업가적 역량 및 경영 신조

위와 같은 ㈜드림콘의 발전에는 창업주인 김영규 대표의 기업가적 역량과 경영 신조가 그 원동력이 됐다. 이 부분을 크게 김 대표의 콘택트렌즈 기계 전문가로서의 전문성, 그 자신이 '촌놈 정신'이라 부르는 기업가 정신, 그리고 '정직'과 '직원 중심'을 강조하는 경영 신조로 나누어 살펴본다.

콘택트렌즈 기계 전문가

김영규 대표는 기계공학도 출신으로, "한국 콘택트렌즈 기계를 제가 다 만들었습니다"라고 말할 정도로 콘택트렌즈 기계제작에는 정통한 엔지니어이다. ㈜드림콘의 전신인 태성정밀을 이끌 때부터 영국의 바이어로부터 콘택트렌즈 기계 대량 주문제작을 받으며 그 전문성을 인정받았지만, 당시에는 기계를 대량생산할 인력이 부족해 주문을 거절할 수밖에 없는 상황을 맞기도 했다. 김 대표는 현재까지 약 천 대의 콘택트렌즈 기계를 내수 및 미국을 비롯한 해외시장에 판매했다고 말한다. 그는 자신이 만든 기계의 우수성을 다음과 같이 설명한다.

> 제가 콘택트렌즈 기계와 관련된 특허를 6개 가지고 있어요. 그 특허에 기반해서 영국에서 기계를 사러왔죠. 그런데 저를 보고 '미친놈'이라고 표현하더군요. 미친 사람이 아니고는 기계를 이렇게 만들 수 없다고요. 왜인지 아십니까? 영국은 기계를 상당히 잘 만들어요. 그 당시 한 대를 만들려면 비용이 약 4천만 원 정도해요. 그런데 저는 1,500만 원에 만들었거든요. 성능은 그 기계의 배인데 말이죠. 이해가 안 되잖아요.
>
> 김영규 대표 인터뷰 중

김영규 대표

콘택트렌즈 기계를 직접 설계하고 제작할 수 있는 김영규 대표 본인의 전문성은 ㈜드림콘의 중요한 경쟁 우위가 되어, ㈜드림콘의 최신식 설비와 최적의 동선, 완벽한 품질관리의 제조공정을 이룩하는 데 밑거름이 되었다[1]. 김 대표의 이러한 전문성은 렌즈에 결함이 생기거나 하는 문제에 봉착했을 때, 문제의 원인과 해결책을 규명하는 데에서 빛을 발했다.

기업가 정신

김영규 대표는 스스로를 '촌놈'이라 칭한다. 이는 창업 때부터 지금까지 지켜온, 계산하지 않고 무조건 도전하고 보는 그만의 뜨거운 열정을 가리킨다. 콘택트렌즈사업의 후발주자로 뛰어든 ㈜드림콘이 오늘날과 같은 놀라운 성장을 이룬 데에는 이러한 '촌놈 정신'의 힘이 컸으며, 그 순수한 열정의 힘은 ㈜드림콘의 첫 해외진출 사례에서 잘 드러난다.

㈜드림콘은 2007년 설립 직후 인터넷으로 바이어를 찾던 중, 2008년 초 처음으로 스페인 바이어로부터 파티용 렌즈를 주문받게 된다. 그러나 당시만 해도 시력 교정용 투명 렌즈만을 생산해왔던 탓에 파티용 렌즈에 대해서는 생산 경험이 전혀 없어, 이 주문을 이행할 것이냐에 대해 회사 내부에서도 의견이 분분한 상황이었다. 하지만 결국 김 대표는 특유의 기업가 정신으로 무작정 밤을 새어가며 연구해 마침내 이 렌즈 제작에 성공했다. 그 결과, 스페인 축제가 시작되기 전 납기일을 맞추어 주문량을 수출할 수 있었으며, 이러한 출발은 오늘날 ㈜드림콘이 미용렌즈 전문업체로 성장하는 계기가 되었다. 현재에

도 김 대표의 해외 전시회 및 출장 빈도는 다른 어떤 경쟁사 대표보다도 잦다. 이 역시 제자리에 머물러 있지 못하고 늘 발 빠르게 움직여야만 하는 부지런한 '촌놈 정신'의 단면이다.

> 전시회는 매년 4군데 이상 가요. 항상. 제가 가만있지 않죠. 움직여야 해요. 제가 끝없이 노력하지 않으면 절대 성공할 수 없기 때문이죠.
>
> 김영규 대표 인터뷰 중

이처럼 부지런히 업계에서 발을 넓혀온 덕에, 그는 현재 48개 콘택트렌즈업체들이 가입해 있는 대한 콘택트렌즈 제조 협회의 협회장을 맡고 있다.

'정직'과 '직원 중심'의 경영 신조

김영규 대표는 ㈜드림콘 마케팅 직원들에게 바이어를 대함에 있어 "우리가 손해보더라도 정직하고, 부도덕한 일은 절대 하지 말 것"을 강조한다. 그는 직원들에게 "당장 바이어를 잃더라도 정직함을 지키며 일한다면 언젠가는 다시 돌아온다"고 말하며, '정직한 마케팅'을 무엇보다 중요한 경영 신조로 삼고 있다[5]. 또한 김 대표는 자사 직원들을 존중하는 직원 중심의 경영을 신조로 삼고 있는데, 이러한 그의 신념은 인터뷰에서도 드러났다.

임시직은 2명 정도 있는데, 우리 직원들을 위해서 실질적으로 임시직은 거의 없어요. 제가 자신 있게 이야기할 수 있는 것은 우리 직원들한테 누구보다도 인간적으로 대해준다는 거예요.

김영규 대표 인터뷰 중

그는 기업의 발전은 곧 대표와 직원들이 의견을 자유롭게 나누며 공감하는 문화 속에서 이루어진다고 믿는다. 비오는 날이면 직원들의 우산을 펼쳐 말려주고, 식사시간에는 자리를 함께하며 대화를 도모하는, 직원들이 편안하게 업무를 시작하도록 회의시간에는 짧은 노래를 들려주는 대표. 이러한 노력으로 김 대표는 어느 직원들에게나 격없이 다가가는, 흔치 않은 오너로 알려져 있다[5]. 사람이 곧 재산이라고 믿는 그는 직원들이 성장하는 모습을 볼 때 대표로서 가장 큰 보람을 느낀다고 말한다[6].

㈜드림콘의 해외진출 분석

이러한 전문성과 신념을 바탕으로 김 대표는 ㈜드림콘을 가장 단기간에 해외진출을 이뤄낸 중소기업 중 하나로 성장시켰다. ㈜드림콘의 해외진출 동기와 방식, 그리고 전략을 살펴본다.

해외진출 동기
㈜드림콘은 일찌감치 국내시장에서는 치열한 경쟁구도와 불합리한

콘택트렌즈 유통구조로 인해 그 성장에 한계가 있음을 깨달았다. 당시 국내 콘택트렌즈시장은 대형 안경점이나 안경 체인점에 위탁판매 방식으로 제품이 유통되는 형태였고[1], 이는 제품을 안경점에 무료로 배포하고 팔린 수만큼의 대금만 지불받는 방식으로, 브랜드가 잘 알려져 있지 않은 중소업체의 경우에는 수익을 내기가 매우 어려운 구조였다. 이러한 국내 유통구조로 인해 설립 1년 만에 수출을 시작하게 된 ㈜드림콘은 혁신적인 기술개발로 세계시장에서 가파른 성장을 이뤄냈다.

해외진출 방식

㈜드림콘의 해외수출은 3분의 1은 OEM 방식으로, 3분의 2는 자사 브랜드 형태로 이뤄진다. 주요 OEM 수출시장은 독일, 프랑스, 중국 등이며, 자사 브랜드로 제품이 수출되는 시장은 태국, 러시아, 중동 등이 꼽힌다. 말레이시아, 독일과 같은 경우에는 처음 OEM 방식으로 수출을 시작했던 바이어들이 몇 년 후 ㈜드림콘의 자사 브랜드 제품들을 수입하기도 했다. 이종미 부장은 OEM 방식을 선택하는 경우와 자사 브랜드 수출 방식을 채택하게 되는 경우의 차이를 다음과 같이 설명한다.

(제품 판매) 허가를 받기 어려운 나라는 자사 브랜드로 많이 가져가요. 유럽 같은 경우는 (유통 바이어가) CE유럽 인증 하나만 있으면 (OEM을 통해 수입한 물건에 대한) 수입통관, 판매에 아

무런 문제가 없어요. 그런데 태국 같은 경우는 승인이 필요해요. 그래서 (유통 바이어가 OEM으로 수입하는 물품마다) 테스트를 다 받아야 하니까 (OEM으로) 가져갈 수 없는 거예요.

이종미 부장 인터뷰 중

즉, 태국 유통 바이어의 경우 OEM으로 수입되는 제품마다 자신들이 승인 절차를 밟는 것보다, 이미 태국으로부터 승인을 받은 ㈜드림콘 자사 브랜드를 수입하는 편이 훨씬 수월하기 때문에 자사 브랜드 수입을 선택했다. 이란 등 중동 국가들 또한 현지 식약청에서 승인, 허가를 받아야 하는데, 이 절차가 매우 까다롭기 때문에 이 경우 중동 바이어들은 자국의 승인, 허가를 이미 받은 ㈜드림콘의 자사 브랜드 수입을 더 선호하는 것이다.

중국의 경우 현지에 ㈜드림콘 브랜드에 대한 선호도가 높지만 워낙 카피가 심해서 바이어별로 자신의 브랜드로 OEM 수입을 원하는 경우가 많다. ㈜드림콘은 해외 바이어들에게 자사 브랜드 수입을 독려하기 위해 그들이 OEM을 원할 경우에는 박스비, 포장비 등의 경비를 부담시키는 반면, ㈜드림콘 브랜드를 구매할 경우에는 이러한 경비를 ㈜드림콘 측에서 지불하도록 하고 있다.

㈜드림콘의 해외진출 성공요인

㈜드림콘의 해외진출 성공요인으로는 1) 다품종 소량생산을 통한

현지화, 2) 소신 있는 가격정책, 3) 한류 및 온라인을 이용한 마케팅 전략, 그리고 4) 해외 바이어와의 신뢰 구축을 들 수 있다.

다품종 소량생산을 통한 현지화

㈜드림콘은 현재 약 2천 개에 달하는 렌즈 모델을 보유하고 있으며 식약청에 등록된 모델만도 1,039개에 이른다. 이는 신제품개발을 위한 ㈜드림콘의 부단한 노력의 결과이기도 하지만, 해외 바이어들과 긴밀히 시장 정보를 공유하며 현지 소비자들이 원하는 다양한 디자인의 제품을 생산한 결과이기도 하다. ㈜드림콘이 빠른 해외시장 진입을 이뤄낸 데에는 이러한 다품종 소량생산을 통해 각 해외시장 소비자들의 다양한 기호에 맞는 맞춤형 렌즈를 선보인 힘이 컸다. 이종미 부장은 해외 바이어들과의 정보 공유에 대해 다음과 같은 사례를 언급했다.

> 독일 바이어의 경우 유행하는 모델들을 다 수작업으로 그려서 보내요. 그러면 저희가 렌즈로 만들 수 있겠다, 없겠다를 판단해서 만들어요.
>
> 이종미 부장 인터뷰 중

또한 ㈜드림콘은 미용렌즈의 특성상 렌즈의 기능성은 물론 디자인이 매우 중요하다는 것을 깨닫고, 부설 연구소에 별도의 디자인 부서를 개설해 새로운 디자인 개발에 있어 생산팀과 긴밀한 공조를 이루도록 했다. 사무실, 연구소, 공장을 모두 한 건물에 둠으로써 생산의 유연성과 신속한 부서간 정보공유를 극대화했으며, 이는 복잡한 다품종 소량생산 시스템을 원활하게 하는 동력이 되었다.

소신 있는 가격정책

㈜드림콘은 해외 바이어들의 환심을 사기 위한 무조건적인 가격경쟁에는 동참하지 않는다. 이는 렌즈가 사람의 눈에 삽입되는 것인 만큼, 무조건 저렴한 가격보다는 제품의 안정성이 더욱 브랜드에 대한 신뢰도를 높인다는 판단에서였다. 이종미 부장은 이러한 ㈜드림콘의 소신 있는 가격정책을 다음과 같이 말한다.

일단 콘택트렌즈는 멸균을 시켜야 되는 제품이잖아요. 콘택트렌즈 제품이 품질이 좋은지 안 좋은지 소비자가 사용하기 전까지는 아무도 몰라요. 사실 탈나기 전까지 싼 거를 많이 하거든요. 그런데 제가 팔아보니까 가격이 싸다고 해서 그 제품이 잘 팔리는 건 아니었어요. 싼 제품은 뭔가 있을 것이다, 그게 (바이어) 심리더라고요. 보통 시장이 천 원대에 형성되어 있으면 1,100원인데 좋다 그러면 한번 해볼까 하는 바이어들이 있어요. 하지만 6백 원으로 내려가거나 또 2천 원으로 올라도 안 사요. 가격대에서 살짝 높은 것을 선택하더라고요. 그래서 저는 절대로 바이어들이 원하는 수준만큼 (가격을) 내리지 않아요. (바이어가) 원하는 대로 (가격이) 내려가다 보면 공장에서 못 버텨요. 남는 게 없는데 R&D나 마케팅에 투자할 수 없잖아요.

이종미 부장 인터뷰 중

제품 품질과 가격을 연관지어 생각하는 바이어들의 심리를 간파한 ㈜드림콘은 매출에 연연하지 않고 소신 있는 가격정책을 펼쳐, 지금은 바이어들이 "㈜드림콘의 렌즈는 원래 가격이 그렇다"라고 이해하도록 했다. 불필요한 손해를 없앤, 소신 있는 가격정책의 결과로 R&D 및 마케팅 투자비용을 확보해 고품질의 다양한 렌즈를 생산할 수 있었고, 나아가 적극적인 마케팅 활동에 비용을 투자해 매출이 증가하는 선순환 구조를 이룰 수 있었다.

한류 및 온라인을 이용한 마케팅 전략

김영규 대표는 인터넷이 발달한 요즘, 브랜드 홈페이지의 중요성을 인식하고 ㈜드림콘 홈페이지 제작 및 관리에 노력을 아끼지 않고 있다. ㈜드림콘의 홈페이지는 선진국 바이들의 눈에도 세련되고 매력적일 수 있도록 이탈리아 브랜드 카탈로그들을 벤치마킹했고, 한국어, 영어, 러시아어, 아라비아어 등 네 가지 언어로 리뷰가 가능하도록 제작했다. 또한 유럽인들은 안의 내용보다는 제품의 외적 포장에 더 신경을 쓴다는 점에 착안해, ㈜드림콘 내부 디자인 부서에서 제품 패키지까지 모두 디자인·제작하도록 했다. 모든 공정이 회사 내부에서 이루어지도록 함으로써 타사에 비해 제품 기밀 유지가 뛰어나다는 부수적인 효과까지 얻었다. 또한 ㈜드림콘은 알리바바와 같은 글로벌 온라인 유통사이트를 이용해 바이어를 물색하기도 하고, 이탈리아 밀라노에서 열리는 미도 전시회, 두바이 전시회 등 매년 최소 4회 이상 해외 전시회에 참여해 브랜드를

본 제품은 '의료

▲ 사진 2　걸스데이를 모델로 한 마케팅

출처: ㈜드림콘 제공

알리고 있다. 브랜드 인지도를 높이기 위한 노력으로 유명 잡지에 광고 역시 꾸준히 하고 있으며, 자사 브랜드를 구매하는 해외 바이어들에게는 적극적인 브랜드 현지 홍보에 대한 인센티브를 제공하기도 한다.

㈜드림콘은 동남아시아에 일고 있는 한류의 영향을 고려해 2014년에는 걸그룹 '걸스데이'를 2년간 전속 모델로 계약, 이들 아이돌의 이름을 딴 렌즈 모델을 출시하고 본격 마케팅에 나섰다〈사진 2〉. ㈜드림콘은 이에 더불어 태국, 말레이시아 등 기타 아시아 지역에서 또한 한류의 파급효과를 기대하고 있다.

질만큼 다양성도 중요한, 다품종 소량생산형

해외 바이어와의 신뢰 구축

㈜드림콘은 설립 초기부터 거래를 했던 다수의 바이어들과 오랜 관계를 유지하고 있다. 이는 김영규 대표의 정직과 신뢰관계를 강조하는 경영 이념을 해외수출 담당팀이 그대로 반영해, 해외 바이어들과 신뢰 중심의 끈끈한 협력관계를 구축해온 결과이다. ㈜드림콘의 이종미 부장은 해외 바이어와의 관계 구축에 대해 다음과 같이 언급한다.

> 정직하게 팔아야 돼요. 바이어들이 오면 있는 그대로 못 하는 것은 못 한다고 말하고, 할 수 있는 것은 최선을 다해서 해줄게, 하고 정직하게 이야기를 해줬던 것 같아요. 그렇기 때문에 지금까지 (관계를) 유지하지 않았나 싶어요.
>
> 이종미 부장 인터뷰 중

이 부장은 솔직한 소통을 바탕으로 한 좋은 신뢰관계의 예로 러시아 바이어와의 사례를 떠올렸다.

> 러시아 바이어의 경우 저희 물건을 (처음) 가지고 갈 때 러시아 보건소 인증이 없어서 불법이었거든요. 보내 달라고 해서 보내줬어요. 그때 "우리가 보건소 등록을 해서 너희가 (우리) 물건을 합법적으로 가져가서 판매할 수 있게 해줄게"라고 약속했고, 그 인증을 2년 뒤에 받았어요. 그러고 나니까 바이어도 저희를 믿게 됐죠.
>
> 이종미 부장 인터뷰 중

또한 ㈜드림콘은 바이어와 관계를 맺음에 있어 가격에 의해 좌우되는 일회성 관계가 아닌, 서로 존중하고 신뢰하는 장기적 관계를 쌓는 것에 중점을 뒀다. 이 부장은 이 점을 다음과 같이 설명한다.

> (우리가) A라는 바이어한테 천 원에 팔았어요. 그러면 B라는 바이어가 보고, (A가) 우리 ㈜드림콘 회사 제품을 가져가서 돈을 버네?(라고 생각하면서) B라는 회사가 직접 연락을 해와요. 1,200원에 사갈 테니까 우리한테 줘(라고). 저희 회사는 그건 아닌 것 같다며 돌려보내요. 서로 믿고 하는 일인데 인간관계가 그러면 안 되니까요.
>
> 이종미 부장 인터뷰 중

261

이종미 부장은 해외 바이어들과 제대로 된 신뢰를 쌓는 데 적어도 3년 이상의 시간이 필요하다고 말한다. 하지만 공을 들인 만큼, 한번 만들어진 이러한 신뢰관계에서 오는 이점들이 더 많았다. 예를 들어, 사우디아라비아, 터키 등 중동 바이어들은 한번 신뢰를 구축하고 나면 주변의 새로운 바이어들을 소개해주어 ㈜드림콘이 새 시장을 개척해나갈 때 적지 않은 도움을 주었다.

또한 김영규 대표는 해외 바이어와의 관계에 있어 위험 부담을 분산시키기 위해, 한 바이어에게 대량의 제품을 판매하기보다는 여러 바이어에게 물건을 분산시켜 판매하는 것을 선호한다. 더불어 같은 제품이 한 지역의 여러 바이어에 의해 판매됨으로써 발생할 수 있는 과열 경쟁을 방지하기 위해, 한 나라에 한 바이어와 거래를 하는 1개 국 1바이어 원칙을 지향한다. 같은 지역에 거래를 원하는 여러 바이어들이 있는 경우에는, 서로 다른 제품 모델을 권해 이러한 경쟁을 피한다.

㈜드림콘의 당면 과제

㈜드림콘이 해외시장에서 놀라운 성장을 이루고 있지만, 해외수출에 있어 그 어려움이 없는 것은 아니다. 먼저, 중소기업의 특성상 자체적인 시장조사가 어려워 새로운 해외시장에 진출할 때 현지 바이어를 물색하는 데 어려움이 있다. 수출 관련 정부기관과 같은 외부 시장 자료에 의존하고 있지만, 때론 제공되는 정보의 정확성이 떨어져 유력한 현지 바이어에 대한 정보를 얻는 데에는 한계가 있다. 또한 ㈜드림콘은 해외시장에서조차 한국 중소기업끼리 서로의 몫을 빼앗고 빼앗기는 출혈 경쟁을 해야 하는 데 대해 안타까움을 느낀다. 대개의 한국 중소기업들이 브랜드 인지도가 아직은 열악해 새로운 바이어들을 확보하기가 쉽지 않고, 이런 이유로 한국 중소기업들끼리 같은 바이어를 놓고 서로 빼앗아오려 경쟁하는 상황이 종종 발생하고 있다. 한 바이어를 놓고 중소기업들 간 경쟁은, 곧 출혈이 심한 가격경쟁으로 이어지고, 이는 결국 서로의 수익률을 함께 낮추게 되는 안타까운 상황을 낳고 있다. 마지막으로 최근 해외시장에서 증가하고 있는 중국산 복제제품으로 인한 피해 또한 커지고 있어, ㈜드림콘으로서는 이를 막을 만한 대응책 강구가 필요한 상황이다.

앞으로의 비전

김영규 대표가 말하는 ㈜드림콘의 향후 비전은 "The world best color contact lense maker"세계 최고 컬러 콘택트렌즈 브랜드이다. 고객에게 세상에서 가장 아름다운 눈, 가장 매력적인 눈을 만드는 일류 제품을 공급해 최고의 만족을 주는 것이 ㈜드림콘의 목표다[4].

김 대표는 또한 2015년까지 직원이 백명으로 늘어나고 ㈜드림콘이 누구나 들어오고 싶어하는 회사로 거듭날 수 있기를 희망한다. "우리 회사의 신입사원 경쟁률이 높아져서 우리 회사에 들어오려고 연줄을 이용해 천만 원을 쓰고 들어오는 회사, 그런 회사를 만들고 싶습니다." 인재가 모이는 세계 일류 기업으로서의 성장을 지향하는 김 대표의 포부이다.

인증받은 기술력과 브랜드에 대한 신뢰 없이는 성공하기 어려운 콘택트렌즈시장에서, 엔지니어 출신 창업주의 전문성과 열정으로 해외시장 개척을 이뤄낸 한국의 토종 렌즈업체 ㈜드림콘. 오직 기술력과 해외 바이어들과의 두터운 신뢰관계를 바탕으로 글로벌 기업으로 성장한 ㈜드림콘의 사례는 해외에서도 우리나라 기업 특유의 '촌놈 정신'과 같은 '열정과 정직함'이 성공할 수 있음을 보여준다.

263

㈜기린화장품: 기술로 무장한 1분 염색제의 신화

우리를 진정으로 변화시키는 것은 무엇인가?
우리를 열정적으로 잠 못 이루게 만드는 것은 무엇인가?
원대한 포부—자신과 세상을 변화시키고자 하는
이에게 깊은 경외심을 보내며

− ㈜기린화장품 경영 철학 중 −

누구나 세월의 흐름을 거스를 수는 없다. 나이테와 같은 새치를 감
추고자 하는 소비자들의 욕구는 오랜 세월 염색약시장을 지탱해왔고,

최근 들어서는 경기불황과 미용가격 상승으로 직접 집에서 염색제를 구매하는 소비자들이 늘어났다[1]. 적잖은 시간과 손재주가 요구되는 머리 염색에 지친 소비자들에게 2006년, '1분 염색제'라는 획기적인 상품이 등장했다. 단 '1분'만 투자하면 두피자극을 최소화하고 모발 곳곳 색상이 스며든다는 이 꿈의 염색제는, 20여 년간 미용염색 분야에만 몰두해온 한국 토종 중소기업 ㈜기린화장품의 제품이다〈사진 1, 2〉.

이 장에서는 천연 추출물을 이용한 '1분 염색제'로 국내 및 미국특허를 받아 세계 염색제시장 1위로 올라선 ㈜기린화장품의 이야기를 따라가본다. 각종 미디어 자료 및 이병준 회장과 해외 실무 담당자 오세열 상무와의 인터뷰를 토대로, ㈜기린화장품의 다품종 소량생산을 통한 해외진출 및 성공기를 살펴본다.

▶ 사진 1 ㈜기린화장품 버블애
▼ 사진 2 Q1 '1분 염모제' 시연 장면

출처: ㈜기린화장품 홈페이지

FOR WOMEN

기업 소개

    1999년 설립된 ㈜기린화장품은 염색제, 바디케어, 헤어케어, 기능성 화장품 등을 주로 생산하며, 2012년 기준 종업원 수 40명, 매출액 약 22억 원의 규모이다[2, 3]. 현재 미국, 영국, 러시아, 중국, 홍콩, 싱가포르, 대만, 태국, 말레이시아, 베트남, 방글라데시, 몽골 등 총 12개국에 진출해 있다(〈표 1〉 참조). 화장품 제조업체로서 기업 내 자체 연구소를 두고 있으며, 디자인팀 1명을 포함한 총 5명의 인력 및 매출액의 10% 이상이 연구개발에 투입되어 있다.

    ㈜기린화장품의 주력상품은 1분 염모제와 먹물머리 염모제다. 일

▼ 표 1 ㈜기린화장품 개요

업종	화장품 제조업	설립일	1999년 4월
자사 브랜드	아스산타, 포네온	OEM/ODM 여부	OEM/ODM 공급
직원 수	40명	매출액	2,257만 원(2백만 불)/ 2012년도 기준
첫 진출 국가 및 시기	미국(2002년)	진출 국가 수	미국, 영국, 러시아, 중국, 홍콩, 싱가포르, 대만, 태국, 말레이시아, 베트남, 방글라데시, 몽골 등 총 12개국
공장	국내(오송) 공장 한 곳 모두 한국인 근로자임	R&D 인원/ 비중	5명 정도/ 매출액의 10% 디자인팀(1명)
특허/인증	2006. 2. ISO 9001 2006. 11. ISO 14001 2008. 8. 1분 염모제 미국특허 등록 2006. 7. 1분 염모제 한국특허 등록	비고	미국 미용전문가 협회에서 최상급 평가를 받은 제품으로 지난 6월 미국 미용전문가협회(American Beauty Masters Association)가 주관한 시험평가에서 최상급 인증으로 극찬을 받았고 '차세대 트리트먼트 염색 포뮬러(2nd Generation Treatment Coloring Formula)'로 명명된 바 있음

출처: 인터뷰, 조사자료를 바탕으로 저자 편집

반 염모제가 모발에 바른 후 30분 이상, 속성용 제품은 10분 이상 소요되는데 반해 1분 염모제는 1분이면 염료가 모발에 스며들도록 했다. 특허를 취득한 이 '염료 침투 촉진 기능'은 염료가 모 표질 내부로 신속하고 깊숙이 침투해 고르게 안착하도록 도울 뿐만 아니라, 도포 후 세척 전까지 방치 시간이 매우 짧아 모발·두피 손상을 최소화한다. 또한 먹물 등 천연추출물을 염색원료로 사용해 피부에 주는 자극 또한 최소화했다[4].

㈜기린화장품은 OEM/ODM을 통해 국내 화장품회사, 제약회사, 화장품/미용 유통업체, 홈쇼핑 업체에 제품을 납품하고 있으며, 해외는 화장품 및 의료품 유통업체를 통해 유통이 이뤄진다. 국내 업소용 판매의 경우 여러 회사의 제품을 모두 취급하는 대리점_{미용재료상}들에게 먼저 물건을 공급하고, 이 대리점들이 미용실과 약국에 납품하는 형식이다. 소비자용 판매는 대리점을 통하지 않고 대형마트에 납품하는 벤더에 제품을 공급한다. 홈앤쇼핑, NS홈쇼핑 등 홈쇼핑 판매 또한 주요 유통경로로, 2005년부터 시작한 홈쇼핑 1분 염모제 판매 누계는 국내 최고액을 달성했다[5]. 홈쇼핑 판매 역시 업체와 직접 거래를 하기보다는, 홈쇼핑에 물건을 공급하는 홈쇼핑 전문 벤더를 통해 납품이 이뤄진다.

㈜기린화장품의 자사 브랜드로는 포네온FORNEON과 아스산타ASSANTA 2개가 있는데(《표 2》 참조), 포네온은 염색약과 헤어케어 제품, 아스산타는 이에 더해 바디용품까지 생산하는 브랜드이다. 포네온은 업소용이고, 아스산타는 주로 소비자용으로 판매되었지만 현재는 일반 소비자도 인터넷 쇼핑몰을 통해 포네온 제품의 구매가 가능

267

하다. 지마켓, 옥션, 11번가 등 인터넷 쇼핑몰을 통해서도 소비자를 대상으로 판매가 이뤄지고 있으며, 최근에는 ㈜기린화장품 홈페이지를 통해서도 개인이나 미용업체가 직접 구매할 수 있다.

▼ 표 2 ㈜기린화장품 브랜드 포트폴리오

브랜드명	설명
아스산타	• 주로 소비자용 • 크림 형태의 1분 염색약 • 아스산타 라인으로 헤어컬러, 헤어케어, 샴푸/린스/팩, 헤어젤, 바디제품 (바디클렌저, 바디미스트, 바디샤워, 에센스) • ㈜기린화장품 홈페이지 및 지마켓, 옥션, 11번가 등 인터넷 쇼핑몰을 통해 소비자에게 판매 • 마트에 공급하는 벤더를 통해 소비자에게 판매 • 홈앤쇼핑, NS홈쇼핑 등 홈쇼핑 업체를 통해 판매
포네온	• 주로 업소용 • 거품형/크림형 1분 염색약 • 포네온 라인으로 헤어컬러, 헤어케어, 샴푸/린스/팩 제품 • 지마켓과 옥션 등의 인터넷 쇼핑몰을 통해 소비자에게 판매 • 업소용 판매를 위해 미용재료상에게 납품

출처: 조사자료에 의해 저자 편집

국내 염모제시장 현황

2014년 기준 국내 염모제시장 규모는 연간 5,500억 원 규모로[6], 이는 전체 헤어케어시장의 약 30% 비중을 차지한다[7]. 염모제시장은 인구 고령화와 경기불황으로 인해 집에서 직접 염색을 하는 사람들이 늘어나 계속 확대되는 추세이다[8].

㈜기린화장품이 창업된 1990년대 후반만 해도 국내 염모제시장은 웰라코리아, 태평양, 로레알 등 대기업 및 해외 브랜드들에 의해 주도됐다[9]. 하지만 2013년 동성제약의 '버블비'가 국내 염모제시장 점유율 약 40%를 기록, 1위로 올라서며 판도를 바꿨다[10, 11]. 이후 국내

염모제시장은 계속해서 대기업 및 중견기업들이 지배하는 추세이다. 2013년 기준, 아모레퍼시픽의 미쟝센이 20.2%, 소망화장품의 꽃을 든 남자와 세화피앤씨의 리체나가 10.3%, 리엔과 로레알 엑셀랑스가 각각 7.6%, 5.4%의 점유율로 상위 5개 브랜드를 구성하며 전체 시장의 53.8%를 차지하고 있다[12]. 중소기업으로서 이처럼 과열된 경쟁구도의 국내시장을 목격한 ㈜기린화장품은 일찌감치 해외시장에 눈을 돌린다. 현재 전체 수출의 70%가 미국에서 이뤄지고 있으며, 국내 기업 중 미국시장에 가장 많은 염색약을 수출하고 있다[13].

㈜기린화장품의 역사

㈜기린화장품의 발전과정은 1999년 설립 이후부터 창업 및 미국진출기, 해외진출 본격기, 국내외 시장 확장기 등 3단계에 걸쳐 살펴볼 수 있다.

창업 및 미국진출기(1999~2005)

㈜기린화장품은 1988년 창업자인 이병준 회장이 미용실에 납품하는 파마약, 샴푸, 에센스 등을 생산하도록 설립한 '파리스코'에서 출발했다. 파리스코의 헤어제품들은 영양과 스타일을 동시에 충족시키는 것으로 창업 1년 만에 미용 업계에서 큰 호응을 얻었다[14]. 이후 IMF를 거치며 1999년 ㈜기린화장품으로 기업명을 변경, 기린을 가리키는 아프리카어 '투이가'가 상징하는 '원대한 포부'라는 의미를 담았다.

이병준 회장은 국민소득이 증가하면 소비자들이 헤어컬러에 관심을 갖게 될 것이며, 당시 이미 10명 중 8명가량의 국민이 염색을 한다는 사실에 착안, 염색약 개발에 나섰으나 규모가 작고 대기업들이 약 80% 점유율을 차지한 국내시장의 벽에 부딪혔다. 이에 해외로 눈을 돌려, 2001년 3월 의약외품 제조업 허가를 받은 뒤 이듬해 염모제 및 헤어케어제품으로 미국수출을 시작한다[13]. 모체인 파리스코가 쌓아온 헤어제품에 대한 노하우는 ㈜기린화장품이 창업 이후 3년 만에 미국진출을 이뤄내는 데 큰 힘이 됐다. 이병준 회장은 당시 ㈜기린화장품이 해외로 나갈 수밖에 없었던 국내시장의 불리한 관행에 대해 다음과 같이 회고한다.

> 국내 대리점에 너무 덤핑 헐값 판매 이 난무하고 우리가 100원 내면 저기서 90원 내고, 80원 내고, 그리고 인터넷이 발달해서 예전처럼 정보 통제가 안 돼요. 누가 신제품이 나오면 유사하게 금방 카피하고, 보름이면 나오니까. 그다음에 결제도 한 달 후에 하니까 그런 것들이 진절머리가 나서 '아, 해외로 진출해야겠다, 이 밥그릇 가지고는 도저히 못 하겠다' 생각했죠. 그래서 해외로 나가게 된 거예요.
>
> 이병준 회장 인터뷰 중

2002년 OEM 공급을 통해 미국시장에 진출한 ㈜기린화장품은 2005년 1월 기능성 화장품 인가를 획득, 같은 해 ㈜기린화장품 최초의 자사 브랜드인 아스산타를 출시한다. 같은 해 8월에는 '수출유망중소기업'으로 지정되고, 11월에는 염모제 미국수출 누계 천만 개 돌파 및 백만 불 수출의 탑을 수상했다.

해외진출 본격기(2006~2007): 1분 염모제 개발

2006년 1월 독자적으로 개발한 1분 염모제를 미국에 수출하기 시작한 ㈜기린화장품은 같은 해 10월 한국 특허를 받는다. 2006년 3월 기업 부설 연구소를 지정하고, 같은 해 7월에 '신기술 벤처기업'으로 지정됐다. 12월에는 두 번째 자사 브랜드인 포네온을 출시, 이듬해인 2007년 더욱 풍성해진 헤어 및 바디제품 브랜드들을 홍콩과 중국에도 수출하기 시작했다. 이러한 노력으로 4월 기술혁신형 중소기업 INNOBIZ으로 지정되고, 같은 시기 1분 염모제는 동남아시아로 수출도 이뤄졌다.

271

국내외 시장 확장기(2008~현재)

1분 염모제는 2007년 11월부터 국내에도 판매되기 시작했고, 2008년에는 한국산 염색약으로는 최초로 유럽 및 중동시장으로도 수출이 시작됐다. 2008년 미국특허를 받은 1분 염모제는 이 활약을 인정받아 2009년 '경기도 유망 중소기업'으로 선정되며, 이듬해 베트남에도 수출되기 시작했다. 2012년 9월 생산 확대를 위해 오송 공장을 준공한 ㈜기린화장품은〈사진 3〉 2013년 9월에는 2년 연속 '취업하고 싶은 기업'으로 선정되기도 했다.

출처: ㈜기린화장품 홈페이지

㈜기린화장품의 진출 국가 및 유통경로

㈜기린화장품은 해외진출 시 단독보다는 중간상인 벤더 혹은 유통업체를 이용하고 있다. 해외공급은 주로 OEM/ODM 수출로 이뤄지며, 중국, 미국, 베트남에는 자사 브랜드 수출도 병행하고 있다. 〈표 3〉은 ㈜기린화장품의 해외진출 국가 및 유통경로를 보여준다.

㈜기린화장품의 최초 해외수출은 앞서 보았듯 2002년 OEM을 통한 미국수출로, 4년 후인 2006년부터는 지인을 통해 제공한 샘플이 미국 대형마트인 월마트 벤더의 호응을 얻으며 IBG라는 브랜드의 OEM 방식으로 월마트에 공급이 시작됐다. 월마트 납품에 힘입어 2012년 미국수출 누계는 2천만 개를 돌파하고, 이는 국내 기업으로서는 대기업들을 포함해 미국시장 최다 염색약 수출 수치였다. 이어 2006년 미국 미용전문가협회American Beauty Masters Association 주관 시험평가 최상급 인증, '차세대 트리트먼트 염색 포뮬러'2nd Generation Treatment Coloring Formula라는 극찬을 받으며 그 품질을 인정받았다[15]. 높아진 브랜드의 입지로 OEM 수출에서 2010년부터는 자사 브랜드 진출도 이뤄졌고[16], ㈜기린화장품의 오세열 상무는 이와 같은 성과 역시 초기 월마트에 진입한 힘이 컸다고 말한다.

272

국가	진출 연도	OEM/자사	주요 판매처	비고
국내	1998년	OEM 자사 브랜드 (포네온/ 아스산타)	· 업소용은 대리점(미용 재료상)을 통한 공급 · 소비자용은 벤더를 통해 마트와 홈쇼핑 공급 · 소비자용은 홈페이지와 인터넷을 통해 직접 공급하기도 함	–
홍콩	2005년	OEM	소매업체에 납품하는 바이어 혹은 벤더	–
미국	2002년	OEM(IBG 등) /자사 브랜드	소비자용은 벤더를 통한 대형마트 공급/ 업소용도 공급	OEM 방식으로만 수출되던 미국의 경우, 2010년 3월부터 자사 브랜드 수출
중국	2010년 9월	자사 브랜드 OEM	벤더를 통한 홈쇼핑 진출	2010년 7월 위생허가 받음
대만		자사 브랜드	벤더	–
베트남	2010년 3월	자사 브랜드	벤더	소량판매
싱가포르	2007년 7월	자사 브랜드	벤더	벌크로 판매
네덜란드	2008년경	ODM	벤더	소규모
독일	2008년경	ODM	벤더	소규모

출처: 인터뷰, 조사자료를 바탕으로 저자 편집

맨 처음 염색약을 개발했을 때, 세계 최초로 미국의 월마트에 나갔어요. (제품) 용량이 국내에서 파는 것과 조금 다른데, 월마트가 아시다시피 상당히 커서 샘플만 컨테이너 2개가 나가야 해요. 40피트 2개요. 우리는 (샘플이) 그 정도까지 안 나갔지만, 그래도 반응이 좋아서 거기서 (주문이) 꼬리를 물고 이어졌죠.

오세열 상무 인터뷰 중

미국과 달리 홍콩진출은 해외 전시회가 계기였다. 현지 전시회에서
한 바이어가 먼저 ㈜기린화장품의 차별화된 제품들에 관심을 보였
고, 이어 독점거래 관계를 요청해왔다. 이 바이어와의 관계는 현재까
지도 이어지고 있다〈사진 4〉.

> 홍콩은 전시회를 통해서 진출했는데, 어느 바이어가 우리 부
> 스에 와서 제품을 보더니 제품을 몽땅 다 사겠다며 무조건 ㈜기
> 린화장품과 거래할 테니 앞으로 절대 다른 바이어를 만나지 말
> 라고 하더라고요. 이 바이어가 (전시회를) 3일간 하는데 그동안
> 앞에 와서 딱 지키고 있었어요. 우리 제품이 다 마음에 든다는
> 거예요.
>
> **이병준 회장** 인터뷰 중

이어 2007년 중국에도 진출한 ㈜기린화장품은 중국의 까다로운
수출화장품 규제와 평균 2~3년이 걸리는 위생허가 절차에 부딪히게
된다. 해결책으로 2007년 중국 현지에 회사를 둔 벤더가 ㈜기린화장
품의 염색제로 대신 위생허가를 받게 했고, 이 벤더를 통해 OEM 방
식으로 수출을 시작했다. 현재 중국에서 염색제 외 위생허가를 받은
제품은 3개이며, 이들 역시 현지 벤더에게 공급해 판매하고 있다. 이
후 국내 홈쇼핑에서의 성공을 바탕으로 2010년 7월 자사가 직접 중
국 위생허가를 획득, 9월 홈쇼핑을 통한 본격적인 중국진출에 나섰다.
진출의 결과로 목표치의 300% 이상에 달하는 판매실적을 올리며 중

▲ 사진 4 홍콩 전시회 모습

출처: ㈜기린화장품 제공

국 8개 TV 홈쇼핑 업체와 방송계약이 체결됐고[16], 이들 홈쇼핑 업체 납품 역시 홈쇼핑 전문 벤더를 이용했다.

　미국, 홍콩, 중국에 이어 ㈜기린화장품은 대만, 베트남, 싱가포르 등으로 꾸준히 해외시장을 확장해갔다. 싱가포르에는 현재 포장된 완제품이 아닌 염색제만 대량bulk으로 수출하고 있으며, 동남아시아는 소량이기 때문에 완제품으로 수출하고 있다. 유럽도 마찬가지로 대리점에 납품하는 벤더들에게 완제품을 소규모로 판매하고 수출 물량이 많을 때에만 OEM 방식을 이용한다. 2008년 세계에서 가장 엄격한 것으로 알려진 EU 화장품 규정의 모든 안전기준에 합격한 '1분 염모제'는 이를 바탕으로 네덜란드 및 유럽시장에도 진출했다[17].

㈜기린화장품의 해외진출 성공요인

㈜기린화장품의 주요 해외진출 성공요인은 1) 다품종 소량생산의 현지화 전략, 2) 고품질 및 신제품개발 능력, 3) 국제 표준화 시설 및 인증 획득, 4) 품질과 정확한 납기를 통한 거래처와의 신뢰관계 유지 등 네 가지로 분석될 수 있다.

다품종 소량생산의 현지화 전략

염모제는 해마다 유행 컬러가 바뀌며, 국가마다 선호하는 색이 다르다. 때문에 ㈜기린화장품은 본사, 부설 연구소 및 생산공장을 한곳에 모아 유기적으로 정보를 공유해, 제품개량이 빠른 유연한 생산시스템으로 수출시장 고객들의 다양한 니즈에 맞는 제품을 소량생산하는 현지화 전략에 중점을 뒀다.

2012년 충북 청원군 오송 생명과학단지 내 건설된 본사 및 생산공장은 품종 다변화가 용이하도록 100% 자가 최첨단 생산시스템을 갖췄으며, 자동화가 불가능한 부분은 한국 근로자만을 고용해 품질 유지에 힘쓰고 있다. 또한 회사 내 기업 부설 연구소를 설립해 급변하는 해외고객의 까다로운 요구사항에 맞는 신제품을 개발토록 했다[5]. 일반적으로 해외시장에 유통되는 ㈜기린화장품 염색제의 주된 컬러는 여섯 가지로, 주로 웰라Wella나 로레알 L'Oreal에서 발표하는 컬러를 바탕으로 해마다 인기 있는 컬러를 추가하면서 다양한 상품 구색을 만든다. 이러한 컬러시스템을 기반으로 자체 연구소와 생산공장을 통해 때마다 트렌드에 따라 해외시장이 요구하는 컬러체계를 빠르게 맞춤생산·공급하며, 일례로 미국 소비자들이 선호하는 예닐곱 가지 컬러를 맞춰 제공해 미국 의뢰업체의 극찬을 받기도 했다.

고품질 및 신제품개발 능력

무명의 한국업체 ㈜기린화장품이 해외진출에 성공한 데에는 무엇보다도 차별화된 품질의 힘이 컸다. ㈜기린화장품은 자본과 인력이 부족한 중소기업임에도 불구하고 지속적으로 제품개발에 투자, 기업 내 부설 연구소를 설립하고 5명_{전체의 12.5%}의 연구원과 매출액의 10% 이상을 투입했다. 중소기업 차원에서 매출액 10% 이상의 투자가 쉬운 일은 아니었지만, 차별화된 품질만이 중소기업의 약한 브랜드 파워와 대기업의 가격경쟁력을 극복할 수 있는 길이었다는 점에서 연구개발은 ㈜기린화장품에게 그야말로 승부처였다.

277

우리는 중소기업체인데 품질이 따라주지 않는다면 대기업의 염색약이 있는데 굳이 우리와 거래할 필요가 없지요. 품질이 좋고 시중에 나와 있는 제품과 차별성이 있는 제품이라 생각하니까 우리와 거래를 하는 거죠. 지금은 아시다시피 음료수든 뭐든 차별화하지 않으면 살아남지 못해요. 안 그러면 가격이라도 싸야 하는데 우리는 가격을 내리면 공장을 이어나갈 수가 없어요. 그래서 회장님께서도 특허받은 우리 제품을 국내에서 이미 사용하고 있는 사람들이 인정해주니까 자부심을 갖는 거예요.

오세열 상무 인터뷰 중

㈜기린화장품의 대표적인 기술력인 1분 염모제는 한국 및 미국 발명 특허에 등록되어 있으며, 암모니아 대신 천연식물 추출물을 함유해 모발에 닿는 순간부터 순하고 부드러운 느낌을 주며 빠른 속도로 염색이 가능케 했다. 또한 모발 방치시간이 매우 짧고 산성도인 PH가 낮아 일반 제품은 PH10.5~11.0인데 비해 PH9.7 수준 모발손상과 두피자극을 최소화하도록 했다[4].

> 시간적으로 빠르고, 염색을 했을 때 물 빠짐이 없어요. 예를 들어, 일반 염색약들은 염색을 하고 한 달 안에 물이 빠져서 다시 염색을 하기 일쑤죠. 그다음으로 (염색한 후) 머릿결이 굉장히 부드러워요. 원래 염색을 하고 난 후 머릿결 부드럽게 한다고 트리트먼트를 발라요. (그런데) 우리는 바를 필요가 없어요. 머릿결이 트리트먼트를 한 것처럼 부드러운 게 특징이에요. 또 파마를 하고 난 직후에 염색을 해도 손상이 없어요.
>
> 오세열 상무 인터뷰 중

14년간 오로지 염모제와 헤어케어제품에만 집중하며 차별화된 품질만을 고집한 이 회장의 철학은 무명의 ㈜기린화장품 제품들이 강한 기술력으로 해외에서 그 이름을 알리는 데 무엇보다 큰 역할을 했다.

국제 표준화 시설 및 인증 획득

㈜기린화장품의 오송 신축 공장은 ISO 인증을 받고 CGMP 우수 화

장품 제조 및 품질관리 기준 설비를 갖추는 한편, 제품개발 및 제조에 소요되는 하드웨어와 소프트웨어를 모두 국제 수준에 맞춘 것으로 평가받는다[18]. 화장품류는 피부에 닿는 제품인 만큼 해외수출 시 국가마다 까다로운 인증을 요구하기 때문에, ㈜기린화장품에게 해외인증 획득은 수출을 위한 불가결한 통과의례였다.

> 국제 표준화 CGMP라고 있어요. 공장 시설을 국제 시설에 맞춰야 되는데 우리나라 국내 식약청에서 심사해서 통과를 해야 CGMP 허가를 받죠. 수출 시 CGMP를 반드시 확인하는 국가가 많아요. 이런 (해외) 사람들이 우리한테 CGMP가 있느냐고 물어요. 없으면 인정을 못 받죠.
>
> 이병준 회장 인터뷰 중

㈜기린화장품은 지속적인 노력으로 1분 염색제 미국특허 등록 및 2006년 호주 VNZ로부터 ISO9001 품질경영인증, 환경경영시스템인 ISO14001 인증을 획득했다. ISO14001 인증은 헤어 및 바디케어 전문 생산업체로는 최초였으며, 국내 화장품 업계에서는 역사상 8번째 획득인 셈이었다[19].

품질과 정확한 납기를 통한 거래처와의 신뢰관계 유지

브랜드 파워가 약한 중소기업으로서 해외 판로를 개척하는 것은 쉬운 일이 아니었다. ㈜기린화장품은 해외 인지도를 높이기 위해 꾸준히 현지 전시회들에 참여했고, 전시회마다 뛰어난 기술력에 반한 바이어들과 큰 거래를 성사시켰다. 특히 전시회를 통해 만나는 벤더, 바이어, 유통업체와의 장기적 신뢰관계를 쌓는 것을 무엇보다 중요하게 생각하는데, 이를 위해 거래 초기 명확하게 거래조건을 밝히고 납기 약속과 품질관리를 철저히 지켜 7~8년 이상의 장기적인 관계를 유지하도록 하고 있다. 오세열 상무는 거래를 맺기 위해 지키지 못할 협상 조건을 내세우기보다는, 솔직하게 할 수 있는 만큼만 제시하고 약속을 지키는 것이 더욱 신뢰를 쌓는 일이라고 설명한다.

> 한 번 거래를 했던 사람들은 거의 끊어지는 경우가 없어요. 처음에 다른 회사들은 이렇게 하겠다 저렇게 하겠다 달콤한 말로 거래를 성사시키는데, 막상 거래를 해보면 약속을 못 지키는 경우가 있어요. 그런데 우리는 처음부터 이 정도밖에 못 해준다, 이렇게 제시를 해요. 그렇기 때문에 처음 거래가 성사되기 어려워도 어렵게 거래를 성사시키면 나중에는 점점 좋아지죠. 우리하고 거래를 해서 깨지는 경우는 거의 없어요.
>
> 오세열 상무 인터뷰 중

오랜 관계를 지속하다 보면 거래 중간 가격인하를 요구하거나 더 싸게 공급해주는 경쟁업체로 이동해버리는 업체들이 없는 것은 아니다. ㈜기린화장품은 이들 거래업체들에 대해 무조건 가격인하 요구조건을 충족시켜 거래를 지속하지 않는다. 오히려 낮은 가격을 제시한 경쟁업체로 옮겨갔던 업체들의 경우에도 경쟁사 제품 품질에 만족하지 못해 돌아오는 경우가 빈번하다고 말한다. 이는 단기적인 거래유지보다 지속적인 협력관계 구축이 더 중요하다는 ㈜기린화장품의 철학이며, 거래업체들의 되돌아옴은 세계 염색제시장에서 ㈜기린화장품의 독보적인 기술력을 반증한다고 볼 수 있다.

앞으로의 비전

이병준 회장은 현재는 중소기업인 ㈜기린화장품을 대기업인 아모레퍼시픽을 능가하는 회사로 발전시키겠다는 포부를 가지고 있다. 향후 중국 및 해외사업은 더욱 확대될 전망이며, 특히 한류열풍을 동남아시아 수출 확대의 기회로 삼아 이들 국가 진출에 박차를 가할 계획이다.

자본과 인력이 한정된 중소기업으로서 당면한 어려움이 없는 것은 아니다. 신제품과 기존 주력제품 모두 정보 부족, 인력 부족으로 마케팅에서 어려움을 겪고 있어 국내 판로를 넓히는 게 중요하다. 하지만 염색제의 약국 판매가 이뤄지기 위해서는 의약외품으로 분류되어야 하며, 이를 위해서는 국내 식약청 허가가 필수적이다. 해외수출 시 각국의 까다로운 허가 절차와 인증 요건을 충족시키는 데도 많은 비용이 소모된다. 중국사업 확대에 필요한 위생허가, 유럽수출에 필요한 CGMP 등을 지속적으로 관리할 수 있는 고급인력이 절실하다. 또한 매출액의 10% 이상을 R&D에 투자해 지속적으로 신제품을 개발하고 있음에도 불구하고 거대자본을 이용한 대기업들이 저가격의 모방제품을 출시하는 것도 ㈜기린화장품이 극복해야 할 과제이다.

에이스전자㈜: 우수한 품질과 세련된 디자인의 청소기로 해외시장을 공략하다

∧CE ELECTRONICS

최고의 기술과 최고의 품질로 최고의 제품생산
고객을 감동시키는 고객 행복 추구
변화와 혁신을 통한 지속가능 경영

– 에이스전자㈜ 경영 철학 중 –

전 세계의 다양한 규모와 국적의 기업이 경쟁하는 글로벌 가정용
전자기기시장에서 한국 중소기업으로서 브랜드를 알리기는 쉽지 않
다. 1997년 설립된 국내 제조업체인 에이스전자㈜는 전문 디자인회
사와 연계해 무선청소기를 개발하고 싹싹 쓸어버리자는 뜻에서 '싹
스SSAKS라는 브랜드를 만들어 성공적인 해외진출을 하며 싹스 브랜
드를 세계시장에 알렸다. 에이스전자㈜의 싹스 무선 진공청소기는 흡
입력이 약했던 기존 무선청소기의 단점을 보완하기 위해 파워브러시
장착 및 양측면에 공기 흐름을 조절하는 배출구 오픈 방식을 적용하

고 라이트 및 인체공학적으로 설계된 편안한 그립감, 전기세 절감, 과
충전 방지를 위한 최첨단 회로 컨트롤러를 장착해 안전성과 편리함을
개선시켰다[1]. 집 안 어느 곳에 두어도 잘 어울리는 세련된 디자인 또
한 싹스 무선 진공청소기의 장점이다. 에이스전자㈜는 무선청소기라
는 단일제품으로 해외시장 진출을 시작해 성공적인 해외진출과 수출
실적을 바탕으로 제품 영역을 넓혀가기 시작했다. 그 결과 2011년까
지 매출 전부를 미국과 일본을 비롯한 15개국에서 올렸을 정도로 활
발한 해외수출을 하였고, 2005년도에 천만 불 수출의 탑을 수상하는
쾌거를 이루었다[2].

　이 장에서는 무선청소기 브랜드 '싹스'로 해외 바이어들에게 인지도
를 성공적으로 구축한 국내 중소기업인 에이스전자㈜의 해외진출 과
정과 성공요인을 살펴보고자 한다. 이를 위해 주영종 대표, 장지욱 과
장과의 인터뷰, 각종 신문 및 보도자료 등을 토대로 회사 전반과 그
발전 역사, 해외진출 동기 및 전략을 분석해본다.

▼ 사진1 에이스전자㈜ 본사 전경

출처: 에이스전자㈜ 제공

기업 소개

에이스전자㈜는 1997년 설립된 가정용 전기기기 제조업체이다. 에이스전자㈜의 주영종 대표는 제조업에 대한 꿈을 실현하기 위해 잘나가던 무역업을 접고 제조업을 시작했다. 현재 경기도 용인에 본사 및 생산공장을 두고 있다. 에이스전자㈜는 1997년부터 무선청소기 제조를 시작으로 창업해 주문자상표부착OEM 방식과 병행하며 '싹스' 브랜드 무선청소기로 성공적으로 해외시장에 진출했다.

출처: 에이스전자㈜ 제공

284

〈사진 2〉의 싹스 '마하'MACH는 핸디형과 스틱형의 분리 방식의 무선청소기로 유선의 장점과 무선의 자유로움을 갖추고 있는 에이스전자㈜의 대표상품이다. 고객의 니즈를 적극 반영해 흡입력을 강화하고 무게는 최소화해 편리성을 높였다(〈표 1〉 참조). 여전히 주력제품은 무선청소기이며 2009년 대우일렉트로닉스㈜의 유선

▼ 표 1 에이스전자㈜ 소개

업종	가정용 전기기기 제조업 (청소기, 핸드믹서기, 가습기 등)	직원 수	70~80명
해외영업부서	해외영업부 보유	브랜드	싹스(SSAKS), 믹시(Mixy), 카이로스(Kairos) 등
공장	중국공장 2008년, 2009년 철수 현재 모두 국내생산	진출국가	일본, 뉴질랜드, 미국 러시아, 폴란드, 체코, 이란, 인도네시아, 태국, 베트남 이탈리아, 스위스 등
R&D	매출 대비 R&D 투자 비율 4% (R&D 관련 직원: 3~4명) 복잡한 설계, 디자인의 외주생산	특허	국내외 특허(7건), 실용신안(7건), 디자인 의장(7건), 상표(6건): 총 27 건 (청소기 관련 특허 23건 보유)
기타	2009년 대우일렉트로닉스㈜의 유선청소기 사업부를 인수하면서 국내에 하나밖에 없는 무선청소기와 유선청소기를 동시에 생산		

출처: 인터뷰, 조사자료에 의해 저자 편집

청소기 사업부를 인수하면서 국내에서 유일하
게 무선청소기와 유선청소기를 동시에 생산하
는 기업이 되었다.

또한 청소기 브랜드인 '싹스'뿐 아니라 핸드
블렌더에는 '믹시'Mixy, 사이폰 커피머신에는
'카이로스'Kairos라는 다양한 제품군별로 다른
브랜드명을 사용하는 멀티 브랜드 전략을 펼
치고 있다[1]. 사이폰 커피머신은 여과지를 사
용하지 않고 스테인레스 에칭필터를 이용하여
수증기로 우려내는 방식으로 깔끔하면서도 깊고 풍부한 커피 본연
의 맛을 가장 잘 구현해낼 수 있는 커피머신이다[3]. 지속적으로 성
장하는 커피시장을 겨냥해 여러 번의 시행착오 끝에 개발한 제품이
다. 2014년 기준 직원 수는 70~80명이며 모든 제품을 100% 국내
에 위치한 용인과 아산 세 곳의 공장에서 자가 생산하고 있다. 수출
을 위한 해외영업부를 두고 있으며, 2014년도 기준 미국, 일본, 뉴질랜
드, 러시아 등 7개국에 에이스전자㈜의 다양한 제품을 활발히 수출
하고 있다. 매출 대비 R&D 투자 비율은 4%이며, R&D 인원은 3~4
명으로 꾸준히 R&D에 상당한 금액을 투자하고 있다. 복잡한 설계
및 디자인은 외주로 생산하고 있으며, 청소기 관련 국내외 23개 특허
를 보유하고 있다. 인증이 까다로운 미국, 중국, 유럽 등 진출을 위한,
UL&CUL, 미국 UCC 등록, ISO9001/KSA9002, ISO 14001, ISO

285

9001 인증 등을 획득했다. 2013년도 매출액은 약 140억 원으로(〈그림 1〉 참조)[4], 2014년 기준 무선청소기 분야에서 수출 1위 자리를 지키고 있다[5]. 에이스전자㈜의 경우 수출이 총 매출액의 40%를 차지하고, 그중 자사 브랜드 비중이 40%, OEM이 60%를 차지한다 (〈그림 2〉 참조).

▼ 그림 1 에이스전자㈜의 매출액 추이

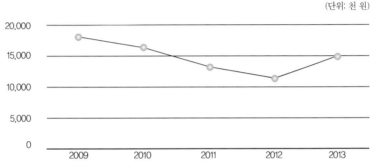

출처: 중소기업현황정보시스템. http://sminfo.smba.go.kr/

▼ 그림 2 2013년 수출 및 자사 브랜드/OEM 비중

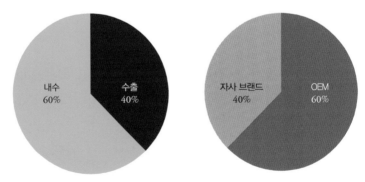

출처: 인터뷰, 자료조사에 의해 저자 편집

에이스전자㈜의 역사

에이스전자㈜의 발전과정을 기술개발기, 해외시장 확장기, 해외 및
국내시장 성숙기 3단계로 나누어 살펴본다.

기술개발기(1997~2002)

주영종 대표는 청하무역이라는 도매업체를 수입 위주로 운영하다
제조업 공장 운영이라는 꿈을 실현하기 위해 1997년 1월, 공장을 임
대해 에이스전자㈜를 설립하고 '싹스' 브랜드를 만들어 무선청소기를
개발했다. 대기업에 납품을 시작한 지 얼마되지 않아, 그해 11월 IMF
를 맞게 되면서 어려움을 극복하기 위한 방편으로 수출을 시작하게
된다[6]. 1999년 일본수출을 시작으로 해외로 진출했으며, 2000년 용
인에 생산공장을 준공했다. 성공적인 해외진출 결과, 1999, 2000년 수
출유망중소기업으로 선정되었다. 2002년 기술력을 인정받아 벤처기
업 등급평가 최우수기업 인증을 받는다.

해외시장 확장기(2003~2006)

에이스전자㈜는 성공적인 일본진출을 바탕으로 미국, 유럽 등으
로 시장을 확장해 싹스 진공청소기 및 60여 종의 제품을 수출한다.
2004년 5백만 불 수출의 탑 및 대통령 표창을 수상하고, 2005년 천
만 불 수출의 탑을 수상하는 쾌거를 이루며 적극적인 해외시장 확장
을 위해 2006년 해외사업부를 신설하게 된다.

해외 및 국내시장 성숙기(2007~현재)

　일본수출을 시작으로 2011년까지 에이스전자㈜의 매출 전부를 미국과 일본을 비롯한 15개국에서 올렸으며[6], 현재 해외 7개국에 제품을 수출하고 있다. 2008년에는 아산에 제2 공장, 제3 공장을 준공하며 생산에 박차를 가하게 된다. 더불어 2009년에는 대우일렉트로닉스㈜의 유선청소기 사업부를 인수해 유·무선청소기를 모두 생산하는 국내 유일의 기업으로 자리매김하며, 해외뿐 아니라 국내시장에서도 입지를 굳혀나간다. 홈쇼핑을 기반으로 한 국내 판매를 시작으로 2013년 5월까지 국내 5개 홈쇼핑에서 누적 주문 30만 대, 3백억여 원의 판매기록을 달성하고, 하이마트, 홈플러스, 이마트 등 대형 유통업체에서도 성공적인 판매를 기록하고 있다. 그 결과 2013년 대한민국경영대상 및 소비자의 선택 및 기술혁신 부분 대상을 수상, 2014년 대한민국 우수 중소기업 고객 감동 우수기업에 선정된다.

에이스전자㈜의 해외진출 분석

　에이스전자㈜는 무선청소기라는 단일제품으로 해외진출을 시작해 성공적인 수출 실적을 바탕으로 제품 영역을 넓혀 세계로 진출한 중소기업이다. 에이스전자㈜의 해외진출 경로와 방식에 대해 자세히 살펴보자.

해외진출 동기

　주영종 대표는 1997년 1월 에이스전자㈜를 설립하고 전문 디자인

회사와 연계해 청소기를 개발했다. 제품설계를 완료하고 대기업에 사은품으로 납품을 시작했는데, 얼마 지나지 않아 외환위기로 인한 납품하던 회사의 부도로 에이스전자㈜도 위기를 맞게 된다[6]. IMF로 인해 금융 발주 홀딩과 함께 국내 대기업에 납품이 불가능해지자 주 대표는 높은 환율을 기회로 수출을 통해 현재의 위기를 극복해나가야겠다는 판단을 하고 적극적으로 해외 바이어를 찾기 시작한다.

97년도에는 손실을 많이 봤었죠. 그해 1월에 새롭게 사업자등록을 하고 제품설계를 다 해서 11월에 모두 발주했었는데, 그때 IMF가 왔어요. 그래서 굉장히 어려움을 겪었죠. 금융 발주 나가는 것도 홀딩하고, 딱 하나 좋은 방법은 "수출이다" 생각했죠. 개발 중이던 제품의 컨셉 자체를 수출, 외국 바이어들이 좋아하는 것으로 많이 바꿨죠. 그 당시 환율이 많이 올랐고 환율이 좋아지니 수출하면 될 것 같다고 판단했어요.

주영종 대표 인터뷰 중

289

주 대표에 따르면, 국내 바이어의 경우 주문 후 생산하는 시스템이 아닌 제조업체가 선행 생산을 해서 바이어 주문 시 바로 공급을 해야 하므로 자원이 부족한 중소기업의 입장에서는 많은 어려움이 있다고 한다. 따라서 발주 후 생산이 가능한 수출만이 회사의 연속성을 보장해주는 하나의 방편으로, 중소 제조기업에 있어 해외수출은 필수 불가결하다고 한다.

지인들 중 누구든지 사업을 한다고 하면 저는 수출할 수 있는 가능성이 있느냐를 먼저 물어봐요. 왜냐하면 우리나라 중소기업들이 대기업의 부품을 만들거나 OEM을 하지 않고, 단독으로 자사의 독립적인 제품을 가지고 공장을 운영할 때는, 수출을 하지 않고서는 회사의 연속성이 보장이 안 되기 때문이에요. 예를 들어, 이마트와 거래를 하고 있지만 2~3개월치 생산에 대한 예상치를 먼저 절대 안 줘요.

주영종 대표 인터뷰 중

해외진출 경로

에이스전자㈜는 1999년 싹스 브랜드와 무선청소기를 개발해 일본에 OEM 방식이 아닌 자사 브랜드로 가정용 조리기기인 쿠킹히터와 청소기 수출로 첫 해외진출을 시작했다. 주 대표의 전 직장인 무역회사에서의 경험을 바탕으로 무선청소기 제품설계 단계에서 카탈로그를 만들어 외국 바이어에게 배포해 주문을 받아 신속하게 해외진출을 했다.

다른 회사에서 수입할 때, 외국에 나가서 전시회를 통해 샘플을 가져와도 바로 주문한 적은 드물어요. 샘플을 받아서 제품이 어떤지 써보고, 성능도 괜찮다면 그때 제대로 가격 협상 등을 해요. 그러다 보면 시간이 오래 걸려요. 그래서 제가 수출을 해도 우리 바이어들 역시 저와 비슷한 과정이 아닐까 생각했어요. 그래서 이미 설계할 때 카탈로그를 만들어서 뿌렸죠. 그리고 그 당시 무역협회에서 외국 무역협회 각 지점을 통해서 외국 바이어들한테 배포하는 월간 매거진이 있었어요. 이곳에도 싣고, 아시안소어스 asiansources, www.asiansources.com 라고 아시아에서 나오는 제품들을 전 세계 바이어들한테 배포하는 회사를 통해 광고했어요.

주영종 대표 인터뷰 중

2002년부터는 미국시장에 자사 브랜드가 아닌 OEM으로 무선청소기를 수출하게 된다. 하지만 미국 한 대형 유통업체에 싹스 브랜드로 진출하기 위한 협상 중 가격과 물량 협상의 어려움으로 자사 브랜드 진출이 좌절되었다. 이후 한 미국 대기업 브랜드의 OEM 방식으로 미국시장에 진출했으나, 쉽지 않았다. 에이스전자㈜에 따르면 미국이나 대형 시장 진출의 경우 소규모 기업이 감당하기에 지나치게 큰 주문인 경우가 많아 가격 등을 정하는 데 있어 수출 중소기업의 파워가 약해 생산단가를 맞추는 데 어려움이 따른다고 한다. 그럼에도 에이스전자㈜는 2004년부터 현재까지 15여 개국에 국내업체를 통한 유럽 대형 유통업체의 OEM 방식으로 수출, 2008년 러시아는 폴란드 유통업체의 OEM, 2013년 국내 대형 제조업체의 OEM 방식으로 이란에 수출하는 등 대체로 유통업체를 통해 해외시장에 진출했다.

또 태국, 인도네시아, 베트남 등 동남아시아에는 한국 대형 홈쇼핑 업체를 통해 진출했으며, 인도네시아에는 홈쇼핑을 통해 구축한 인지도를 바탕으로 현지 방문 판매 업체를 통해 수출하고 있다. 에이스전자㈜의 해외 담당자에 따르면 동남아시아의 경우, 한류의 영향과 한국의 상대적인 경제력 우위로 인한 원산지 효과로 인해 '메이드 인 코리아'를 표기한 자사 브랜드 수출 비중이 높다고 한다. 그러나 아직은 싹스 브랜드보다는 '메이드 인 코리아'로서의 인지도를 구축하고 있는 실정이다. 이에 에이스전자㈜는 홈쇼핑을 통한 브랜드 인지도 구축을 위해 노력 중이다. 홈쇼핑 방송의 경우 시연과 함께 자사 브랜드가 함께 노출되므로 추가 마케팅 및 홍보 비용이 없어 효과적이다.

해외진출 방식

에이스전자㈜는 OEM과 자사 브랜드 방식의 수출이 6:4로 자사 브랜드와 OEM 방식을 병행하고 있다. 대부분의 한국 중소기업이 초기 OEM을 통해 해외에 진출한 뒤 기반을 다져 자사 브랜드 제품으로 해외에 수출하는 것과는 달리 에이스전자㈜는 창업 시 자사 브랜드 수출로 첫 해외시장에 진출한 뒤 자사 브랜드와 OEM을 병행하는 방식으로 해외시장에 진출하고 있다. OEM의 경우 바이어 혹은 판매자가 가격을 결정하게 되나 자사 브랜드로 해외에 진출 시 가격 결정권을 제조회사가 갖게 된다. 에이스전자㈜의 경우 자사 브랜드 수출시 보다 높은 부가가치를 추구할 수 있기에 자사 브랜드로 수출하고자 하나, 바이어의 규모에 따라 진출 방식을 정한다. 즉, 주 대표에 따르면 바이어유통업체의 파워와 규모가 큰 경우, 대부분 OEM으로 나가게 되고, 바이어의 규모가 작은 경우 자사 브랜드로 수출한다고 한다. 또한 바이어의 파워에 따라 유통업체 브랜드로 계약하기도 했다.

우리 (에이스) 제품을 가져가는 바이어가 상대하기 편안해요. 이런 업체들이 대부분 규모가 작죠. OEM으로 하자는 업체는 대부분이 큰 업체들이에요. OEM의 장점은 그래도 양이 좀 있고, 우리 브랜드로 수출하는 것은 꾸준하기는 한데 양이 쉽게 늘어나기가 어려워요. 마케팅의 한계가 좀 있는 것 같아요.

주영종 대표 인터뷰 중

에이스전자㈜는 동남아시장 대부분에 자사 브랜드 방식으로 제품을 수출하고 있다. 그러나 비용 부족 등으로 별도의 마케팅 및 홍보 전략을 수행하기가 불가능하므로 시장에 물건이 많이 들어가 노출이 많이 되어야 한다. 따라서 에이스전자㈜는 자사 브랜드로 나갈 수 있는 시장의 경우 자사 브랜드로 진출하고, 자사 브랜드 방식으로 수출이 힘든 시장의 경우 OEM 방식으로라도 제품을 많이 수출해 에이스전자㈜라는 회사를 해외 바이어들에게 알리는 유연한 전략을 취하고 있다.

에이스전자㈜의 해외진출 성공요인

에이스전자㈜의 성공적인 해외진출 요인은 1) 다품종 소량생산, 2) 엄격한 품질 및 사후 관리, 3) 바이어 의견을 적극 반영한 신제품 및 디자인 개발, 4) 홈쇼핑을 통한 해외진출, 5) 지속적인 전시회 참여를 통한 바이어와의 신뢰 구축 등으로 요약된다.

다품종 소량생산

에이스전자㈜는 주력제품인 '싹스' 무선청소기 외에도 60여 종의 주방용 가전기기를 국내공장에서 생산한다. 소품종 대량생산으로 글로벌시장에서 상당한 가격경쟁력을 가지는 중국과의 경쟁에 대응하는 방법으로 에이스전자㈜는 다품종 소량생산을 택했다. 주 대표에 따르면 한국 중소 제조업체의 경우 대량생산으로는 중국을 이기는 것은 불가능에 가깝다고 한다. 이에 에이스전자㈜는 단가를 높이되 우수한 품질의 제품을 제공하며, 소량으로 주문하는 경우에도 생산을 하는데, 다품종 소량생산하는 것이 대량 구매 시에만 주문을 받아 저가에 제품을 제공하는 중국에 대응할 수 있는 방안이다. 실제로 에이스전자㈜는 3백 개의 소량 주문도 받는다고 한다.

또한 국내에 위치한 자가공장의 이점을 살려 유연한 생산라인을 구축하고 바이어의 주문에 따라 생산라인을 변경해 제품을 제공하는 등 순발력이 뛰어난 생산기술이 에이스전자㈜의 중국에 대응하는 전략이라고 언급한다. 이는 100% 국내생산이기에 가능한 점이다.

우리와 중국과의 차별성이자 경쟁력인 것 같아요. 중국은 소품종 다량생산을 하는 시스템이지만 우리는 다품종 소량생산이죠. 우리는 3백 개도 생산해요. 대신 단가가 좀 높죠. 해외 바이어들이 중국에 가서 우리 천 개, 2천 개 해줄래 그러면 중국 제조업체가 단가는 싸지만 쉽게 동의하지 않을 거예요. 다량 취급하면 원자재도 쌀 거고, 똑같은 제품을 계속적으로 생산하니까 라인도 변하

지 않고 그에 따른 유실도 안 생기니 많이 싸겠죠. 전에 우리나라
도 한 모델을 가지고 대량으로 생산하지 않았습니까? 그런데 우리
도 대량생산해서는 중국을 가격경쟁력으로 이길 수가 없죠. 도저
히 못 이겨요. 그래도 자기네 회사 이미지를 부각시켜가면서 품질
을 유지하고, 양은 많지 않지만 판매력을 갖고 있는 우리 같은 업
체들을 바이어들이 구분하는 거죠.

주영종 대표 인터뷰 중

엄격한 품질 및 사후 관리

　　엄격한 품질관리는 에이스전자㈜ 설립 때부터 주 대표가 가장 중
요시했던 부분이다. 실제로 2004년 빅 바이어인 미국 Oreck사의 청
소기 주문을 받아 대규모 주문량을 맞추기 위해 중국에 생산법인을
설립하게 된다. 그러나 중소기업의 경우 대부분 중국 생산공장의 직
원 이직율이 높아 직원 숙련도가 떨어지게 되고, 그로 인한 품질이 저
하되기 마련이다. 중국 공장에서 생산단가는 맞춰 Oreck사의 주문
을 받아 판매할 수는 있었으나 품질에서 떨어지게 되고, 주 대표는 저
하되는 품질에 문제를 제기하고 중국 공장을 닫은 이후 전량 국내 공
장에서 생산하기로 결정한다.

　　Oreck사가 항상 칭찬하는 것이 있어요. 에이스전자㈜의 제품
이 중국 것보다 한 30% 가까이 비싸도 품질과 서비스가 최고다

라고 하죠. 중국 공장에서 나오는 제품은 계속 거부당했죠. 비용이 문제가 아니라 실제 판매시장에서 소비자한테 자꾸 품질에 대한 컴플레인이 들어오니 문제죠. 또 조그마한 중소기업은 중국에서 공장을 못 하겠더라고요. 왜냐하면 이직률이 굉장히 높아요. 그렇잖아요. 생산량도 떨어지고 사람도 자주 바뀌다 보니 숙련이 되야 제품을 잘 만드는데 품질이 자꾸 떨어지는 거예요. 그래서 몇 년 하다가 제가 못한다고 그랬어요.

주영종 대표 인터뷰 중

에이스전자㈜는 가격보다 품질을 중요하게 여기며 철저한 품질관리와 불량률 관리를 통해 낮은 가격을 제시하는 중국 업체와의 경쟁에서 이겨내고 있다. 일례로 2009년 이탈리아 바이어가 물품에 이의를 제기하자 에이스전자㈜는 전량 리콜을 하는 등[6] 지금까지도 100% 사후 관리를 제공하고 있다.

저희는 단 한 건도 놓은 적이 없어요. 100% 사후 관리를 해줬죠. 그게 신뢰예요. 되도록 불량이 안 나게 하죠. 그런 게 전부 비용하고 연결되는 부분이거든요. 그래서 내부 교육이라든지 관리라든지 사장이 항상 같이하죠. 하루에도 (생산)라인에 한두 번씩, 몇 번씩 내려가서 살펴봐요. 그런 부분들이 쌓여 좋은 제품이 나온다고 저는 생각해요.

주영종 대표 인터뷰 중

바이어의 의견을 적극 반영한 신제품 및 디자인 개발

변화와 신제품 출시가 빈번한 가정용 전자기기의 경우 꾸준한 신제품개발과 다양한 컬러 등 디자인의 변화가 필수적인데, 에이스전자㈜는 중소 제조기업으로는 드물게 5천만 원의 디자인 개발비용을 투자하는 등 디자인 개발로 제품의 부가가치를 높였다. 중소기업으로서 자금력의 한계에도 불구하고 디자인 개발에 투자해 기존의 청소기를 단순한 청소도구가 아닌 인테리어 개념으로 재해석하고자 끊임없이 노력하고 있다[7]. 또한 신제품개발 시 해외 바이어의 의견을 적극적으로 반영해 바이어가 원하는 제품을 개발하고자 최대한 노력을 기울인다. 해외 바이어에게 꾸준히 그들의 의견을 반영한 신제품을 제공해줘야 지속적으로 판매가 가능하기 때문이다. 이에 에이스전자㈜는 실제로 바이어의 다양한 의견을 적극적으로 수용해 나라별로 각 해외시장의 특성에 맞는 파생모델을 출시하고 있다.

297

바이어들은 1달, 2달 만에도 바뀌는 핸드폰처럼 자꾸 작은 것 하나라도 신제품이라 해서 제공받기를 원하죠. 확실하게 신제품이 아니더라도 파생 제품으로 수정이라도 해서 줘야 계속 (거래를) 하는 거지, 우리 것이 좋다고 한 모델로 갈 수가 없어요. 바이어들 의견을 많이 반영해주면 좋죠. 사실 각 나라마다 문화가 다른 것들이 너무 많고, 우리가 다 알지 못하니까요. 바이어들에게 의견을 달라고 하면 하나씩 아이디어를 줘요. 자기네들이 쓰기에 뭐가 편하다, 색은 흰색이 좋다 등등. 그런 의견을 바탕으로 개발하고, 나라별로 수정해서 파생모델을 만들어요. 그리고 그쪽에서 좋아하는 것들을 가미해주면 바이어들은 오랫동안 (저희를) 신뢰해요.

주영종 대표 인터뷰 중

홈쇼핑을 통한 해외진출

글로벌 브랜드로의 도약을 준비하고 있는 기업으로서 인지도의 불리함을 극복하기 위해 에이스전자㈜는 홈쇼핑을 통해 해외시장을 확장했다. 인도네시아, 태국, 베트남 등 동남아시장의 경우 국내 대형 홈쇼핑 업체인 GS와 함께 해외로 진출해 시장을 확장했다. 인도네시아 GS의 경우 현지 홈쇼핑 방송인 MNCU와 합작해 인도네시아에 진출하면서 많은 한국제품을 현지 시장에 소개하고 있다. 에이스전자㈜는 현지 홈쇼핑 방송을 통해 '싹스' 브랜드 제품을 판매함으로써 적은 비용으로 브랜드를 홍보하고 현지 인지도를 구축하고 있다.

인도네시아 GS, 태국 GS, 베트남 GS로 나가는데 핸드블렌더 청소기, 무선청소기로 제품군 2개로 나뉘어져 있어요. GS는 국가별로 많이 진출되어 있고 현지인의 채널이 있어요. 예를 들어서 국내 KBS처럼, 정규로 홈쇼핑 채널이 또 따로 있는 거죠. 인도네시아, 태국도 마찬가지로 GS가 그쪽과 협력해서 채널을 하나 잡아서 그 채널에서 방송을 계속 틀거든요. 인도네시아 GS가 현지

MNCU 방송을 하고 있어요. 베트남은 VGS, 태국 트루셀렉트라
고 있고요. 그래서 작년에 론칭을 많이 했어요.

장지욱 과장 인터뷰 중

지속적인 전시회 참여를 통한 바이어와의 신뢰 구축

에이스전자㈜는 지속적인 전시회 참여로 바이어와의 신뢰를 구축
했다. 주 대표에 따르면 전시회로 인해 직접 주문을 받는 경우는 드물
지만, 전시회 참여로 바이어와의 신뢰를 구축할 수 있다고 한다. 주 대
표는 1999년부터 꾸준히 해외 전시회에 참여해 기존 바이어를 관리
하고 회사의 건재함을 알림으로써 신뢰를 구축할 뿐 아니라 전시회
를 통해 신제품을 홍보하고 있다.

299

▲ 사진 4 해외 전시회 에이스전자㈜ 전시 부스
출처: 에이스전자㈜ 제공

실질적으로 전시회에 나가서 그 자리에서 바이어가 사인해서 주문하고 수주하는 것은 거의 없어요. 전시회에 나가는 목적이 기존 바이어들한테 항상 우리가 건재하게 잘 하고 있다는 것을 보여주는 거예요. 초대장을 보내서 오게 만들죠. 제품이 좋아서도 사지만 회사를 먼저 신뢰해야 되거든요. 이렇게 한 해, 두 해 전시회에 가는 게 결국 우리 기존 바이어들에게 회사가 계속 잘 하고 있으니 우리 제품 많이 사가라, 하고 안심시키고 신뢰시키는 그런 측면이 더 커요. 홍보차원이죠. 그러다 보면 자연스럽게 새로운 바이어들이 오고 그렇게 되죠. 그런 변화들이 만만치 않아요.

주영종 대표 인터뷰 중

300

에이스전자㈜의 당면 과제

에이스전자㈜의 주 대표에 의하면 자사 브랜드 수출 시 당면하는 가장 큰 어려움은 마케팅 및 홍보 비용이다. 자사 브랜드로 제품을 수출하길 원해도 마케팅 및 홍보 채널 접근 등의 한계로 어려움이 있다고 한다. 또한 국제 금융, 국제 경제 환경의 변화, 환율 등 글로벌시장 환경의 불확실성으로 인한 외적 환경의 변화가 매출에 큰 영향을 주며, 에이스전자㈜와 같은 중소기업은 이러한 환경 변화를 예측하기가 어려워 직접적인 피해를 입는 경우가 많다고 한다. 무엇보다 급변하는 글로벌시장의 환경에 발맞춰 꾸준한 신제품 및 기술개발이 필요하다.

주 대표는 청소기 신제품 1개의 개발비용에 평균 5~6억이 소요되며, 급변하는 시장 상황과 빠른 정보의 속도로 인한 제품의 짧은 라이프사이클을 고려할 때, 중소기업에서 매번 이 정도의 비용을 들여 신기술 및 신제품을 출시하고 개발비를 회수하는 데 어려움이 있다고 한다. 마지막으로 주 대표는 중소기업의 경우, 인력 충원의 한계가 있다고 언급했다. 많은 청년인력의 대기업 선호로 고급인력이 필요한 신제품개발을 위한 인력 충원에 애로사항이 있다고 한다.

앞으로의 비전

에이스전자㈜는 해외진출 시장 확장과 신제품개발에 노력을 기울이고 있다. 동남아시장을 대상으로 자사 브랜드 수출 비중을 높이기 위해 노력 중이며, 또 다른 판로를 개척하기 위해 분투하고 있다. 또 물걸레 기능을 장착한 다기능 무선청소기의 개발과 사이폰 커피머신의 개발 등 다양한 신제품을 개발해 적극적으로 판매 영역을 확장하고 있다.

에이스전자㈜의 주 대표는 "제품이 진화하듯 소비자들의 인식 또한 높아지고 있다"며 "좋은 품질은 기본이고, 더 나은 디자인과 고객을 생각하는 서비스를 제공해 국가산업에도 이바지하고 한국의 위상을 드높일 수 있는 중견기업으로 성장해나가겠다"고 밝혔다[8].

part 5

혼자서도 잘하는,
일인 벤처형

일인의 역량으로
해외시장을 개척하다

PART 5 에서는

2011년 회사를 창립하자마자
3개국 수출을 시작한
일인 벤처기업 ㈜라비또를 다룬다.

벤처라 하면 흔히 벤처 케피탈venture capital, 엔젤 펀드angel fund가 필요한 제약이나 테크놀로지 분야를 생각한다. ㈜라비또는 핸드폰 케이스 하나로 창업한 지 4년도 채 되지 않아 전 세계 50개국에 수출하는 전형적인 본 글로벌born global이다. 앞서 다루었듯 테크놀로지 분야가 아닌 디자인 분야에서 본 글로벌 현상이 보이는 것은 매우 한국적인 현상이다.

국내외 유명인사들이 토끼 귀가 달린 핸드폰 케이스를 들고 있는 사진을 본 적이 있을 것이다. 그 핸드폰 케이스가 바로 국내 ㈜라비또의 제품이다. ㈜라비또는 앞의 12개의 사례와는 달리 국내에 공장도 없고, 해외 생산법인, 판매법인도 하나 없이 100% 하청을 주고 있으며, 사장 1명과 직원 6명이 디자인과 판매를 총괄해 총 50개국에 수출한다(〈표 5-1〉 참조).

㈜라비또의 성공 비결은 바로 디자인이다. 즉, 디자인이 경쟁력인 것이다. 창업주가 우연히 현재 그 토끼모양의 핸드폰 케이스를 영국의 한 전시회에 출품했다가, 그 자리에서 영국, 스페인, 일본 바이어의 주문을 받은 것이 창업의 계기가 되었을 뿐, 본인도 그 핸드폰 케이스를 상품화하거나 수출을 희망했던 것이 전혀 아니었다. 이렇게 우연하게 해외진출을 하게 된 경우가 해외 학술 논문에서는 종종 다뤄지기는

하나, 대한민국의 디자이너 한 사람이 이루어낸 경우는 매우 참신하
다. 디자인만 해오던 창업주가 생산 및 판매까지 관리하는 일은 버거
울 수도 있다. 그러나 창업 4년 만에 50개국에 수출하는 기염을 토하
고 있다. 그 과정과 비결을 자세히 살펴보자.

▼ 표 5-1 일인 벤처형 사례 요약

	㈜라비또
주요 수출품목	핸드폰 케이스
창립 연도	2011년
첫 수출해	2011년
첫 수출까지 걸린 햇수	0년
첫 진출국	영국, 스페인, 일본
총 해외진출국 수	50개국
생산	100% 국내 하청
해외진출 브랜드	Rabito

㈜라비또: 재미있는 스마트폰 케이스 디자인을 수출하는 글로벌 벤처기업

rabito

독창적인 디자인이
경쟁력이다

— ㈜라비또의 경영 철학 중 —

해외 유명 패션잡지 및 블로그에 실린 유명인사들의 파파라치 사진
에서 눈에 띄는 것이 있었다. 명품 브랜드 가방도 선글라스도 아닌, 그
들의 손에 들린 토끼 귀가 달린 핸드폰이었다. 무심하게 통화하는 스
타들의 손에 들린 토끼 귀를 보고 해외의 젊은 소비자들이 수소문에
나섰고, 뒷면에 깜찍한 토끼털 꼬리까지 달린 이 핸드폰 케이스는 한
국의 신생 벤처기업 ㈜라비또Rabito의 제품으로 밝혀졌다.

㈜라비또에게 있어 내수기업이냐 수출기업이냐의 구분은 무의미하
다. 사업 초기 내수시장에서의 성장을 기반으로 해외시장에 진출하

는 많은 기업들과 달리, ㈜라비또는 창업 초기부터 국내시장과 해외시장을 구분하지 않고 '하나의 글로벌시장'을 타깃으로 탄생했다. 때문에 ㈜라비또는 국제 신생 벤처기업이며, 디자인이라는 지적재산을 기반으로 한 일인 벤처기업이다. ㈜라비또의 창업자인 곽미나 대표는 막연히 자신의 디자인을 많은 사람들이 좋아하고 사용하며 행복을 느낀다면 좋겠다고만 생각했을 뿐, 설립 1년 만에 20개국으로 수출되는 국제 비즈니스가 되리라고는 생각하지 못했다[1].

2014년 기준 ㈜라비또는 미국과 일본, 이탈리아, 프랑스 등 50개국에 제품을 수출하고 있는 수출 유망 기업이며, 동물사랑실천협회, 결식아동, 다문화 가족, 청소년 상담복지센터 등 사회복지시설에 지속적인 기부활동을 펼치는 사회적 기업이기도 하다[2].

이 장에서는 곽미나 대표가 유학을 앞두고 나간 디자인 전시회에서 우연한 계기로 수출을 시작하게 돼, 일인 벤처기업으로서 뜻밖의 성공을 거둔 ㈜라비또의 해외진출 과정과 성공요인을 살펴본다. 각종 신문 및 보도자료와 곽미나 대표와의 인터뷰를 토대로, ㈜라비또의 해외진출 과정 및 성공요인을 짚어본다.

▲ 사진 1 ㈜라비또 로고와 토끼모양 스마트폰 케이스
출처: ㈜라비또 제공

기업 소개

㈜라비또는 2011년 곽미나 대표에 의해 설립돼 토끼 귀가 달린 핸드폰 케이스로 단숨에 스마트폰 액세서리시장의 샛별로 떠오른, 작은 규모의 일인 창조기업이자 신생 스타트업startup, 초기 창업 기업이다. 곽미나 대표는 토끼를 뜻하는 영어단어 래빗rabbit과 우리말 '토끼'의 합성어인 라비또를 어감이 좋아 쉽게 기억될 수 있도록 브랜드명으로 사용했으며[3], ㈜라비또는 현재 서울 중구에 본사를 두고 있다.

곽 대표는 서울대 시각디자인학과 졸업 후 6년 간 삼성전자 모바일 사업부에서 비주얼 디자인을 담당했다. 새로운 것을 배우고 자유로운 디자인을 해보고 싶다는 생각으로 2010년 7월 영국 유학길에 올라, 영국 유니버시티 칼리지 런던UCL에 입학 허가를 받은 상태에서 가을 학기 입학을 앞두고 현지 디자인 전시회에 나가게 됐다. 이 전시회에서 출품한 토끼 귀 모양의 스마트폰 케이스는 해외 바이어들로부터 뜻밖의 폭발적인 반응을 얻었고, 영국, 스페인, 일본 등지에서 연이어 수출 주문을 받으며 뜻하지 않게, '우연히' ㈜라비또가 창업되었다.

㈜라비또의 주력상품은 토끼를 모티브로 한 스마트폰 액세서리이며 이외에도 무접점 충전장치, 각종 스마트폰 애플리케이션, 하드웨어와 소프트웨어 연동 제품 등 다양한 제품을 개발하고 있다[4]. 최근에는 머그컵과 빈백bean bag, 커다란 자루 안에 충전재를 채워 넣어 만든 의자 같은 역할을 하는 제품도 출시해 국내외에서 판매되고 있다. ㈜라비또의 대표 상품인 토끼 스마트폰 케이스는 상단에 달린 토끼 귀와 뒷면 탈부착이 가능한 폭신한 꼬리가 특징이다〈사진 1〉. 이 디자인은 업계에 만연

하던 이전의 천편일률적인 네모난 플라스틱 핸드폰 케이스들 사이에서 획기적인 디자인으로 손꼽혔고[1], 창립 시부터 현재까지 기업명과 동명인 단일 브랜드 '라비또'로만 해외로 수출되고 있다. ㈜라비또는 제품 디자인 업종의 회사로 구분되며 전 제품은 한국업체에서만 생산하는 '메이드 인 코리아' 제품이다. 2014년 기준 6명의 직원을 고용하고 있으며 해외법인은 없다. ㈜라비또는 톡톡 튀는 토끼모양 핸드폰 케이스를 창업한 지 1년이 채 되지 않아 이를 미국과 일본, 이탈리아, 프랑스 등 15개국 이상에 수출했으며[4], 2014년 기준 전 세계 50여 개국에 진출해 있다. 창립 시 부터 디자인 개발에 상당한 규모의 투자가 지속적으로 이루어져왔으며, 현재까지도 상당한 비용이 디자인 R&D에 투자되고 있다(〈표 1〉 참조).

310

▼ 표 1 ㈜라비또 개요

업종	제품 디자인업	설립일	2011년
직원 수 (2014년)	6명	첫 진출 국가/시기	스페인, 영국, 일본/2011년
주력상품	스마트폰 액세서리	진출 국가 수	50개국(스페인, 영국, 노르웨이, 스위스, 독일, 프랑스, 이탈리아, 미국, 일본, 대만, 태국, 호주 등)
자사 브랜드	100% 자사 브랜드	비고	• 2011년 벤처기업으로 인정 • 2012년 차세대 수출중소기업 지정 • 2012년 수출유망중소기업 지정 • 2012년 지식경제부(현 산업통상자원부) 글로벌 IT CEO 상 수상 • 2012년부터 Global Internship 제도 운영 • 2013년 University of Botswana 산업디자인학과와 산학 협력

출처: 인터뷰, 자료조사에 의해 저자 편집

㈜라비또의 역사

㈜라비또는 첫 수출과 함께 창업된 지 4년 정도밖에 지나지 않은 신생 본 글로벌 벤처기업이다. ㈜라비또의 길지 않은 역사와 발전과정을 해외 도입기, 시장 확장기 2단계로 나누어 살펴본다.

해외 도입기(2010~2011): 자사 브랜드로 본 글로벌 벤처 창업

㈜라비또의 곽미나 대표는 2010년 가을 영국 UCL 입학을 앞두고 특별한 목적 없이 한 전시회에 참가했다. 출품한 토끼모양의 스마트폰 케이스는 이 전시회에서 영국, 스페인, 일본 바이어로부터 뜻밖의 주문을 받게 되었고, 작품 이름인 라비또를 브랜드명으로 2010년 12월에 공식적으로 브랜드를 론칭, 2011년 4월에 창업했다. 따라서 ㈜라비또는 내수시장의 성공을 발판으로 해외시장에 진출하는 다른 기업과는 달리, 수출을 시작으로 창업을 한 태생적인 본 글로벌 벤처기업에 해당한다[1]. 회사 설립과 동시에 주문량이 폭발적으로 밀려들며 곽 대표는 혼자 사업을 진행하기에 일손이 부족하자, 6명의 직원을 고용하게 된다. 해외수출을 진행하던 중 2011년 한국에서 열리는 디자인 전시회 참가를 계기로 한국에서도 판매를 시작했다(〈그림 1〉 참조). 토끼모양 케이스는 국내에서도 론칭과 동시에 열풍을 일으키며 한 국내 온라인 쇼핑몰에서는 3일 만에 만 개를 판매하는 성과를 올렸다[5]. 특히 2011년 토끼 해를 맞아 이해 크리스마스 성수기에는 한국, 중국 등에서 밀려드는 주문 탓에 개별 납품까지 2개월 이상이 소요되기도 했다[6]. ㈜라비또는 회사 설립 1년 만에 영국, 스

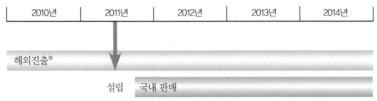

▼ 그림 1 ㈜라비또의 해외진출과 국내 판매 현황

| 2010년 | 2011년 | 2012년 | 2013년 | 2014년 |

해외진출*

설립 │ 국내 판매

*자사 브랜드 '라비또'로 처음부터 현재까지 판매
출처: 인터뷰, 자료조사에 의해 저자 편집

페인, 일본, 미국, 이탈리아, 프랑스 등 20개국으로 수출이 성사되는
쾌거를 이뤘다.

시장 확장기(2012~현재)

㈜라비또는 해외 바이어로부터의 열광적인 호응을 발판으로 2012
년부터 본격적인 해외시장 확장에 나섰고, 창업 이후 성공적인 해외
시장 진출의 공로를 인정받아 차세대 수출중소기업, 수출유망중소
기업[1]으로 선정됐으며, 2012년에는 지식경제부^{현 산업통상자원부} 글
로벌 IT CEO상을 수상했다[4]. 창립 때부터 글로벌시장을 타깃으
로 한 회사답게 2012년부터는 본격적으로 현지 학생들을 대상으로
Global Internship 제도를 운영하기 시작했으며, 2013년 아프리카의
University of Botswana와 산학협력 협정을 맺고 디자인 수업을 통해
학생들과 제품개발 프로젝트를 진행했다. 2014년 기준 해외 50개국스
페인, 영국, 노르웨이, 스위스, 독일, 프랑스, 이탈리아, 미국, 일본, 대만, 태국, 호주 등에 ㈜라
비또 제품이 활발히 수출되고 있다. 뿐만 아니라 ㈜라비또는 중소기업
으로서는 드물게 동물사랑실천협회, 결식아동, 다문화 가족, 청소년 상

▲ 사진 2 ㈜라비또의 스마트폰 케이스 기부활동

출처: ㈜라비또

담복지센터 등에 지속적으로 기부활동을 펼쳐왔고, 2014년에는 서울시와 손잡고 1억 원 상당의 토끼모양 스마트폰 케이스를 사회복지시설에 기부하는 등 지속적으로 사회와 환경에 관심을 기울이며 사회적 기업활동에도 앞장서고 있다〈사진 2〉.

313

㈜라비또의 해외진출 과정 및 유통경로

앞서 언급했듯 ㈜라비또의 출발은 창업자인 곽미나 대표가 2010년 영국 디자인 런던 전시회에 출품한 '라비또'라는 작품명의 토끼 귀 모양 스마트폰 케이스가 해외 바이어들의 호응을 얻으면서부터였다. 바이어들은 프로토 타입 형태의 라비또에 대해 너도나도 판매를 요청했고, 영국, 미국 등의 회사들은 라이선싱 계약을 제안, 쇄도하는 주문 요청에 곽 대표가 학교 입학을 미루고 제품개발에 매진해야 할 정도였다. 제품의 성공 가능성을 테스트하기 위해 곽 대표는 10월 스페인 발렌시아 디자인 위크Valencia Design Week with Designboom, 11월 일본 IEFT에서 열리는 전시회에 참가하게 된다. 세 곳의 전시회에서 영국,

스페인, 일본 바이어로부터 수천 개 물량의 주문을 받아[6] 수출을 시작으로 창업을 하게 된다.

㈜라비또는 해외진출 시 오직 자사 브랜드로만 해외 유명 백화점 및 소매점에 진출해, 중소기업의 새 역사를 썼다. 현재까지도 ㈜라비또의 제품들은 100% 자사 브랜드 '라비또'로만 수출된다. 모든 제품이 기술력이 아닌 디자인에 그 경쟁력이 있기 때문에, 초기 주문자 상표부착OEM 보다는 자사 브랜드 진출이 ㈜라비또에 더 적합하다는 것이 곽 대표의 설명이다. 제품생산에 있어서는 자체 생산공장을 가지고 있지 않으나 전량 한국업체를 통한 외주생산으로 수출하고 있다.

㈜라비또는 독창적인 디자인 파워로 설립 후 1년 만에 영국, 스페인, 일본, 미국, 이탈리아, 프랑스 등 20개국으로 제품을 수출했다. 이는 대부분 특별한 마케팅 활동 없이, 해외 바이어가 먼저 연락을 취해와 구입을 문의하는 경우가 많았다. 예를 들어, 영국의 경우 2011년 5월 창업한 지 한 달이 되었을 때 영국 헤로즈Harrods 백화점의 구매담당자가 직접 연락을 취해 ㈜라비또의 스마트폰 케이스를 구입하기를 원했고 샘플 테스트 후 영국 단독 판매를 조건으로 주문이 이뤄졌다[5]. 수많은 곳에서 주문이 들어왔지만, 곽 대표는 디자인을 잘 살려주고 브랜드의 가치를 인정해주는 샵 입점만을 원칙으로 했다. 그 결과, ㈜라비또는 전 세계적인 트렌드를 이끄는 유명 백화점 혹은 소매점인 영국의 헤로즈Harrods, 이탈리아의 엑셀시오르 밀라노Excelsior Milano, 미국의 키슨Kitson, 얼반아웃피터즈Urban outfitters, 노드스트롬Nordstrom, 스페인의 빈손Vincon 등에 진열됐다[1]. 이처럼 ㈜라비또는 주로 국내

중간 유통업자를 통하는 다른 중소기업과는 달리, 주로 직접 현지 바이어와의 컨택을 통해 해외진출을 이뤄왔다. 곽 대표는 ㈜라비또의 해외진출에 있어 현지 바이어와의 직접거래가 효과적이었다고 한다.

㈜라비또는 홈페이지를 통해 소비자 및 현지 바이어에게 온라인 직접 판매 또한 실시하고 있다. 곽 대표는 지금도 연간 1~2회 해외 전시회에 꾸준히 참가하고 있으며, 여기에 정부 수출역량사업의 일환인 전시회 해외비용 보조를 적절히 이용하고 있다. 해외 전시회들에서 ㈜라비또는 많은 소규모 한국기업들이 이용하는 한국관이 아닌 단독으로 부스를 여는데, 이는 ㈜라비또만의 독특한 디자인을 보여주기 어려운, 다양한 업체가 한곳에 들어가는 형태의 한국관이 ㈜라비또의 취지와 맞지 않기 때문이라는 것이 곽 대표의 설명이다.

315

㈜라비또의 해외진출 성공요인

단기간에 성공적인 해외수출을 이뤄낸 ㈜라비또의 성공요인은 크게 다섯 가지로 분석될 수 있다. 1) 창업주의 역량: 독창적인 디자인, 2) 구전 효과, 3) 지속적인 전시회 참여, 4) 판매처 선별, 그리고 5) 철저한 품질관리가 그것이다.

창업주의 역량: 독창적인 디자인

㈜라비또는 일인 기업으로 출발했으며 전적으로 창업주인 곽미나 대표의 아이디어로 탄생한 토끼 귀 모양의 스마트폰 케이스를 상품화해, 성공적인 해외진출을 이뤄냈다[5]. 곽 대표는 창업 전 2008년 '지

구 온난화 티셔츠'와 '컵'을 뉴욕현대미술관MoMA에 전시하며 화제를 모았고, 단추로 만든 에코 반지 등의 디자인은 현지에서 긍정적인 평가를 받았다. 이러한 곽 대표의 디자이너로서의 감각과 우수한 역량, 참신한 제품에 대한 믿음이 ㈜라비또와 같은 성공적인 일인 기업을 탄생시킨 첫 번째 요인이다. 곽 대표는 독창적이고 재미있는 디자인 제품을 만들어 자연스레 소비자와 거래처를 끌어들이고, 성공적인 매출 성과를 이룬다고 말한다.

구전 효과(word-of-mouth effect)

㈜라비또는 브랜드를 알리기 위해 특별한 마케팅을 하지 않는다.

▲ 사진 3 ㈜라비또의 제품을 사용하는 셀러브리티들

출처: ㈜라비또 홈페이지

해외 고급 백화점 등에 입점하면서 유명인사들이 ㈜라비또의 제품을 구입해 사용하는 모습이 기사, 해외 유명 패션잡지Instyle, Cosmopolitan, Vogue, Bazaar 등 및 SNS 등을 통해 노출되고〈사진 3〉, 입소문이 나면서 자연스레 빠른 속도로 브랜드가 알려지기 시작했다.

㈜라비또의 고객은 케이티 모스와 같은 해외 유명인사들이 ㈜라비또의 제품을 사용하는 사진을 찍어서 본사에 보내준다고 한다. 이런 사진들이 현재 ㈜라비또의 홈페이지를 가득 채우고 있다. 특히 설립된 지 4개월 만에 ㈜라비또 제품의 폭발적인 인기로 소비자가 직접 홈페이지를 통해 찾아오거나 바이어의 주문 의뢰가 쇄도하기도 했다. 곽 대표는 ㈜라비또의 제품이 인터넷의 빠른 확산 속도를 통한 구전 효과를 톡톡히 누렸다고 말한다.

317

지속적인 전시회 참여

창립의 첫 계기부터가 전시회였던 만큼, 곽 대표는 지금도 1년 평균 3, 4회의 전시회에 꾸준히 참여하고 있다. 창업 초기 라비또 브랜드를 알리고, 해외시장에서 신뢰성 있는 판매파트너총판를 만나고자 전시회에 적극적으로 참여했다면[6], 현재는 전시회 참여가 반드시 주문을 수주하기 위한 목적은 아니다. 현재는 전시회에서 바이어와 계약이 이루어지는 경우는 드물며, 이보다는 전시회를 통해 기존 바이어를 관리하고 신제품이 나왔을 때 기존 바이어에게 제품을 소개하는 등의 목적이 더 크다〈사진 4〉. 또한 전시회를 통해 꾸준히 새롭고 창의적인 디자인 '작품'을 출품하며 곽 대표 본인의 디자이너로서의 감각과 ㈜라비또의 디자인회사로서의 입지도 분명히 하고 있다.

▶ 사진 4 ㈜라비또의 전시회 참여

*위: IEFT 2013 Interior life style living, 아래: 2014 Maison&Object in Paris
출처: ㈜라비또 홈페이지

판매처 선별

㈜라비또는 언제 어디서나 싼 값에 구할 수 있는 '상품'보다는 디자이너가 만든 재미있고 흥미로운 디자인 '작품'으로서 그 정체성을 지켜나가기를 원한다. 때문에 곽 대표는 제품이 판매되는 샵을 선택할 때도 주문량이나 가격보다는 적극적인 고급 매장 진입에 중점을 둬 라비또가 명품 스마트폰 액세서리 브랜드로 포지셔닝될 수 있기를 추구하며[3], 때문에 ㈜라비또의 브랜드 컨셉을 잘 살려줄 수 있는 저명한 디자인샵 위주로 납품을 진행하고 있다[6].

철저한 품질관리

㈜라비또는 디자인회사로서 제품생산은 전량 외주생산해 본사가 자체적으로 운영하는 생산공장은 없으나, 제품의 품질에 있어서는 철저한 관리를 목표로 한다. 고급스러운 제품 이미지, 독창적인 디자인에 걸맞는 제품을 생산하는 데 품질관리의 중점을 두고 있다.

특히 ㈜라비또 제품의 경우 저가의 카피제품이 시장에 빈번히 유통되고 있어 이들 모조품과의 품질에 있어 확실한 차별화를 두는 데 품질관리의 가장 큰 목적이 있다. 예로 ㈜라비또는 블링블링 핸드폰 케이스에 TPU Thermoplastic Poly Urethane 소재를 쓴다. 이 소재는 가볍고 단단해 모양이 쉽게 변형되지 않아 내구력이 강할 뿐 아니라 때가 잘 타지 않고 먼지가 잘 묻지 않아 일상생활에 사용하기 좋다고 한다. 또한 디자이너가 직접 공장에 방문해 생산 공정을 꼼꼼하게 체크하며 완성제품의 검수 또한 철저하게 해, 여러 번의 공정 과정과 제품 검수가 이루어지지 않는 모조품과 육안으로 구별이 가능하다고 한다.

㈜라비또의 당면 과제

뜻밖의 계기로 상품화되어 의외의 성공을 거둔 것이 ㈜라비또만의 특별한 성공담이지만, 준비 없이 시작한 사업은 예상치 못한 문제를 야기하기도 했다. 사업 경험이 전무하던 곽미나 대표에게, 전량 외주 생산에 의존하는 생산 관리는 쉽지 않은 일이었다. 선금을 받은 뒤 계약을 불이행하는 일부 생산업체들 때문에 사업 초기 큰 타격을 입기도 했다. 또한 초기 소규모 인력만을 고용하고 있던 ㈜라비또로서는 폭발적인 인기와 빗발치는 주문량을 감당하는 일이 쉽지 않았다. 심지어 ㈜라비또에 주문을 의뢰한 업체들이 납품이 빨리 이뤄지지 않자, 급한 마음에 모조품을 대신 구입해가는 경우도 있었다[6].

앞서 보았듯 ㈜라비또에게 가장 걱정스러운 일은 갑작스레 제품이 폭발적인 인기를 얻으며 중구난방 생겨난 모조품들에 대처하는 것이었다. 때로는 제품뿐 아니라, 브랜드 홈페이지까지 100% 모방한 사이트가 등장하기도 했다[6]. 이 사이트를 보고 주문한 동남아시아, 중국 업체가 물건이 도착하지 않았다는 컴플레인을 걸어오면서 이들 홈페이지의 존재가 드러났다. ㈜라비또는 제품에 대해 전 세계 수십 개국에 디자인이 등록되어 있지만 중국의 경우 모조품을 생산, 유통시킨 중소 업체들을 찾아내기는 어려우며 법적으로 손해배상을 청구하기 또한 용이하지 않은 실정이다. ㈜라비또는 디자인제품인 만큼 디자인 카피 문제가 여전히 가장 심각한 당면 과제이며, ㈜라비또 측에서는 관련 보험 가입, 지적재산권 등록 등 법적 조치와 철저한 판매처 선별, 유통채널 관리 등으로 이에 대응하는 데 애를 쓰고 있다.

앞으로의 비전

㈜라비또는 독창적인 디자인의 스마트폰 케이스로 해외시장에서 성공적인 매출을 기록했으나, 스마트폰 케이스에만 제품 디자인 개발을 제한하지는 않는다. 밝고 재미있고 깔끔한 느낌의 디자인이라면 앞으로도 종류에 상관없이 다양한 제품을 만들어나가는 것이 ㈜라비또의 계획이다. 최근 토끼 귀 모양의 빈백을 다양한 사이즈로 개발해 판매 중이며, 곽미나 대표는 앞으로도 재미있는 디자인이라면 여러 제품을 가리지 않고 시도해볼 생각이라고 말한다.

321

혁신을 이룬,
13개 브랜드의 성공비법

"Competitive advantage emerges from pressure, challenge,
and adversity, rarely from an easy life"[1]

진실은 통한다.

글로벌리제이션globalization은 어느 국가이든, 어느 기업이든 가장 중요한 성장전략 중 하나이다. 그러나 국내시장이 좁고 경쟁이 치열한 대한민국의 중소기업에게는 성장전략이 아니라 생존전략이다. 즉, 사업을 더 성장시키기 위해서가 아니라, 사업을 접느냐 유지하느냐의 문제인 것이다. 이러한 처절함은 우리 중소기업에게 글로벌 경쟁력을 가져다주었다. 국가 경쟁력의 대가인 하버드 대학의 마이클 포터Michael Porter 교수는 "경쟁력은 어려움, 역경 속에서 탄생하는 것이지 편안한 삶에서 나오는 것이 아니다"라고 피력한다.

이 책에서 다룬 13개의 사례들은 국내시장, 세계시장에서 어려움, 역경에 맞서서 세계시장에서 한몫을 당당히 해낸다. 작지만 글로벌 기업으로 성장한 13개 사례의 공통적인 성공요인, 그리고 글로벌 경쟁력이 요구되는 중소기업과 청년인력에 대한 제언을 제시한다.

---

1 Porter, M. E.(1990). *The competitive advantage of nations*. New York, NY: The Free Press. p.174

13개 사례의 공통적인 성공요인

13개 사례의 성공 이면에는 앞서 각 사례에서 밝힌 것 이외에도 숨은 노력들이 존재한다. 종합적인 이해를 위해 핵심적인 성공요인들을 살펴보면 다음과 같이 다섯 가지로, 글로벌 경쟁력을 갖춘 확실한 제품력, 과감한 R&D 투자, 틈새시장 공략, 정직과 신뢰, 브랜드 인지도를 높이기 위한 적극적인 마케팅으로 요약된다.

글로벌 경쟁력을 갖춘 확실한 제품력

13개 사례의 가장 큰 공통점은 모두 제품이 우수하다는 것, 글로벌 경쟁력을 갖추었다는 점이다. 모든 비지니스의 핵심은 가치 창조이다. 즉, 고객에게 어떤 제품가치을 제공하는가이다. 고객이 지불하는 가격은 그들이 원하는 제품가치을 제공한 대가이다. 따라서 제품력의 중요성은 아무리 강조해도 지나치지 않는다. 특히 여러 상품, 여러 브랜드가 난무한 소비재 시장에서는 뛰어난 제품력이 절대적으로 중요하다. 13개 사례들은 한결같이, 이 제품력에 사력을 다한다. 중소기업으로 살아남기 위해 제품이 특출나지 않으면 안 된다는 뼈저린 자각이 있었던 것이다. 이들은 기존 제품 영역에서 잘 만드는 것이 아니라, 아예 다른 새로운 제품을 시장에 내놓으며 시장을 선도한다. 기존의 패러다임과는 다른 방식으로 접근한 것이다. 이를 '혁신'이라고 한다. 우리가 '혁신'이라고 하면 하이 테크놀로지나 의약품 등에서 기술만을 생각하는 경향이 있으나, 혁신의 가장 보편적인 정의는 "한 나라, 한 산업 내에서 점진적이든 급진적이든 새로운 제품, 새로운 프로세스, 새로운 조직 형태"[2]이다. 즉, 어느 분야에서든 혁신은 일어날 수 있고, 일어나야만 한다.

혁신의 배경에는 강한 문제의식이 있다. 많은 사례에서 창업주는 각자의 제품 영역에서 강한 물음표를 던진다. "왜 등산화는 무거워야 하는가?"라는 물음이 ㈜트렉스타로 하여금 초경량 운동화를 개발하게 했고, 이는 특허 획득으로 이어졌다. 석유난로 심지를 생산 판매하던 ㈜파세코의 창업주는 난로가 고장나기만 하면 심지 탓으로 돌리는 현실을 극복하고자, 난로를 분해하다가 석유난로 개발 비법을 터득한다. 비올 때 측량한 사진자료들이 비에 젖어 못쓰게 되었을 때, ㈜디카팩 창업주는 비올 때 카메라를 보호해주는 방수팩의 필요를 직감하고, 전문분야도 아닌 곳에서 각고의 노력 끝에 카메라 방수팩을 개발한다. 생선을 많이 구워 먹는 한국에서 "왜 생선구이용 프라이팬이 없는가?"라는 물음이 ㈜해피콜로 하여금 생선 구울 때 냄새가 나지 않으면서 일일이 젓가락으로 생선을 뒤집지 않아도 되는 양면 프라이팬을 개발하게 했다. 이는 전 세계 유수의 주방용품 회사들도 생각하지 못한 매우 혁신적인 제품 디자인이다.

이러한 창업주의 주도적인 혁신들은 제품경쟁력을 갖추게 하며, 제품의 우수성이 국내뿐 아니라 해외에서도 인정받게 한다. 〈표 1〉은 13개 사례의 국내외에서 획득한 특허, 인증, 디자인 의장 등록 등의 총 수를 보여준다. 핸드폰 케이스를 수출하는 ㈜라비또를 제외한 모든 사례가 획득한 국내외 특허, 인증, 디자인 의장 등록 등의 성과는

---

2 Sundbo, J.(1991). Strategic paradigms as a frame of explanation of innovations: A theoretical synthesis. *Entrepreneurship & Regional Development*, 3, 159-173.

브랜드, 세계를 삼키다

눈부시다. 대한민국의 식약청이, 미국의 FDA가, 일본의 후생성이 제품을 승인했고, 유럽 연합의 까다로운 품질기준에 통과한다. 독보적인 기술개발, 특허, 디자인 등록을 통해 글로벌 기준을 갖추었음을 여실히 증명했다. 이런 제품력에 대해 이제 감히 누가 왈가왈부하겠는가?

▼ 표 1 각 사례의 국내외 특허, 인증 등록 수 및 매출 대비 R&D 투자

	사례	주요 수출품목	총 국내외 특허, 인증, 디자인 의장 등록 수	매출 대비 R&D 투자(%)
점진 성공형	㈜트렉스타	아웃도어 신발·의류	26+	5%
	오로라월드㈜	캐릭터 인형	5000+	2~3%
	㈜파세코	석유난로	63+	5~6%
	선일금고제작	금고	27+	5%~10%
마케팅 승부형	해브앤비㈜	BB크림	4+	–
	㈜한경희생활과학	스팀청소기	130+	5%
	㈜해피콜	프라이팬	160+	10~20%
금의환향형	㈜디카팩	카메라 방수팩	30+	7%
	㈜제닉	하이드로겔 마스크팩	109+ 다수의 인증	2%
다품종 소량생산형	㈜드림콘	컬러 콘택트렌즈	11+	5%
	㈜기린화장품	헤어제품	4+	10%
	에이스전자㈜	가정용 전기기기	27+	4% +
일인 벤처형	㈜라비또	핸드폰 케이스	–	–

과감한 R&D 투자

이상의 제품력은 그냥 생기는 것이 아니라 과감한 R&D 투자가 뒷받침되었기 때문이다. 그러나 하이텍highi-tech처럼 엔젤 펀드angel fund가 있었던 것도 아니고, 대박을 기대하면서 투자해주는 투자자도 거의 없었다. 13개 사례에서 창업주들은 각자의 자산을 과감히 투자하고 어느 창업주는 집을 팔아 투자하기도 했다. 이렇게 혼신의 정성을

다해 개발한 제품들이기에 글로벌시장에서도 인정을 받고, 그 대가는 매출로 이어지게 된다. 매출이 좋으니 R&D에 재투자할 수 있는 여력이 생기는 선순환이 되었다.

〈표 1〉에서 보여주는 바와 같이 해브앤비㈜와 ㈜라비또를 제외한 나머지 사례들은 적게는 매출의 2% 많게는 20%까지 R&D에 투자한다. ㈜파세코의 경우 고용된 사무 인력의 반 이상이 기술개발 및 품질관리에 투입된다. 이러한 R&D 투자율은 삼성과 LG의 R&D 투자율이 각각 6% 정도이고, 애플Apple이 2.6% 정도인 것을 감안하면 매우 높은 수치이다. R&D를 많은 투자를 하는 구글Google이나 마이크로 소프트Microsoft사도 13% 정도인 것에 비하면, 자본과 인력이 부족한 중소기업이 매출의 20%까지 R&D에 투자하고 있다는 사실은 매우 놀랍다. 그것도 이미지 제품인 화장품과 핸드폰 케이스를 제외한 11개 사례 모두가 한결같이 R&D의 중요성을 설파하고 있었다. 기술개발을 위한 R&D에서 더 나아가, 디자인 개발에도 과감히 투자했다. ㈜해피콜의 경우 IH 진공냄비 디자인을 영국의 유수 디자인업체에 의뢰해 개발함으로써 기술뿐 아니라 디자인 측면에서도 가치를 향상시키고 있었다. 세계시장에서도 절대 밀리지 않는 확실한 제품력은 바로 이 R&D 투자에 있다. 꾸준히 연구하지 않으면 좋은 제품이 나올 리가 없다.

틈새시장 공략

13개의 사례들은 또한 한결같이 틈새시장을 공략하고 있다. 틈새시장이란 그야말로 시장이 작지만 수익이 매우 높은 시장을 의미한다.

자본이 부족한 중소기업이기에 모두 잘할 수 없다. 그렇기에 내가 잘할 수 있는 것 하나만 선택해서 그것만 잘하면 된다. 13개 사례는 모두 '선택과 집중'이라는 기본 정석에 충실해 수출 주력상품 하나에만 총력을 기울인다. ㈜트렉스타는 아웃도어 등산화에, ㈜제닉은 하이드로겔 페이셜 마스크팩에, ㈜파세코는 석유난로에, ㈜디카팩은 카메라 방수팩에, ㈜한경희생활과학은 스팀청소기에, ㈜해피콜은 프라이팬에, ㈜드림콘은 컬러 콘택트렌즈에, ㈜기린화장품은 1분 염색약에, ㈜라비또는 핸드폰 케이스 하나에만 총력을 다했다. 이러한 품목들은 한결같이 대기업이 과점하고 있는 분야가 아니기에 상대적으로 경쟁이 적어 두각을 나타내기 쉽다. ㈜제닉의 경우 마스크팩에서도 하이드로겔 마스크라는 독자적인 영역을 개발한 경우이기에, 그 분야에서 세계시장 점유율 80~90%를 차지할 수 있는 것이다.

이렇게 틈새시장을 공략할 수 있었던 데에는 창업주의 역량이 참으로 중요했다. 전혀 모르는 분야를 개척해 제품을 개발한 ㈜디카팩, ㈜한경희생활과학의 경우도 있지만, 대부분의 경우 창업주 자신이 틈새시장에서 역량을 갖춘 경우가 많았다. 하이드로겔 마스크팩을 개발한 ㈜제닉의 창업주는 화학공학 박사이고, ㈜드림콘의 창업주는 콘택트렌즈 기계를 개발한 기계공학도이며, ㈜라비또 창업주 또한 시각 디자인을 전공한 디자이너다. ㈜트렉스타, 오로라월드㈜는 동종 분야에서 다년간 쌓은 생산, 운영, 수출 경험이 틈새시장 공략에 큰 도움이 되었다. 한 분야에서 오래 종사했다는 것은 누구보다 그 분야에서 전문가가 되었다는 의미이다. 자신의 전문성에 자신감을 갖고 도전하는 것이 중요하다.

정직과 신뢰

13개 사례의 또 다른 공통점은 정직하고 비지니스의 정석을 지킨다는 것이다. 즉, 주문을 더 받기 위해 할 수 없는 것 이상을 약속하지 않고, 할 수 있는 것만 정직하게 약속하며, 또 한번 한 약속은 우직하게 지키는 것을 해외시장의 성공요인으로 보는 사례들이 많았다. ㈜기린화장품의 경우는 "우리는 처음부터 이 정도밖에 못 해준다. 이렇게 제시했죠. 그렇기 때문에 처음 거래가 성사되기 어려워도 일단 성사되면 나중에는 점점 좋아져요. 우리하고 거래를 시작한 후에 깨지는 경우가 거의 없어요"라고 얘기한다. ㈜드림콘의 경우는 이에 더 나아가 단기 매출을 높이기보다는 이전에 구매한 바이어에 대한 신의를 지킨다. "(우리가) A라는 바이어한테 천 원에 팔았어요. 그러면 B라는 바이어가 장사가 잘되는 것을 보고 1,200원에 사간다고 해요. 저희 회사는 그건 아닌 것 같다 해서 돌려보내요." 이러한 정직과 신의가 결국에는 더 큰 이익을 가져다준다는 것을 성공한 사례들은 이미 알고 있었다. ㈜드림콘의 창업주는 이를 '촌놈 정신'이라고 불렀다. 촌놈은 세련되지는 못하지만 열정이 있고 사람을 속이지 않고 정직하다는 것이다. 어찌 보면 지극히 당연하지만, 당연한 것을 촌놈처럼 지키는 것이 더 중요한 지도 모르겠다. 그러한 기업가 정신이 글로벌시장에서도 통했다.

브랜드 인지도를 높이기 위한 적극적인 마케팅

많은 사례들이 브랜드의 중요성을 일찍이 간파하고, 브랜드 인지도 제고를 위해 자본의 한계 속에서도 효과적인 브랜딩 및 마케팅을 전개한 것 또한 공통적인 성공요인이다.

브랜드, 세계를 삼키다

효과적인 브랜딩의 예를 들어보자. OEM/ODM만 하면 영원히 브랜드 가치를 개발할 수 없다. 이에 선일금고제작의 경우 OEM/ODM으로 수출되는 제품들에 있어서도 반드시 '이글세이프' 상표를 부착하도록 하고, 자사 브랜드인 '이글세이프'나 '루셀'을 구입하는 경우 인센티브를 제공해 자사 브랜드 수출을 유도했다. ㈜드림콘도 자사 브랜드로 수입해갈 경우 포장비 등을 자사에서 부담해 자사 브랜드 수출을 유도했다. ㈜파세코는 OEM 제품을 원할 경우, ㈜파세코 자사 브랜드 제품을 3배 이상 주문할 때만 해준다는 조건으로 공급한다. ㈜디카팩은 초기부터 자사 브랜드만을 고집했고, 어느 정도 자사 브랜드가 알려질 무렵부터 OEM을 허용했으며, OEM 수출의 경우에도 '메이드 바이 디카팩', '메이드 인 코리아'를 반드시 넣는 조건으로만 수출했다.

적극적인 해외 전시회 참가도 브랜드 인지도 제고에 매우 효과적인 것으로 나타났다. 국내 중간상이나 해외 유통업체를 통해서 수출하는 경우, 대부분 이 중간상들에게 의존한다. 즉, 그들의 마케팅 및 영업 능력에 내 브랜드의 사활이 걸려 있는 것이다. 13개의 사례들은 여기에 안주하지 않고, 공통적으로 해외 유명 전시회 참가를 통해 브랜드를 적극 홍보하고, 새로운 바이어를 발굴하는 수고를 마다하지 않았다. 왜냐하면 아무리 제품력이 좋아도 사람들이 알지 못하면 매출로 이어지지 않기 때문이다. ㈜디카팩, ㈜라비또의 첫 수출 주문은 전시회에서 이루어지기도 했다. 국내외 전시회 참가에는 물론 비용이 들지만, 정부의 여러 기관이 이를 지원하고 있으니 열심히 찾아서 혜택을 누리길 바란다.

적극적 마케팅의 또 다른 방법은 국내외 홈쇼핑을 통해 시연하는 것이다. 기능성 제품의 경우 제품을 써보기 전에는 그 성능을 가늠하기 어렵다. 따라서 소비자가 직접 눈으로 기능을 확인할 수 있도록 직접 시연하면서 제품을 홍보할 수 있는 홈쇼핑을 유통채널로 백분 활용했다. ㈜해피콜, ㈜제닉 등은 국내 홈쇼핑에서 대박 상품이 되었으며, ㈜해피콜은 일본 진출 시, ㈜한경희생활과학은 미국진출 시 QVC 홈쇼핑 채널을 통해 진출했다.

브랜드 홍보를 위한 인터넷 홈페이지 활용도 두드러진다. 12개의 회사 대부분이 영문 홈페이지를 운영하며, 오로라월드㈜auroraworld.com 는 7여 개국 언어로, ㈜트렉스타treksta.com 는 20여 개국 언어로, ㈜드림콘dreamcontact.co.kr 은 한국어, 영어, 중국어, 러시아어, 아라비아어 등 5개국 언어로, ㈜한경희생활과학은 각각 한국어, 영어, 중국어로 홈페이지를 운영한다.

자사 브랜드 해외진출을 위한 제언

앞서 지적한 바와 같이 자사 브랜드 수출은 OEM 수출의 몇 배 이상의 가치를 가져다준다. OEM 수출의 영업 마진이 2%인 것에 비해, 자사 브랜드 수출의 영업 마진은 31%나 된다. 더군다나 회사 주인이 바뀌어도, 사람이 바뀌어도, 건물, 공장이 바뀌어도, 브랜드는 영원하다. 건물, 공장 등 유형자산을 제외한 브랜드 자체만의 가치를 브랜드 자산이라고 한다. 인터브랜드Interbrand 의 2014년 보고서에 의하면, 전 세계에서 가장 높은 브랜드 자산을 가지고 있는 회사는 애플Apple

로 그 가치가 무려 131조 원US$118,863 million 이나 되며, 삼성은 전 세계 7위로 브랜드 가치는 50조 원US$45,462 million 이다. 이러한 글로벌 기업도 창업 당시에는 중소기업이었다. 대한민국의 중소기업은 이제 OEM 단계에서 더 나아가 자사 브랜드로 글로벌시장을 리드할 때가 되었다. 중국이 바짝 추격해오고 있는 현 시점에서, 자사 브랜드 수출은 성장전략이 아니라 생존전략이기 때문이다.

중소기업이 자사 브랜드로 글로벌시장에서 경쟁하기 위해서는 우선 창업주나 CEO의 강한 의지가 가장 중요하다. 국내 리딩leading 업체 중에서 국내매출이나 OEM 수출에 만족하고, 더 이상 위험을 감수하지 않으려는 중소기업도 있을 것이다. 그러나 모든 기업의 미래는 혁신에 달려 있다. 현재에 안주하면, 현재의 것도 유지하기 어렵다. 자본이 부족한 중소기업이기에, 나라가 주는 프리미엄이 없는 중진국이기 때문에 브랜딩에 어려움이 많다. 그럼에도 불구하고 효과적인 방법이 있다. 위에서 분석한 13개 사례의 공통적인 성공요인은 해외에 자사 브랜드로 수출하고자 하는 모든 중소기업에 적용된다. 즉, 해외시장에 자사 브랜드로 수출하고자 하는 기업은 이상의 성공요인을 충분히 이해하고 백분 활용해야 할 것이다.

위에서 언급한 성공요인 이외에 저자들의 제언을, 창업주나 CEO가 자사 브랜드로 글로벌시장에 진출하고자 하는 강한 의지가 있다는 전제하에, 다음과 같이 제시한다.

세상은 넓고, 우리 제품을 팔 시장은 분명 있다

세상은 넓다. 그렇기에 진출할 시장은 무궁무진하다. 소비자가 직접 쓰는 소비재는 소비자 수요가 형성되어야 하기에, 수요가 있는 시장을 찾는 것이 무엇보다 중요하다. 대한민국은 단순 임가공을 통해 의류, 가발, 인형, 신발을 OEM 수출을 하던 1960년대부터, 점차 부가가치를 높이는 섬유, 화학, 자동차, 조선, 반도체산업 등으로 발전해왔다. 한 나라가 몇 백년을 거쳐 이뤄낸 경제발전을 한 세대에 모두 일구어냈다. 따라서 글로벌 소비자의 수요를 경제발전 단계에 따라 예측하는 것이 상대적으로 쉽다. 이 같은 일련의 과정을 모두 거쳐왔기 때문이다.

오래전 대한민국은 어머니들이 손뜨게한 것을 수출했지만 지금은 반대로 어느 개발도상국에서 예전 우리 어머니들처럼 일을 한다. 1980년대 초 나이키, 조다쉬 청바지와 같은 해외 브랜드가 국내시장에 처음 들어왔을 때, 세상에는 그 브랜드만 있는 줄 알았다. 그러나 이제 우리나라 브랜드들이 동남아시아에서 그런 역할을 하고 있다. 짧은 시간 내에 경제발전 단계를 다 거쳐왔기에 각 단계마다 필요한 소비자 수요에 대해, 그 어느 나라보다 통찰력이 있다. 이러한 통찰력을 가지고 세계시장을 보자.

우리나라에서는 더 이상 쓰지 않는 제품도 즉, 수요가 없어진 제품도 지구상 어느 나라에서는 매우 필요한 제품일 수 있다. ㈜파세코의 경우 석유난로를 국내에 내놓은 1980년대 중반 주거형태의 아파트 붐이 일어나면서 집집마다 있던 석유난로가 더 이상 필요없게 되었다. 120여 개에 해당되는 난로회사들이 줄줄이 도산했다. 그러나 텐트를 치며 유목생활을 하는 유목민의 비중이 높은 중동에서는 석유난로가 필수품인 것에 착안해 중동시장을 개척, 자사 브랜드 '케로나'로 메이드 인 코리아를 당당히 밝히며 중동 석유난로시장의

60~70%를 점유했다. 심지어 케로나의 유사품이 나와 유사품에 주의하라는 광고까지 할 정도가 되었다. 국내에서는 가정용 석유난로의 수요는 줄었지만, 여가시간이 늘어남에 따라 캠핑난로에 대한 수요가 급증해, 대신 캠핑난로를 판매하고 있다. ㈜한경희생활과학의 경우 스팀청소기는 동남아시아에서는 그다지 수요가 없음을 인지하고, 인건비가 비싼 미국시장을 공략한다. 동남아시아 중산층에는 가사도우미가 있기에 걸레질 대신 사용되는 스팀청소기가 그다지 매력적이지 않다. 대신 비싼 인건비 때문에 웬만한 가정에서는 가사도우미를 고용할 수 없는 미국에서는 스팀청소기에 대한 수요가 크다.

여기서 주목해야 할 점은 국내에 수요가 없더라도, 사장된 제품이라도, 세계 어느 곳에서는 수요가 있다는 것이다. 만약 ㈜파세코가 국내시장에 안주했다면 도산한 120개의 회사 중 하나였을 것이다. ㈜디카팩은 카메라 방수팩 수요가 연중 꾸준한 전 세계의 휴양지를 타겟으로 하여, 여름에만 수요가 있는 대한민국에 머무는 것보다 몇 배의 매출을 내고 있다. 전 세계에 우리 제품에 대한 수요가 있는 곳으로 가야 한다. 우선 자사 제품에 대한 철저한 이해를 바탕으로, 글로벌 소비자 수요 조사와 시장에 대한 정보 획득이 무엇보다 중요하다. 반드시 국내에 없는 수요가 있는 곳이 있기 때문이다.

미국시장에서 리바이스 청바지는 월마트에서도 팔리는 중가의 제품이다. 그러나 다른 나라에서는 미국 이미지의 프리미엄으로 인해 매우 고가에 팔리고 있다. 우리나라 브랜드도 프리미엄으로 작용하는 시장이 있다. 따라서 글로벌시장을 볼 때 한국산 프리미엄이 있는 나라와 그렇지 못한 나라로 나누어, 브랜딩 전략 및 마케팅 전략을 수립한다면 더 효과적일 것이다. 다음은 진출 국가별 차별화된 전략에 대한 시사점이다.

세상은 넓다. 그래서 한 시장으로 보면 안 된다.
선진국, 후진국 다른 전략을 써라

선진국 브랜드의 프리미엄은 진출 국가마다 그다지 다르지 않을 것이다. 예를 들어, 미국 브랜드에 대한 프리미엄은 유럽 선진국에 들어갈 때와 동남아시아에 들어갈 때 유사할 것이다. 동남아시아에서 프리미엄이 좀 더 강하겠지만 그렇다고 유럽 선진국이라고 해서 미국 브랜드에 대한 프리미엄이 없는 것은 아니다. 한국의 경우는 좀 다르다. 미국, 서유럽에 들어갈 때와 동남아시아에 들어갈 때, 한국이라는 나라 이미지가 주는 프리미엄이 다르기에 브랜딩 전략이 달라야 한다. 한류의 영향으로 현재 중국, 동남아시아에서는 한국제품이라면 상당한 프리미엄이 있다. 베트남의 한 고급백화점 1층에 우리나라 중저가 화장품인 더 페이스 샵The Face Shop이 미국의 고가화장품인 에스티 로더Estee Lauder 바로 옆 매장에서 국내 가격의 몇 배에 해당되는 가격에 팔리고 있다. 이는 한국제품에 대한 프리미엄이 강하게 작용하기 때문이다. 우리 사례에서도 한국 브랜드이기 때문에 절대적으로 신뢰받는 사례가 많다. ㈜해피콜이 인도네시아에서 그렇고, 에이스전자㈜가 동남아시아에서 그렇고, ㈜파세코 제품이 중동에서 그러한 절대적인 신뢰를 얻고 있다.

이렇게 한국이미지가 프리미엄으로 작용하는 개발도상국에서는 자사 브랜드, 메이드 인 코리아를 당당히 앞세우는 전략이 통한다. ㈜기린화장품의 경우 태국의 TV 광고에서 대한민국 브랜드라는 것을 강조한다. 그러나 개발도상국이 언제나 개발도상국인 것은 아니다. 한국의 프리미엄 이미지가 영원하지 않다는 의미이다. 개발도상국이 발전하면서 중진국이 되는 동안, 개발도상국에서도 한국제품 못지않은 제품들이 나올 것이기 때문에 한국의 프리미엄 효과가 점점 더 작아질 수밖에 없다. 그때가 되면 브랜딩, 마케팅 전략도 달라져야 할 것이다.

선진국에 진출할 때는 자사 브랜드로 마케팅하기에 비용 및 시간이 많이 들기 때문에 OEM으로 진출하는 것이 용이하다. ㈜파세코의 경우 중동과 러시아에는 자사 브랜드로 80% 정도 수출하지만, 유럽, 일본 등의 선진국에는 ODM이나 OEM이 대세이고, 소량의 자사 브랜드 수출이 이뤄지고 있다. 자사 브랜드로 선진국에 진출하는 경우에는 메이드 인 코리아가 주는 프리미엄이 없기에 굳이 이를 앞세우지 않는다. ㈜트렉스타의 경우 대부분의 유럽 소비자가 트렉스타가 한국 브랜드인 것을 모른다고 한다. ㈜한경희생활과학의 경우도 해외 시장에서 한국스럽지 않은 'HAAN'이라는 브랜드를 사용한다. 해브앤비㈜도 '닥터자르트'라는 브랜드명을 사용해 독일제품 같은 이미지를 주며, 한국 브랜드임을 내세우지 않는다.

한국과 같은 중진국 기업이 후진국에 진출할 때와 선진국 진출의 전략적 이점이 다르다.[3] 즉, 후진국에서는 자국 기업이 갖는 경쟁력이 크기에 큰 노력 없이 빠른 시일 내에 수익을 낼 수 있지만, 자국 기업의 경쟁력이 낮은 선진국에서는 수익을 내는 데 시간이 걸린다. 또한

---

3 Kim, H., Hoskisson, R. E.,&Lee, S-H.(in press). Why strategic factor markets matter: "new" multinationals geographic diversification and firm profitability. *Strategic Management Journal*.

한 연구는 중진국이 선진국에 진출할 때는 브랜드 인지도와 같이 자사의 자원을 구축하기 위해서임을 강조한다.[4] 글로벌시장에서 브랜드 인지도를 쌓기 위해 선진국을 먼저 공략하는 것이 효과적일 수 있다. 그러나 이런 선진국 효과는 제품마다 다르다. 제품별 차별화된 전략에 대해 살펴보자.

소비재라고 다 같은 것은 아니다. 제품별 다른 전략을 써라

소비재도 석유난로, 스팀청소기와 같이 기능이 중요한 분야가 있고, 화장품, 의류와 같이 이미지가 더 중요한 분야가 있다. 등산화처럼 기능과 디자인, 둘 모두가 중요한 시장도 있다. 따라서 소비재라고 해서 모두 같은 전략을 구사할 것이 아니라, 소비자의 구매 의사 결정에 무엇이 가장 중요하게 작용하는지, 즉 기능인지, 이미지인지, 둘 다인지에 따라 차별화된 전략을 구사해야 할 것이다. 기능성이 중요한 분야에서는 기능의 우수성을 증명해야 한다. 이 책의 13개 사례에서 중소기업의 한계를 극복하고자, 많은 중소기업들이 글로벌시장이 인정하는 확실한 기술력으로 제품을 무장하고, 글로벌시장에서 특허, 인증 등으로 그 기술을 증명하면서 성공한 경우를 앞에서 여러 번 강조했다. 기능성 제품의 경우, 기능이 좋기만 하면 여러 나라에 동시에 나가기가 상대적으로 쉽다. 제품의 우수성을 증명하기가 쉽기 때문이다.

그러나 이미지가 중요한 화장품, 핸드폰 케이스 같은 경우는 좀 다르다. 이미지가 좋다고, 디자인이 좋다고 증명해주는 특허나 인증이 딱

---

4 Guillén, M. F.,&García-Canal, E.(2009). The American model of the multinational firm and the "new" multinationals from emerging economies. *Academy of Management Perspectives*, 23(2), 23-35.

히 없기 때문이다. 따라서 이러한 인증 없이 쉽게 진출할 수는 있으나, 기술력 및 제품력을 인정해주는 특허나 인증이 없기에 브랜드 인지도가 더욱 중요하다. 이미지 제품이 선진국시장에서 인정받는 것이 상대적으로 쉬운 일은 아니지만 그만큼 더 효과가 있다. 왜냐하면 선진국에서 성공했다는 것은 결국 글로벌시장에서 인정받았다는 것이기에, 국내시장에서 또 다른 해외시장에서 그 점을 역으로 이용할 수 있다.

해브앤비㈜의 경우 전 세계적인 화장품 체인인 세포라Sephora에 '닥터자르트'라는 브랜드로 판매되고 있는데 미국에서 이 브랜드를 한국 브랜드라고 인지하는 소비자는 별로 많지 않다. 국내 발판이 약했던 닥터자르트는 선진국시장에서 판매되는 브랜드라는 또 다른 프리미엄으로 국내시장을 역공략하는 데 성공했다. 하이드로겔 페이셜 마스크팩으로 큰 인기를 얻은 ㈜제닉도 초기에 국내에서는 판로를 찾지 못하고, 미국시장에 먼저 진출해 성공한 후 국내에 역공략한 경우이다. 한국 바이어가 미국의 대형마트에서 팔리는 ㈜제닉의 제품을 보고, 거꾸로 ㈜제닉에게 연락해 국내에 쉽게 입성한 것이다. 미국이 아니라 저개발도상국에서 ㈜제닉의 제품을 보았다면, 그 한국 바이어가 연락을 해왔을까? 아마 아닐 것이다. 미국이 인정한 제품에 대한 프리미엄이 분명 작용했을 것이다. 제품의 본질, 즉 기능인지, 디자인 이미지인지에 따라 차별화된 전략만이 살 길이다. 기능성 제품을 선진국시장에서 자사 브랜드로 성공하겠다는 전략은 효과적이지 않을 수 있다. 개발도상국에는 상대적으로 제품의 경쟁이 낮고 기능으로 입증할 수 있으며, 한국의 프리미엄 이미지가 작용되기 때문에 더 수월할 것이기 때문이다. 반면, 이미지 제품을 후진국에서 자사 브랜드로 성

공하겠다는 전략도 효과적이지 않다. 이미지 제품은 브랜드 이미지가
생명이기에, 후진국에서 수익을 쉽게 낼 수 있어도 장기적인 관점에서
브랜드 이미지 제고에 도움이 되지 않기 때문이다.

길게 보자: 정정당당하게 실력으로 승부하자

많은 사람들이 중소기업이 해외시장에서 자사 브랜드로 성공하려
면 마케팅이 필요한데, 자원이 부족한 중소기업으로서는 한계가 있다
고 생각한다. 맞는 말이다. 그러나 마케팅과 브랜딩은 품질 다음이다.
제품력이 있어야 브랜딩도 되고, 마케팅도 되는 것이다. 제아무리 훌
륭한 마케팅 회사들이 마케팅을 도와준다고 해도, 브랜딩 전략을 짜
준다고 해도, 제품이 따라주지 않으면 소용이 없다.

대기업은 국내든 국외든 대기업 프리미엄이 있다. 예를 들면, 삼성이
만든 석유난로가, 알려지지 않은 중소기업이 만든 석유난로보다 유리
할 것이다. 대기업 프리미엄, 브랜드 프리미엄, 한국이 주는 프리미엄
이 없는 중소기업이 글로벌시장에서 제대로 승부수를 두려면 제품력
없이는 안 된다. 이 책의 사례들은 저마다의 제품력을 위해 전력투구
했다. 그래도 기능성 제품의 경우 세계가 인정하는 인증 등이 있기에,
쉽지는 않지만 실력을 입증할 수 있다. 이는 ㈜파세코의 이야기이다.

미국 바이어가 UL Underwriters Laboratories Inc.[5]이라는 규격에 맞
는 난로를 개발하면 사주겠다고 한 거예요. 우리나라에 그 당시
에 UL을 딴 회사가 하나도 없었어요. 대기업인 금성, 대우가 석유

---

5 미국 일리노이 주 노스 브룩에 본거지를 두고 있는 미국 최초의 안전 규격 개발 기관이자 인증 회사.

난로를 미국에 수출하려고 하다가 UL 때문에 실패했었어요. UL 인증이란 석유난로를 5천 번 쓰러뜨렸을 때, 5천 번 모두 불이 다 꺼져야 되요. 우리 회장님께서 거의 1년을 사무실에서 지내면서 UL을 땄어요. 그렇게 94년에 UL을 따자마자 미국수출이 터진 거죠, 30만 대.

글로벌시장이 요구하는 기준, 인증이 필요하다면 무조건 확보해 실력으로 승부를 걸 수밖에 없다. 글로벌 기준, 인증은 어렵게 들리지만 사실 일단 확보하기만 하면, 경쟁사들과 같은 선에서 경쟁하는 것이 오히려 쉬워진다. 그리고 인증이 없는 회사들은 아예 경쟁에 들어오지 못하기에 경쟁사를 쉽게 따돌리는 효과도 있다. 한국의 중소기업은 점점 중국 등 다음 단계의 중진국의 추격에서 멀리 앞서가 있어야 한다. 일단 글로벌 인증 등이 없다면, 이들을 갖춘 다른 중진국들에게 경쟁에서 추격당할 수밖에 없다. 그러니 정정당당하게 실력을 갖추어서 제품력을 확보하고 그 품질을 유지하고 끊임없이 혁신해야 한다. 그런 후에 마케팅을 고민하자. 제품력이 있으면 가격경쟁에서도 소신 있는 가격을 책정할 수 있고, 경쟁사에 비굴하지 않을 수 있다. 해외 유통업체와의 관계에서도 파워를 갖게 된다. 소신 있는 가격책정이 가능해야 순수익이 발생하며, 꾸준히 제품력을 향상시킬 수 있는 R&D에 투자하는 선순환 구조가 된다.

복제품 방지를 위한 상표, 디자인 의장을 등록하라

어렵게 확보한 중소기업의 제품력이 억울하게 복제되어 법적 보호를 받지 못하는 경우가 왕왕 발생한다. 글로벌시장 진입을 위해 글로벌 기준를 갖추고 각국이 요구하는 인증 규격에 부합하는 것 못지않게, 개발한 제품을 각 나라별로 상표 등록은 물론, 디자인 의장 등록을 통해 보호해야 한다. 오로라월드㈜의 경우 초기 디자인을 복제했다는 소송에 휘말려 고초를 겪은 후 사내에 법적인 문제를 해결하는 변호사를 고용했다. 그리고 수많은 캐릭터 및 인형 디자인을 등록해 법적 보호를 받는다. 이 책에서 다룬 13개 사례의 인기를 증명하듯 복제품^{짝퉁} 문제로 골치를 앓고 있는 브랜드가 많다. ㈜파세코, ㈜디카팩, ㈜드림콘, ㈜라비또 등이 그 예이다. 심지어는 홈페이지까지 똑같이 복사해서 제품주문까지 받는 경우도 있었다. 복제품의 문제는 물론 상표를 등록했다고 해서, 디자인 의장 등록을 했다고 해서 해결되는 것은 아니다. 그러나 최소한의 법적 보호를 받을 수 있는 장치를 해놓아야 글로벌시장에서 더 큰 경쟁력을 확보할 수 있다.

정부 및 지자체 지원 및 외부 기관을 효과적으로 활용하라

우리나라만큼 정부의 여러 조직과 지자체에서 중소기업을 적극적으로 돕는 나라는 드물다. 앞서 여러 사례에서 보았듯, 정부와 지자체 지원을 효과적으로 활용해 효율적인 마케팅과 새로운 기회 및 바이어를 탐색할 수 있다. 시장개척단, 무역사절단, 중소기업 우수상품박람회 등 국내외 전시회 지원은 물론이고, 번역, 해외시장에 대한 기초적인 자료 및 마케팅까지 도움을 청할 수 있다. 이와 더불어 금융대출도 신청할 수 있다. 인터뷰한 13개 기업 대부분은 중소기업청, 대한무역투자진흥공사KOTRA, 한국무역협회KITA, 지자체 등의 해외 전시회 참가 지원을 적극 활용하고 있었고, 해외 전시회 참가가 많은 도움이 되었음에 감사해했다. ㈜디카팩의 경우 1년에 30개 넘는 국내외 전시회에 참가하는데 이중 3분의 1 정도가 지원을 받는다고 한다. ㈜해피콜의 경우 중소기업유통센터의 직수출지원을 받아, 일본 최대 홈쇼핑사인 QVC 홈쇼핑과 계약을 체결, 방송 16일 간 46억 원의 매출을 냈으며, ㈜제닉은 미국진출 시 중소기업청의 지원을 받았다.

정부기관뿐 아니라 외부 전문가도 적극 활용할 필요가 있다. 대학과 산학협력을 맺을 수도 있고, 외부 디자인 업체에 제품 디자인 및 용기 디자인을 의뢰할 수도 있다. 자원과 인력이 부족한 중소기업은 혼자 다 하려 들지 말고, 주변의 가능한 자원들을 적극 활용해야 한다. 부족한 것 자체보다 부족한 것을 어떻게 채울 것인가를 고민하지 않는 것, 고민하지도 않고 체념하는 것이 더 문제일 것이다.

청년들에게 주는 제언

업체수 면에서 한국 기업의 99.7%를 차지하고, 고용의 85%를 해결하는 중소기업이, 그것도 히든 챔피언 및 해외진출에 있어 매우 성공적인 13개 사례들이 꼽는 첫 번째 어려움이 인재 확보였다. 그러나 청년들은 한결같이 일자리가 없다고 한다. 중소기업에는 아직도 일자리가 많다. 그러나 취업을 원하는 사람들은 중소기업을 꺼리는데, 그 이유는 중소기업이 안정적이지 않고 비전이 없다고 보기 때문일 것이다. 대한민국 중소기업의 해외진출은 비전이 있다. 이에 꿈 많은 청년들이 적극 동참하길 바란다.

혁신을 이룬, 13개 브랜드의 성공비법

중소기업의 해외진출이 왜 비전이 있는지 SWOT[6]으로 분석해보면 다음과 같다. 우선 대한민국의 중소기업은 여러 강점이 있다. 아니 대한민국 국민 자체가 모두 경쟁력이 있다. 왜냐하면 우리는 태생적으로 치열한 경쟁 속에서 살아왔기에, 글로벌시장에서의 경쟁은 아무것도 아니다. 오히려 국내보다 경쟁이 없다고 느낄 것이다. 그리고 우리 국민보다 글로벌한 마인드를 가진 민족도 드물 것이다. 최소한 영어는 해야 한다고 투자하고, 배낭여행이든 패키지 여행이든 효도관광이든 해외에 안 나가본 사람이 별로 없다. 나라가 작기에 해외시장에 나가야 한다는 것을 보편적으로 생각하고, 너무나 당연히 받아들이고 있다.

또한 부지런하고, 조직에 그리고 윗사람에 충성한다. 우리 내부에서만 보면 그렇지 않은 사람도 많이 보이지만, 전 세계 국민을 놓고 보면 정말 그렇다는 것을 인정할 것이다. 뭐든지 빨리빨리 하는 것도 상당한 경쟁력이다. 이것도 한국에만 있으면 우리가 얼마나 빠른지 모른다. 해외에 여행이라도 가본 사람은 우리가 얼마나 빠른지 알 것이다. 급변하는 환경에서 빨리 할 수 있는 능력은 대단한 것이다. 우리는 빠른 것뿐 아니라 정확하다. 예전에는 빠르기만 하지 엉성하고 서툴다고 우리를 낮게 평가했다. 그러나 중국, 일본과 비교해보면 중국에 비해 꼼꼼하고, 일본에 비해 빠르다. 빠르면서도 정확한 것, 그것이 우리의 경쟁력이다. 거기다가 상품에 대해 깐깐하기까지 하다. 국가 경쟁력 이론[7]에 의하면 자국의 까다로운 소비자가 있다는 것은 수요의 질이 높다는 지표 중 하나이다. 즉, 소비자가 까다로우면 회사들은 그 까

---

6 SWOT은 기업의 강점(strength), 약점(weakness), 기회(opportunity), 위협(threat)을 중심으로 비즈니스를 분석하는 도구이다.
7 Porter, M. E.(1990). *The competitive advantage of nations*. New York, NY: The Free Press.

다로움을 만족시키기 위해 부단히 노력하게 되며, 그러다 보면 글로벌 경쟁력이 생긴다는 것이다. 해외에서 본 것이 많은 우리는 웬만한 것에 만족하지 않는다. 하여 우리가 만족하면 세계시장에서도 통한다는 것이다. 이것이 바로 세계적인 화장품회사 랑콤LANCOME이 신제품 테스트를 서울 압구정동에서 하는 이유이다.

그뿐만 아니라 우리는 전 세계에 퍼져 있는 한민족 네트워크가 있다. 전 세계 어디를 가도, 주말마다 한국어를 가르치는 학교가 있고, 한인회가 있다. 실제 세계 한인회장들이 한국에서 1년에 한 번씩 모이는 행사를 가질 정도이다. 이것은 곧 세계 각국에 그 나라 말과 문화에 정통한 1.5세, 2세가 있다는 것이다. 그들이 우리 중소기업에게 당연히 도움을 줄 수 있기에, 어느 나라 국민도 가질 수 없는 우리의 위대한 자산인 것이다. 이러한 강점들을 적극 활용할 수 있다.

물론 국내 중소기업이 갖는 단점도 있다. 그러나 실제 단점이라기보다는 단점이라고 여기는 것이 단점이다. 예를 들면, 실제 영어를 못한다기보다는 영어를 못한다고 평가하는 것이 문제인 것이다. 이 책에서 다룬 13개 사례의 창업주 중에서 외국에서 태어나거나, 자라거나, 공부한 사람은 단 한 사람도 없었다. 단 한 예외로, ㈜한경희생활과학 창업주가 미국에서 받은 석사학위가 있을 뿐이다. 그럼에도 80개국이나 되는 나라에 진출한다. 또 국내시장이 좁고 치열한 것도 단점으로 볼 수 있다. 그러나 좁고 치열하기에 우리는 해외로 나가려는 강한 열망이 있다. 그러므로 이 역시 단점이 아니다. 오히려 장점일 수 있다. 예를 들어, 2013년 기준으로 등록된 화장품 제조판매업자가 2,913개 사, 화장품 제조업자는 1,301개 사 등 총 4,214개 사가 있다. 인천 한

곳에만 화장품 제조 및 판매업체가 289개나 된다. 이렇게 치열한 경쟁 속에 있다 보니, 제품 품질이 좋아져서 글로벌시장에서도 인정받는 제품이 되었다. 정말 단점은 중소기업이기에 인력과 자본이 부족하다는 것이다. 그러나 궁하면 통하는 법. 진정한 혁신은 무언가 부족할 때 이루어지는 것이지, 한가할 때 여유로울 때 모두 갖추어져 있을 때 생기는 것이 아니다. 그러므로 자본과 인력이 부족한 것도 단점만은 아니다.

현재 국내 중소기업에게는 여태까지 누리지 못했던 엄청난 기회가 오고 있다. 중국 및 동남아시아 소비재 시장이 커진 것이고, 한류열풍으로 한국제품에 대한 선호도가 매우 높다는 것이다. 대한민국 역사상 이렇게 아시아시장에서 인기가 있었던 적이 없었다. 한류는 아시아뿐 아니라 중동, 유럽까지 퍼지고 있기에 기회는 점점 더 우리 편이다. 또한 인터넷의 발전으로 온라인상에서 해외에 직접 판매할 수도 있다. 중국의 작은 중소기업들이 알리바바Alibaba를 통해 해외 소비자에게 직접 판매하고 있다. 우리 중소기업도 이런 기회를 활용해야 한다. 또한 국내 홈쇼핑, 대형마트 및 백화점의 해외진출이 활발해지고 있어, 우리 중소기업은 이러한 업체들과 함께 동반성장할 수 있는 기회가 있다. 예를 들면, 생필품 관련 소비재는 베트남에 진출한 롯데마트를 통해 베트남에 진출할 수 있다.

물론 국내 중소기업에게 위협적인 요소가 없는 것은 아니다. 중국 소비재 시장이 급성장하면서, 중국 소비재 업체들이 자사 브랜드를 개발하는 등 매우 빠르게 추격하고 있다. 이들 시장이 성장하면, 그들의 제품이 한국시장에 들어올 뿐 아니라, 한국 브랜드들이 중국에 설

땅이 좁아지게 된다. 그리고 우리가 진출할 또는 진출한 세계시장으로 우리가 일본을 제치고 올라섰듯이 중국은 매우 빠른 속도로 달려올 것이다. 우리는 서둘러 제품력과 경쟁력을 키워 해외시장을 선점하고 있어야만 한다. 시간이 많지 않다. 우리 청년들이 나서주지 않으면 여태까지 어렵게 이룬 우리 중소기업의 글로벌 경쟁력도 유지되기 어렵다.

대한민국은 G20 개최국이 되었을 뿐 아니라, 2012년에는 일인당 소득 2만 달러에 인구 5천만 명을 갖춘 20~50클럽이 되었다. 이는 일본, 미국, 프랑스, 이탈리아, 독일, 영국에 이어 세계에서 7번째이다. 또한 2007년 골드만 삭스의 보고서에 의하면 앞으로 35년 후인 2050년에는 전 세계에서 미국 다음으로 주요 경제국 2위가 될 것이다. 이런 시대적인 흐름 속에서 21세기 세계를 이끌 한국의 주인공은 바로 우리 청년이다. 대한민국 고용을 책임질 사람들은 중소기업이다. 그러므로 청년이, 중소기업이 정정당당하게 세계시장에 도전하는 것만이 상생의 길이다.

청년들이여, 누구나 다 뛰어드는 곳에서는 경쟁력을 갖추기 어렵다. 남들이 다 하는 것은 이미 늦다. 우리 중소기업이 글로벌 틈새시장에서 날개를 달듯이, 우리 청년들도 취업의 틈새시장에서 날개를 달고 펼치기를 바란다. 그리고 관심 있는 분야, 잘할 수 있는 분야를 개발해 스스로 글로벌 경쟁력을 갖추자. 그래야 대한민국이 살고, 중소기업이 살고, 청년들이 산다.

한국을 뛰어넘은, 13개의 중소기업 브랜드

Gereffi, G.(1994). The organization of buyer-driven global commodity chains: How
U.S.

retailers shape overseas production networks. In G. Gereffi&M. Korzeniewicz
(eds.) *Commodity chains and globalcapitalism*(pp.96-122). Westport, Conn:
Greenwood Press.

Gereffi, G.(1999). International trade and industrial upgrading in the apparel
commodity chain. *Journal of International Economics*, 48(1), 37-70.

Jin, B., Kendagal, P.&Jung, S.(2013). Evolution patterns of apparel brands in Asian
countries: Propositions from an analysis of the apparel industry in Korea
and India. *Clothing and Textiles Research Journal*, 31(1),48-63

Johanson, J.,&Vahlne, J.(1977). The internationalization process of the firm-A model
of knowledge development and increasing market commitment. *Journal of
International Business Studies*, 8(1), 23-32.

Johanson, J.,&Vahlne, J.(1990). The mechanism of internationalization. *International
Marketing Review*, 7(4), 11-24.

Johanson, J.,&Wiedersheim-Paul, F.(1975). The internationalization process of the firm: Four Swedish case studies. *Journal of Management Studies, 12*, 304–322.

Kumar, N.,&Steenkamp, J-E. E. M.(2013). *Brand break out: How emerging market brands will go global.* New York: Palgrave.

한 발씩 내딛는,
점진 성공형

㈜트렉스타: 꿈의 등산화 기술로 세계시장을 평정하다

[1] ㈜트렉스타 홈페이지, 기업소개. http://www.treksta.co.kr/brandweb/treksta/about_treksta.php

[2] ㈜트렉스타 홈페이지, 해외수출 현황. http://www.treksta.co.kr/brandweb/treksta/international.php

[3] 한국기업데이터(2013). ㈜트렉스타 기업신용분석보고서. http://www.kreport.co.kr/ctessr_b10g.do?svCd=03&iKEDCD=0000140577&extBuyYn=Y

[4] ㈜트렉스타 홈페이지 '눈에 보이는 기술'. http://www.treksta.co.kr/brandweb/treksta/technology.php

[5] 오희선(2011). 아웃도어 웨어 시장분석 연구. 조형미디어학, 14(3), 99–104.

[6] 아웃도어, 등산복 '옛말' 이젠 청장년층 평상복(2010. 3. 15). 이코노미세계. 자료출처 http://ehub.segye.com/Articles/view.html?aid=20100315001059&cid=7113010000000

[7] 한국패션협회(2013). 2013년 아웃도어 패션시장 전망. 자료출처 http://www.koreafashion.org

[8] ㈜트렉스타 홈페이지, '㈜트렉스타의 역사'. http://www.treksta.co.kr/brandweb/treksta/history.php

[9] 매일경제 중소기업부(2005). 강한 중소기업 DNA가 다르다. 서울: 이지북.

오로라월드㈜: 인형 생산에서 콘텐츠산업으로

[1] 오로라월드㈜ 홈페이지. http://kor.auroraworld.com/company/aboutAurora.aspx

[2] 금융감독원(2013). 오로라월드㈜ 2013년 사업보고서.

[3] 교보증권(2014). 오로라월드㈜ 분석보고서.

[4] 김용연(2012). 한국 완구기업의 글로벌 브랜드 전략: 오로라월드㈜ 사례를 중심으로. 숭실대학교 석사학위논문.

[5] 오로라월드㈜, 자회사 오로라게임즈 인수합병(2014. 9. 25). 연합뉴스. 자료출처 http://news.naver.com/main/read.nhn?mode=LSD&mid=sec&sid1=101&oid=001&aid=0007143822

[6] '완구+애니'시너지 돌풍⋯ 영실업 바이클론즈 출시(2014. 8. 18). 뉴스천지. 자료출처 http://www.newscj.com/news/articleView.html?idxno=253142

[7] [탐방! 중견기업] 국내시장 점유율 1위 장난감업체 손오공⋯ 완구+뉴미디어 수퍼 손오공 야심(2006. 10. 18). 중앙일보. 자료출처 http://article.joins.com/news/article/article.asp?total_id=2480150&cloc

[8] 불황? 토종 완구업체, 실적 반격 나섰다(2014. 3. 27). 머니투데이. 자료출처 http://www.mt.co.kr/view/mtview.php?type=1&no=2014032709112724552&outlink=1

[9] Worldwide revenue of major toy companies in 2012. Statista 2015. 자료출처 http://www.statista.com/statistics/241241/revenue-of-major-toy-companies-worldwide/

[10] 노유승(2006). 한국 완구기업의 글로벌 경영전략에 관한 연구: 오로라월드 사례를 중심으로. 숙명여자대학교 석사학위논문.

[11] 금융감독원(2014). 오로라월드㈜ 2014년 1분기 보고서.

[12] 오로라 "제2의 월트디즈니를 목표로"(2014. 6. 2). 뉴스토마토. 자료출처 http://www.newstomato.com/ReadNews.aspx?no=473238

[13] 오로라월드㈜ "중국진출, 매출 1조 달성할 것"(2011. 10. 7). 아시아경제. 자료출처
http://www.asiae.co.kr/news/view.htm?idxno=2011100623150588434

[14] 오로라, YG엔터와 계약에 상한가(2013. 4. 11). 매일경제. 자료출처 http://news.
mk.co.kr/newsRead.php?year=2013&no=278288

[15] 오로라, "유후와 친구들"인기에 시즌3도 만든다(2014. 12. 17). 이투데이. 자료출처
http://www.etoday.co.kr/news/section/newsview.php?idxno=1039512

㈜파세코: 위기를 기회로 바꾼 세계 일류 석유난로 생산기업

[1] KBS 신화창조팀(2006). 신화창조 글로벌시장을 개척한 한국의 작은 영웅들. 가
야북스.

[2] ㈜파세코 "올해 제2의 도약, '이름 알리기' 관건"(2014. 6. 16). 뉴스 토마토. 자료출
처 http://www.newstomato.com/ReadNews.aspx?no=476410

[3] ㈜파세코, 사계절이 즐겁다(2014. 7. 2). 뉴스토마토. 자료출처 http://www.
newstomato.com/ReadNews.aspx?no=480540

[4] ㈜파세코 홈페이지. http://www.paseco.co.kr/company/Company_05.php?left_
menu=15

[5] 김진한(2008). 전략적 포지셔닝 이론과 실제. 와이미디어. 자료출처 http://www.
paseco.co.kr/ad/ad_precedent_02.php

[6] 송진구(2007). 위대한 기업, 36계 전략으로 승부한다. ㈜크레듀. 자료출처 http://
www.paseco.co.kr/ad/ad_precedent_03.php

[7] 전정봉(2004). 이것이 강한 기업의 경쟁력이다. 홍문관. 자료출처 http://www.
paseco.co.kr/ad/ad_precedent_04.php

[8] 류태수(2007). ㈜파세코의 성장과정을 통해 본 특징과 과제. 경영사학, 22(3), 89-
114.

선일금고제작: 한국을 금고 수입국에서 수출국으로 끌어올린 선두기업

[1] 세계 1위 한국기업 130社 … 절반이 벤처(2014. 10. 27). 한국경제. 자료출처

http://www.hankyung.com/news/app/newsview.php?aid=2014102770951

[2] 한국기업데이터(2013). 선일금고제작 신용조사보고서.

[3] 김영숙 선일금고제작 대표… 개인용 금고 주문 불타납니다(2013. 5. 30). 매일경제.
자료출처 http://news.mk.co.kr/newsRead.php?no=419656&year=2013

[4] 통계청. 산업분류별 출하액, 생산액, 부가가치 및 주요생산비(10명 이상). http://
kostat.go.kr

[5] 선일금고제작 홈페이지. http://www.eaglesafes.com/

[6] 명품 만드는 장수中企… 세계서 '으뜸'(2012. 5. 23). 중소기업뉴스. 자료출처
http://news.kbiz.or.kr/news/articleView.html?idxno=28961

[7] 이코노미조선편집팀(2013). 이코노미조선(COMPANY&INDUSTRY) 2013년 2
월호.

[8] 녹산산단 금고 전문 제작업체 디프로매트(2014. 9. 25). 강서구보.

[9] KOTRA(2012). 中企 수출 유망품목 시장동향 및 진출방안 〈금고〉. www.global-
window.org

[10] 관세청. 품목별 수출입 실적. http://www.customs.go.kr/

[11] 대한상공회의소(2009). 사례로 보는 한국형 히든 챔피언.

[12] 경기기업 세계를 사로잡다 선일금고제작(2011. 5. 5). 경기일보. 자료출처 http://
m.kyeonggi.com/articleView.html?idxno=486321&menu

Part
2

강력한 한 방,
마케팅 승부형

해브앤비㈜: 여성들의 피부주치의, 코스메슈티컬시장을 개척하다

[1] South Korea Exports Its Glow-Skin Care Products From South Korea Catch
On in United States -. (2014. 10. 29). *THENEWYORKTIMES*. 자료출처 http://

www.nytimes.com/2014/10/30/fashion/skin-care-products-from-south-korea-catch-on-in-united-states.html?_r=0

[2] '5백억 창업 대박' 30대男 대표, 매형 병원서….(2014. 6. 18). 중앙일보경제 연구소. 자료출처 http://jeri.joins.com/business/business2_view.asp?tb_name=fighting&Idx=49&list_page=3

[3] 코스메슈티컬 부문 '닥터자르트'(2014. 1. 29). Cos'in뉴스. 자료출처 http://www.cosinkorea.com/index.html?cname=news&sname=news_01_07_13&dcode=7585

[4] 4천억 '코스메슈티컬'시장 잡아라(2013. 1. 30). 중앙일보. 자료출처 http://article.joins.com/news/article/article.asp?total_id=10558841&ctg=1200

[5] '라포티셀' 더마코스메틱, 출시 1개월 만에 매출 10억(2015. 4. 2). 뉴시스. 자료출처 http://www.newsishealth.com/news/articleView.html?idxno=51041

[6] 로레알 홈페이지. http://www.loreal.com/beauty-in/beauty-in-active-cosmetics/the-dermocosmetics-global-market.aspx

[7] TechNavio(2014). *Global Cosmeceuticals Market* 2015-2019. 자료출처 http://www.slideshare.net/technavio/global-cosmeceuticals-market-20152019

[8] GBI Research(2013). *Cosmeceuticals Marketto 2018-Technological Advancesand Consumer Awareness Boost Commercial Potential for Innovativeand Premium-Priced Products*, January 22, 2013.

[9] 닥터자르트, 英 드럭스토어 '부츠' 150개 매장 입점(2012. 6. 14). 중앙일보. 자료출처 http://article.joins.com/news/article/article.asp?total_id=8463852&ref=mobile&cloc=joongang%7Cmnews%7Cpcversion

[10] 닥터자르트, 중국시장 공략(2013. 3. 29). 데일리코스메틱. 자료출처 http://www.dailycosmetic.com/news/articleView.html?idxno=160937

[11] 닥터자르트, 천만 불 수출의 탑 수상(2013. 12. 11). 헬스경향. 자료출처 http://www.k-health.com/news/articleView.html?idxno=6238

[12] 뉴욕 패션계도 사로잡은 화장품 한류, '닥터자르트'(2012. 2. 9). 경향신문. 자료출

처 http://sports.khan.co.kr/news/sk_index.html?art_id=201202291901024

[13] 패션위크서 모델들에게 사랑받은 화장품은?(2015. 3. 30). 뉴스엔미디어. 자료출처 http://www.newsen.com/news_view.php?uid=201503301225218420

[14] 닥터자르트, 뉴욕 소호에서 'K-뷰티' 띄운다(2014. 10. 31). 자료출처 http://www. newsis.com/ar_detail/view.html?ar_id=NISX20141031_0013266989&cID=101 04&pID=10100

[15] 닥터자르트 '세라마이딘 라인' 미국 세포라 론칭(2013. 10. 24). 헬스코리아뉴스. 자료출처 http://www.hkn24.com/news/articleView.html?idxno=125724

㈜한경희생활과학: 자사 브랜드로 미국의 스팀청소기시장을 공략하다

[1] ㈜한경희생활과학 홈페이지. http://www.ihaan.com/

[2] 생활가전, 홈쇼핑 줄이기 안간힘… 갑의 횡포 때문(2014. 5. 23). 뉴스토마토. 자료 출처 http://www.newstomato.com/ReadNews.aspx?no=470898

[3] 금융감독원 감사보고서(2013. 12). http://dart.fss.or.kr

[4] 스팀청소기에서 진동 파운데이션까지 12년 노하우 공개합니다(2011. 12. 5). 주간 조선. 자료출처 http://weekly.chosun.com/client/news/alllst.asp?nHo=2184

[5] [강소기업이 뜬다] ㈜한경희생활과학, 스팀청소기 해외시장 공략 잰걸음(2012. 8. 21). 서울경제. 자료출처 http://economy.hankooki.com/lpage/industry/201208/ e20120821153917120180.htm

[6] 최경혜(2011). 브랜드 관리 전략을 통한 글로벌 브랜드화 성공 사례 연구: ㈜한경 희생활과학을 중심으로. 서울과학종합대학원대학교 석사학위논문.

[7] [C-CAST] 한경희_여성을 위한 생활 혁명가(2014. 6. 9). 여성조선. 자료출처 http://woman.chosun.com/magazine/viewArticle.do?atCode=2176

[8] 한경희 대표, 일하는 가족 위한 백악관 회담 참석(2014. 6. 24). 이데일리. 자료출처 http://www.edaily.co.kr/news/NewsRead.edy?SCD=JC61&newsid=021549666 06125000&DCD=A00306&OutLnkChk=Y

[9] KOTRA(2009). 美 불황에도 계약 따낸 중소업체 기술제품들. http://www.global

window.org/gw/overmarket/GWOMAL020M.html?BBS_ID=10&MENU_
CD=M10103&UPPER_MENU_CD=M10102&MENU_STEP=3&ARTICLE_
ID=2102857

[10] 중국 짝퉁에 골머리 앓는 중견가전 업계(2014. 6. 22). 전자신문. 자료출처 http://
www.etnews.com/20140620000241

㈜해피콜: 홈쇼핑 '대박' 상품에서 글로벌 특허 브랜드로

[1] 주방용품 신화창조 이현삼 ㈜해피콜 회장(2014. 3. 15). 파이낸셜뉴스. 자료출처
http://www.fnnews.com/news/201403101735518117

[2] 대한상공회의소 코참비즈. www.korchambiz.net/

[3] 세계 주방용품 전시회서 ㈜해피콜 열풍(2013. 3. 18). 중앙일보. 자료출처 http://
www.koreadaily.com/news/read.asp?art_id=1617926

[4] GS샵, 스테인리스 프라이팬 시장 확대 나선다(2012. 5. 23). 뉴스와이어. 자료출처
http://www.newswire.co.kr/newsRead.php?no=625910

[5] 인터파크(2013). 프라이팬 세계 1위 테팔 밀어낸 다이아몬드의 위엄. 자료출처
http:// www.interpark.com/displaycorner/ConsumerReports.do?_method=
sub&contNo=98

[6] KOTRA 글로벌윈도우(2014). 베트남 식기 및 주방용품시장동향. 자료출처
http://www.globalwindow.org/

[7] KOTRA 글로벌윈도우(2014). 중국 프라이팬 시장동향. 자료출처 http://www.
globalwindow.org/

[8] KOTRA TRADE DOCTOR(2014). 미국 키친웨어 시장동향. 자료출처 http://
tradedoctor.kotra.or.kr/

[9] KOTRA TRADE DOCTOR(2014). 일본 주방용 알루미늄 제품 시장동향. 자료
출처 http://tradedoctor.kotra.or.kr/

[10] ㈜해피콜 홈페이지. http://myhappycall.co.kr/

[11] ㈜해피콜 개발 양면 프라이팬 160억 대박(2005. 5. 21). 중앙일보. 자료출처

http://article.joins.com/news/article/article.asp?Total_ID=147449

[12] [한국사용품질지수 1위] 주방용품/㈜해피콜(2011. 9. 29). 매일경제. 자료출처 http://news.mk.co.kr/newsRead.php?year=2011&no=631130

[13] 중소기업 경쟁력 강화 핵심은 수출(2010. 10. 20). 내일신문. 자료출처 http://news.naver.com/main/read.nhn?mode=LSD&mid=sec&sid1=101&oid=086&aid=0002030598

[14] 주방·가전제품 해외시장서 잘 나가네~ ··· GS샵서 '㈜해피콜' 1위(2012. 12. 17). 한국경제. 자료출처 http://m.hankyung.com/apps/news.view?aid=201212177181g

[15] 중국 홈쇼핑에서 잘 팔리는 한국 보나··· 녹즙기, 프라이팬 압도적(2014. 4. 20). 이데일리. 자료출처 http://www.edaily.co.kr/news/NewsRead.edy?newsid=01095526606058088&SCD=JA11&DCD=A00101

[16] 한국무역협회(2011). TV 홈쇼핑을 통한 아시아 소비시장 진출전략. www.kita.net

[17] ㈜해피콜, 제품 혁신으로 글로벌 경쟁력 가져··· 고품질·친환경 우수성으로 승부(2011. 2. 21). 한국경제. 자료출처 http://www.hankyung.com/news/app/newsview.php?aid=201102203528

[18] 이현삼 ㈜해피콜 회장 "세계 1등 주방용품 브랜드 도약"(2013. 5. 19). 한국일보. 자료출처 http://news.naver.com/main/read.nhn?mode=LSD&mid=sec&sid1=102&oid=038&aid=0002390181

[19] KOTRA 글로벌윈도우(2013). 싱가포르 주방용품시장 동향. http://www.globalwindow.org/gw/overmarket/GWOMAL020M.html?ARTICLE_ID=5003494&BBS_ID=10

[20] KOTRA 글로벌윈도우(2005). 日서 다양한 형태로 인기끄는 한류 상품. http://www.globalwindow.org/article_content.php?atno=1202034701&chap_no=1

[21] 프라이팬처럼 단단한 '㈜해피콜'이현삼 CEO, 그의 건강은?(2013. 4. 16). SBS CNBC. 자료출처 http://sbscnbc.sbs.co.kr/read.jsp?pmArticleId=10000585846

[22] 중소기업청(2008). 2008 대, 중소기업 우수협력 사례집. http://db.kosbi.re.kr/

[23] '아름다운 동행'··· 중企가 만들고 홈쇼핑이 수출한다(2013. 5. 13). 조선일보. 자료

출처 http://m.biz.chosun.com/svc/article.html?contid=2013051201645

[24] GS샵-KOTRA, 중기 해외진출지원 통해 동반성장 나선다(2011. 3. 14). 노컷뉴스. 자료출처 http://m.nocutnews.co.kr/news/812534

[25] 더디 가도 고객 원하는 제품 만들자⋯ ㈜해피콜, 슬로 마케팅으로 女心 사로잡다(2010. 12. 15). 동아비즈. 자료출처 http://dongabiz.com/Business/Marketing/article_content.php?atno=1202034701&chap_no=1

[26] 현장을 뛰는 사람들 ① 김해 ㈜해피콜 이현삼 회장(2014. 6. 23). 경남신문. 자료출처 http://www.knnews.co.kr/news/articleView.php?idxno=1114494

성공해서 돌아오는,
금의환향형

㈜디카팩: 해외에서 먼저 알아본 첨단 디지털기기 방수팩

[1] INNOBIZ(2014). Open! 혁신기술. INNOBIZ, 20(Summer), 58.

[2] 디지털기기 防水 성능, 해외서 먼저 알아봐(2014. 4. 21). 동아일보. 자료출처 http://news.donga.com/List/Series_70010000000817/3/70010000000817/20140420/62918676/1

[3] ㈜디카팩 홈페이지. http://www.dicapac.com/

[4] 한국기업데이터(2013). ㈜디카팩 신용조사보고서.

[5] 카메라와 함께하는 바캉스 '짜릿'(2011. 7. 5). 아이티투데이. 자료출처 http://www.ittoday.co.kr/news/articleView.html?idxno=20116

[6] 해외서 먼저 알아본 디지털기기 방수팩(2014. 4. 3). 기업나라. 자료출처 http://nara.sbc.or.kr/newshome/mtnmain.php?mtnkey=articleview&mkey=scatelist&mkey2=139&aid=3707

㈜제닉: 마스크팩의 신화, 미국이 먼저 알아본 꿈의 기술

[1] [마스크팩 특집] 마스크팩시장 현황 분석(2014. 3. 27). 코스인뉴스. 자료출처 http://www.cosinkorea.com/?cname=news&sname=news_01_07_01&dcode=8321

[2] [2015 신년 특집] 마스크팩시장 전망(2014. 12. 31). 이티뉴스. 자료출처 http://www.etnews.com/20141231000035

[3] 불황 모르는 ㈜제닉, '특허' 마스크팩으로 중 평정?(2012. 9. 7). SBS CNBC. 자료출처 http://sbscnbc.sbs.co.kr/read.jsp?pmArticleId=10000483927

[4] [마스크팩 특집] 마스크팩 유통별 시장 현황(2014. 3. 27). 코스인뉴스. 자료출처 http://www.cosinkorea.com/?cname=news&sname=news_01_07_01&dcode=8328

[5] 중국 화장품시장 아직은 성장 초기단계(2014. 12. 24). LG Business Insight. 자료출처 http://www.lgeri.com/industry/etc/article.asp?grouping=01030400&seq=182

[6] 중국 화장품시장의 발전 및 현황(2014. 3. 31). 글로벌윈도우. 자료출처 http://www.globalwindow.org/gw/overmarket/GWOMAL020M.html?BBS_ID=10&MENU_CD=M10103&UPPER_MENU_CD=M10102&MENU_STEP=3&ARTICLE_ID=5013587&ARTICLE_SE=20302

[7] ㈜제닉, 중국 현지 화장품 매출 3분기 5배 증가 예상(2014. 9. 25). 이투데이. 자료출처 http://www.etoday.co.kr/news/section/newsview.php?idxno=989186

[8] 배낭여행에서 탄생한 하유미팩… '문화벤처' 만든다(2011. 3. 17). 머니투데이. 자료출처 http://news.mt.co.kr/newsflash/frame_article.php?md=mt&no=2011031617315067103&type=1

[9] ㈜제닉 2013년 사업 보고서. http://dart.fss.or.kr

[10] [CEO&Story] 유현오 ㈜제닉 대표(2010. 12. 10). 서울경제. 자료출처 http://economy.hankooki.com/lpage/industry/201012/e2010121016420347730.htm

[11] 하유미팩은 잊어라. ㈜제닉 '셀더마'달고 훨훨(2014. 3. 28). SBS CNBC. 자료출처 http://sbscnbc.sbs.co.kr/read.jsp?pmArticleId=10000643976

[12] ㈜제닉, 하유미 없는 '하유미팩' 매출↓…하청생산으로 눈 돌려(2014. 11. 26). News1. 자료출처 http://news1.kr/articles/?1971300

[13] ㈜제닉 2014년 3분기 보고서. http://dart.fss.or.kr

[14] 중국 화장품시장서도 No.1 명성 이어간다(2014. 7. 21). CMN. 자료출처 http://www.cmn.co.kr/new_news/gisa_searchview2.php?honame=791&idxno=11994&make_date=2014-07-21&page=1&keyfield=jeonbu&key=%C1%A6%B4%25D

[15] ㈜제닉, 중국 공장도 ISO 22716 인증 획득(2014. 4. 16). COS'IN. 자료출처 http://www.cosinkorea.com/?cname=news&sname=news_01_01_11&dcode=8586

[16] ㈜제닉, 중국서 마스크팩 인기… 더 예뻐질까(2014. 10. 25). 이데일리. 자료출처 http://www.edaily.co.kr/news/NewsRead.edy?SCD=JB11&DCD=A10101&newsid=01620326606256528

[17] [네오스타즈] ㈜제닉, 해외진출 속도낸다(2012. 3. 22). 한국아이닷컴. 자료출처 http://economy.hankooki.com/lpage/stock/201203/e2012032215080492480.htm

[18] [마스크팩 특집] 하이드로겔 기술의 시작과 끝, ㈜제닉(2014. 4. 22). 코스인뉴스. 자료출처 http://www.cosinkorea.com/?cname=news&sname=news_01_07_01&dcode=8670

질만큼 다양성도 중요한, 다품종 소량생산형

㈜드림콘: 혁신적인 컬러 콘택트렌즈로 글로벌 소비자를 사로잡다

[1] [내수 중소를 수출기업으로] 〈3〉 콘택트렌즈 업체 '㈜드림콘'(2014. 3. 19). 동아일보. 자료출처 http://news.donga.com/3/all/20140318/61822342/1

[2] 한국기업데이터(2013). ㈜드림콘 신용조사보고서.

[3] 중소기업현황정보시스템(2014). http://sminfo.smba.go.kr

[4] ㈜드림콘, 미래를 꿈꾸고 세계를 품다!(2013. 8. 31). 옵틱 위클리. 자료출처 http://
opticweekly.com/news/service/article/mess_01.asp?P_Index=4644&flag

[5] 스페셜 인터뷰-김영규 ㈜드림콘 대표 및 대한콘택트렌즈제조협회장(2014. 3. 1).
한국안경신문. 자료출처 http://blog.naver.com/opticalnews/150185956667

[6] 오늘보다 내일이 더 기대되는 '㈜드림콘'(2012. 8. 29). 월간이슈메이커. 자료출처
http://www.issuemaker.kr/news/view.html?smode=&skey=%B5%E5%B8%B2
%C4%DC&x=0&y=0&section=101&category=152&no=676

㈜기린화장품: 기술로 무장한 1분 염색제의 신화

[1] "효과도 가격도 착한 버블 염모제 뜬다" 롯데홈쇼핑, ㈜기린화장품 '버블애 1
분 헤어컬러'통 큰 기획전 19일 방송(2013. 3. 13). 뷰티누리. 자료출처 http://
beautynury.com//goods/view/55164/cat/20

[2] 대한상공회의소 코참비즈. www.korchambiz.net

[3] 한국기업데이터(2013). ㈜기린화장품 신용조사보고서.

[4] ㈜기린화장품 홈페이지. http://www.kirincos.com/

[5] 희망이음프로젝트 홈페이지. http://www.hopelink.kr/company/story.do?seq
=2248

[6] 국내 염모제시장 연간 5,500억 원 규모 성장(2014. 3. 13). 장업신문. 자료출처
http:// www.jangup.com/news/articleView.html?idxno=61155

[7] 안전성 기준 준수 불구 부작용은 증가(2014. 4. 2). 뷰티누리. 자료출처 http://
beautynury.com//news/view/61182/cat/10

[8] 셀프염색族 늘더니⋯작년 염모제시장 22% 성장(2014. 2. 4). 아시아경제. 자료출
처 http://www.asiae.co.kr/news/view.htm?idxno=2014020411062729363

[9] 톱브랜드: 염모제⋯ 뜨거운 '3파전'(1998. 10. 15). 한국경제. 자료출처 http://stock.
hankyung.com/news/app/newsview.php?itemcode=000640&type=0&a

id=1998101502961

[10] 1,300억 염모제시장 지배자 누구?(2013. 1. 31). DoctorW. 자료출처 http://www.doctorw.co.kr/news/articleView.html?idxno=25100

[11] 동성제약, 중국 염모제시장 공략(2014. 6. 16). 뉴스토마토. 자료출처 http://www.newstomato.com/readNews.aspx?no=476279

[12] 불황 여파 '셀프염색족' 증가 … 염모제시장 지속 확대(2013. 5. 24). CMN. 자료출처 http://www.cmn.co.kr/new_news/gisa_sea rchview2.php?honame=732&idxno=7645&make_date=2013-05-24&page=1&keyfield=jeonbu&key=%C4%AD%C5%B8%BF%F9%B5%E5%C6%D0%B3%CE

[13] [2012년 OEM·ODM 특집] ㈜기린화장품(2012. 4. 16). 뷰티누리. 자료출처 http://www.beautynury.com/m/news/view/50542/cat/10/cat2/10500/page/300

[14] 파리스코, 개성연출 헤어제품 인기(1996. 4. 25). 장업신문. 자료출처 http://www.jangup.com/news/articleView.html?idxno=4133

[15] 즐겁고 가벼운 염색을 즐기세요(2007. 9. 27). 뷰티누리. 자료출처 http://www.beautynury.com//goods/view/29293/cat/20

[16] 1분 염모제의 신화 '㈜기린화장품'(2010. 12. 23). 뷰티누리. 자료출처 http://www.beautynury.com/news/view/44949/cat/10

[17] 1분 염모제 EU 진출 쾌거(2008. 3. 17). 뷰티누리. 자료출처 http://www.beautynury.com/news/priting_ajax/31894/cat/10/page/1

[18] ㈜기린화장품, 오송에 신공장 준공(2011. 10. 10). 장업신문. 자료출처 http://www.jangup.com/news/articleView.html?idxno=54782

[19] ㈜기린화장품 ISO14001 인증 획득(2007. 1. 8). 뷰티누리. 자료출처 http://www.beautynury.com/news/view/25252/cat/10

에이스전자㈜: 우수한 품질과 세련된 디자인의 청소기로 해외시장을 공략하다

[1] 에이스전자㈜, '싹스'혁신으로 생활가전 새 가치 창조(2013. 12. 12). 머니투데이.

자료출처http://www.mt.co.kr/view/mtview.php?type=1&no=201312111742574
8976&outlink=1

[2] 에이스전자㈜ 홈페이지. http://www.ssaks.co.kr/

[3] 에이스전자㈜, 신제품 사이폰 커피머신시장 도전장(2013. 11. 27). 머니투데이. 자
료출처 http://www.mt.co.kr/view/mtview.php?type=1&no=2013112710403743
179&outlink=1

[4] 중소기업현황정보시스템(2014). http://sminfo.smba.go.kr/

[5] 수출 1위… 해외도 '원더풀'(2012. 9. 11). Fucus. 자료출처 http://www.fnn.co.kr/
content.asp?aid=e22e18b4fa3b49918559e821f1568e0d

[6] '싹스'청소기의 에이스전자㈜ 주영종 대표(2013. 6. 20). MK뉴스. 자료출처 http://
news.mk.co.kr/newsRead.php?year=2013&no=486290

[7] 에이스전자㈜, 대우일렉 청소기사업부 인수(2009. 7. 23). 한국경제. 자료출처
http://www.hankyung.com/news/app/newsview.php?aid=2009072243971

[8] 에이스전자㈜, '청소기 품질과 세련된 디자인 세계로 도약'(2014. 11. 21). 머니
투데이. 자료출처 http://m.mt.co.kr/renew/view.html?no=2014112112362248
144

혼자서도 잘하는,
일인 벤처형

㈜라비또: 재미있는 스마트폰 케이스 디자인을 수출하는 글로벌 벤처기업

[1] '수출기업화 성공사례 공모전 수상작' 시리즈 ④ ㈜라비또(2013. 8. 8). 한국
무역협회. 자료출처 http://www.kita.net/newsBoard/domesticNews/view_
kita.jsp?pageNum=1&nGubun=3&s_con=&s_text=&sStartDt=&sEndDt
=&sOrder=&sClassification=1&search_word=&rowCnt=20&s_date1=&s_

date2=&actionName=&sNo=2793

[2] 서울시, ㈜라비또와 함께 취약계층에게 스마트폰 케이스 지원(2014. 10. 29). News1. 자료출처 http://news1.kr/articles/?1927567

[3] [글로벌 IT CEO] 곽미나 ㈜라비또 대표(2012. 7. 26). 전자신문. 자료출처 http://www.etnews.com/201207250295

[4] 제9회 글로벌 IT CEO상, 유니테스트 알서포트 ㈜라비또 시상(2012. 7. 25). 전자신문. 자료출처 http://www.etnews.com/201207250524

[5] 토끼모양 스마트폰 케이스, 유럽 등 15개국 젊은이들 사로잡다(2012. 2. 16). 한국경제. 자료출처 http://www.hankyung.com/news/app/newsview.php?aid=2012021688981

[6] 이승재(2012). [CEO interview] 열정과 패기로 세계시장에서 '껑충껑충' 곽미나 ㈜라비또 대표. 한국경제매거진, 제86호. 자료출처 http://magazine.hankyung.com/money/apps/news?popup=0&nid=02&c1=2003&nkey=2012070200086067542&mode=sub_view

[7] Meet the brains behind the bunny ears.(2. August. 2011). CNN Travel. 자료출처 http://travel.cnn.com/seoul/shop/rabito-new-type-cuteness-282956

혁신을 이룬, 13개 브랜드의 성공비법

Guillén, M. F.,&García-Canal, E.(2009). The American model of the multinational firm and the "new" multinationals from emerging economies. *Academy of Management Perspectives, 23*(2), 23-35.

Kim, H., Hoskisson, R. E.,&Lee, S-H.(in press). Why strategic factor markets matter: "new multinationals" geographic diversification and firm profitability. *Strategic Management Journal.*

Porter, M. E.(1990). *The competitive advantage of nations.* NewYork, NY: TheFreePress.

Sundbo, J.(1991). Strategic paradigms as a frame of explanation of innovations: A theoretical synthesis. *Entrepreneurship&Regional Development, 3*, 159-173.